U0495749

中华大地是一片古老而又神圣的土地，也是一片充满希望和辉煌的土地。在这片热土上，涌现出许多伟大的人物，他们不仅以其伟岸的人格被人们所敬仰，而且以自己丰富的知识和深邃的思维，创作出一大批经典著作，形成中华民族发展史上不朽的思想。他们被后人尊称为"中华圣人"。

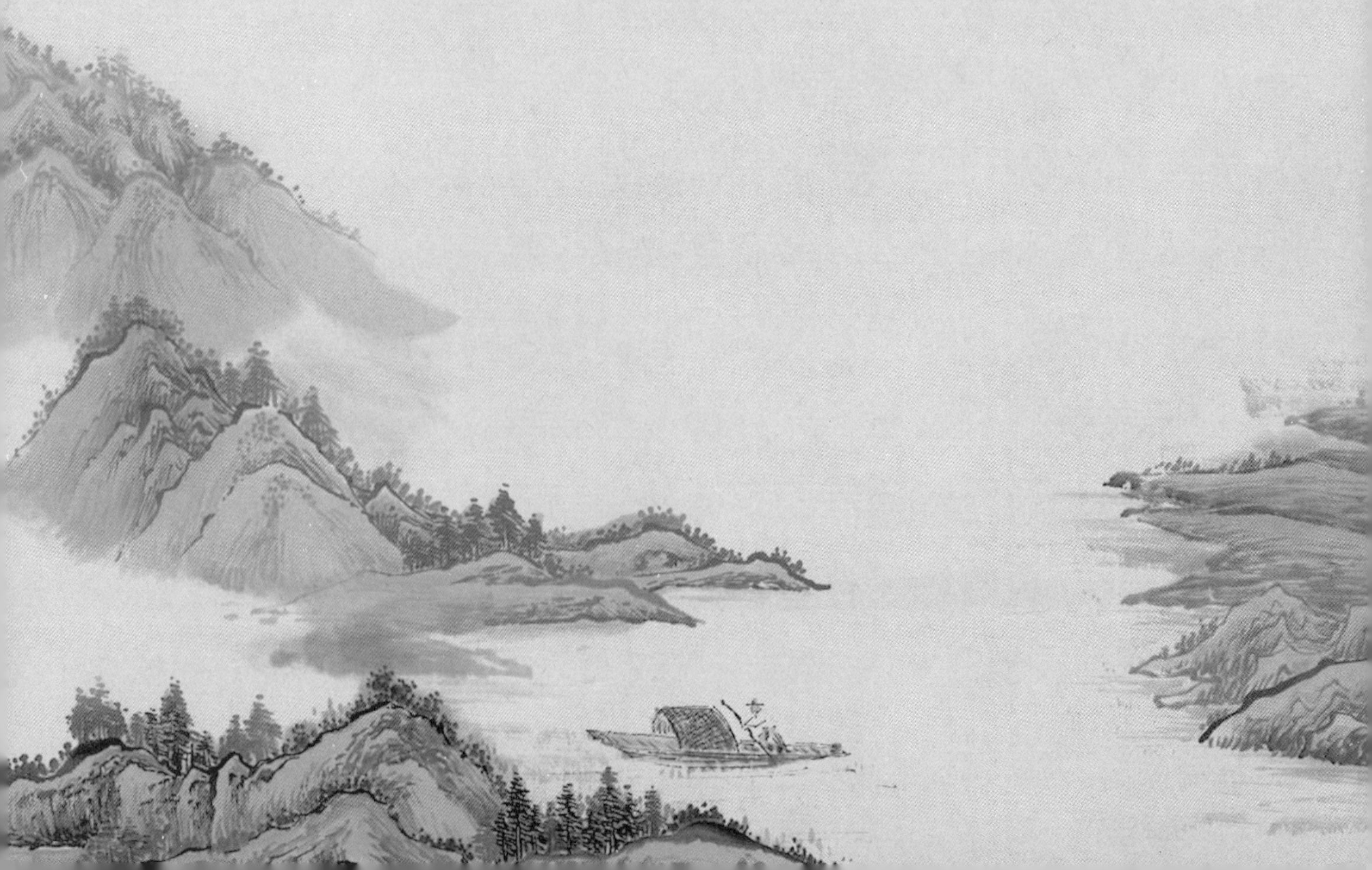

中华圣人

傅 冰 编著

中原出版传媒集团
中原传媒股份公司
大象出版社
·郑州·

图书在版编目(CIP)数据

中华圣人 / 傅冰编著. — 郑州：大象出版社，2018.7

ISBN 978-7-5347-9865-8

Ⅰ.①中… Ⅱ.①傅… Ⅲ.①人物—生平事迹—中国—青少年读物 Ⅳ.①K82-49

中国版本图书馆 CIP 数据核字(2018)第 157095 号

中华圣人
ZHONGHUA SHENGREN

傅　冰　编著

出 版 人	王刘纯
封面题字	王刘纯
插图绘画	王海雁
责任编辑	石更新
责任校对	安德华　裴红燕　牛志远
装帧设计	王莉娟

出版发行	大象出版社(郑州市开元路 16 号　邮政编码 450044)
	发行科　0371-63863551　总编室　0371-65597936
网　　址	www.daxiang.cn
印　　刷	郑州新海岸电脑彩色制印有限公司
经　　销	各地新华书店经销
开　　本	889mm×1194mm　1/16
印　　张	18
字　　数	345 千字
版　　次	2018 年 8 月第 1 版　2018 年 8 月第 1 次印刷
定　　价	45.00 元

若发现印、装质量问题，影响阅读，请与承印厂联系调换。

印厂地址　郑州市鼎尚街 15 号

邮政编码　450002　　　　　　电话　0371-67358093

引言

圣人文化是中国传统文化的重要组成部分和精华。自始圣伏羲研发"先天八卦"后，人们渐渐地认知了自然和自己。字圣仓颉时代文字成形，改变了中国历史传承的方式，加快了人类发展的脚步。帝圣黄帝拉开了黄河文化的序幕，建立了中华民族的秩序、规矩和礼仪。道圣老子提出"无为而治"的主张，让人们认识到自然的本源和实质，拥有了自我约束的方法。儒圣孔子的儒家思想精髓影响中国两千多年，并远播世界各地。

追溯圣人，他们高尚的道德思想、伦理情操，不畏险境、终生追求的坚韧毅力和可贵精神，永远值得我们学习。当今世界，文化力量对一个民族和国家发生着日益重要的影响和作用。文化产业是知识经济的核心与动力，而知识积淀和智慧创新是文化产业的源泉。文化的力量深深熔铸在民族的生命力、创造力和凝聚力之中。今天，我们的党和国家提出的"中国梦""民族振兴""大国崛起"都离不开优秀的传统文化做基石。我们要以圣人文化为源，以传统文化为根，点亮民族精神之魂。

当然，挖掘与弘扬圣人文化，不是为传统而传统，也不是"刻舟求剑""东施效颦"，而是去其糟粕、择其精华，借古鉴今、古为今用。

《中华圣人》是一部系统而又难得的传播传统文化的图书或曰辅导教材，对于传承圣人所创造的宝贵知识、培育我国的民族精神和传统美德、促进先进文化发展和社会主义精神文明建设都具有正能量。

综览全书，诸多圣人与河南颇有渊源，他们对中原几千年的文化影响最深，也最有情怀。大象出版社出版这部书，不仅展现出河南人民的责任与自豪，也会对提升河南自身的美誉度、影响力，促进河南文化崛起，早日成为文化强省，起到一定的推动作用。

几年来，傅冰同志潜心耕耘、不懈努力，终使这部优秀作品面世。在此，我向他表示祝贺，也衷心希望广大读者及海内外朋友能够关注和喜欢这部书。

（作者为河南省政协副主席、民进河南省委主委）

自序

中国梦，民族梦，我的梦。

中华民族是一个敢于做梦、勇于追梦、勤于圆梦的民族。

追溯中华民族五千年源远流长的文明发展史，我们一代代先祖开创历史先河，闪耀着璀璨光芒。

帝圣黄帝逐鹿中原，因水而生，沿河而居，奠定了黄河文化的基础和地位，拉开了人类从野蛮走向文明的序幕；

易圣姬昌拘于羑里而演绎出《周易》，成为几千年来中华科学、思想、文化发展之源泉；

道圣老子风烛残年之际写《道德经》，以"道"解释宇宙万物的演变，阐述了大量的朴素辩证法观点；

儒圣孔子困厄之时著《春秋》，其创立的儒家思想对我国两千多年以来文化的发展产生了深远影响；

兵圣孙子作《兵法》十三篇，如今的《孙子兵法》已走向世界，成为最著名的兵学宝典；

史圣司马迁忍受宫刑屈辱著《史记》，该著作是中国第一部纪传体通史，影响深远，历代传诵；

诗圣杜甫身世坎坷赋《三别》，被后人称为"最伟大的诗人"，在某些方面其影响已超过了西方的莎士比亚、荷马；

词圣苏轼遭贬被驱制《水调歌头》，"但愿人长久，千里共婵娟"两句流芳百世，家喻户晓；

律圣朱载堉越规破习著《乐律全书》，创建十二平均律，被世人誉为"钢琴理论的鼻祖"，名扬四海。

…………

这些全人类尊敬的圣人，之所以能以丰富的知识和出众的才华创作出一大批传世巨作，以深邃的思想影响社会，被后人敬仰，源于他们拥有自己的梦想，并矢志不移地追逐自己的梦想。他们感人至深的事迹被后人传颂，他们自强不息、奋斗不止的精神是民族精神的生动写照。他们坚守信仰，实现梦想；他们追逐理想，放飞梦想。

如今，习近平总书记站在新的历史高度提出了中国梦。何为中国梦？习近平总书记指出：实现中华民族伟大复兴，就是中华民族近代以来最伟大的梦想。这个梦想，凝聚了几代中国人的夙愿，体现了中华民族和中国人民的整体利益，是每一个中华儿女的共同期盼。习近平总书记强调，到中国共产党成立100年时全面建成小康社会的目标一定能实现，到新中国成立100年时建成富强民主文明和谐的社会主义现代化国家的目标一定能实现，中华民族伟大复兴的梦想一定能实现。

人生如歌，梦想如潮。这个梦想，凝聚了一代代中华圣人和中华儿女的夙愿；

人生如船，梦想如帆。这个梦想，体现了中华民族的共同期盼。

这个梦想，是目标，也是方向；是风帆，也是灯塔。

这个梦想，是追求，也是灵魂；是情怀，也是精神。

这个梦想，只要不懈奋斗，就一定会实现！

编著出版《中华圣人》，旨在弘扬民族精神，传承民族文化，激励国人从我做起、从现在做起；就是要学圣人、做圣人、赶超圣人，为凝聚中国力量、实现中华民族的腾飞而努力。

中华民族在崛起，中国筑梦正逢时！

目 录

一 史前时期

火圣：燧人氏 ·· 002
始圣：伏羲 ·· 007
农圣：神农氏 ·· 013
帝圣：黄帝 ·· 018
字圣：仓颉 ·· 025
历圣：颛顼 ·· 030
酒圣：杜康 ·· 036
香圣：张焱 ·· 042
隐圣：许由 ·· 046

二 夏商西周时期

厨圣：伊尹 ·· 052
易圣：姬昌 ·· 057

谋圣：姜子牙 ·· 062

三　春秋战国时期

道圣：老子 ·· 070
儒圣：孔子 ·· 077
商圣：范蠡 ·· 084
兵圣：孙子 ·· 091
复圣：颜回 ·· 098
木圣：鲁班 ·· 104
宗圣：曾子 ·· 109
述圣：子思 ·· 114
墨圣：墨子 ·· 119
卜圣：鬼谷子 ·· 124
亚圣：孟子 ·· 129
法圣：韩非子 ·· 135

四　汉、三国时期

史圣：司马迁 ·· 142
诠圣：许慎 ·· 149

科圣：张衡	157
算圣：刘洪	162
医圣：张仲景	169
武圣：关羽	176
智圣：诸葛亮	183

五　魏晋南北朝、隋唐时期

书圣：王羲之	192
率圣：祖冲之	198
药圣：孙思邈	202
佛圣：玄奘	209
画圣：吴道子	213
塑圣：杨惠之	220
诗圣：杜甫	226
草圣：张旭	233
剑圣：裴旻	238
茶圣：陆羽	242
文圣：韩愈	249

六　宋元明清时期

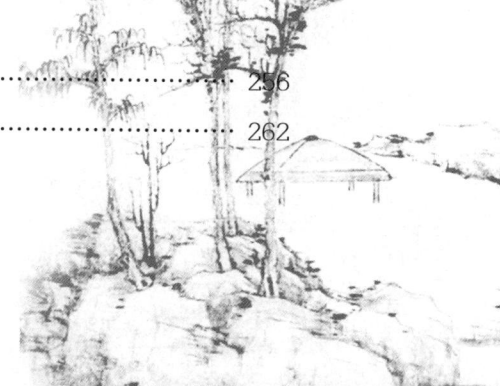

词圣：苏轼	256
曲圣：关汉卿	262

律圣：朱载堉……………………………………………………………266
棋圣：黄龙士……………………………………………………………271

后记……………………………………………………………………275

一 史前时期

火圣：燧人氏

本名：燧人氏
别名：燧人
所处时代：史前时期
出生地：河南商丘
出生日期：不详

逝世日期：不详
主要成就：首创"风"姓，发明了"钻木取火""结绳记事"等
地位：中华始祖、万姓之祖、人祖
尊称：燧皇、火祖、火圣

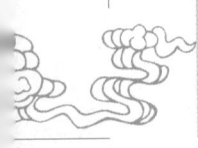

人物生平

燧人氏，风姓，简称燧人，燧明国（今河南商丘）人，生卒年月不详，相传为华胥氏之夫、伏羲与女娲的父亲。所以，今天的中国人都称自己为"华夏子孙""华夏儿女"。一万年以前的旧石器时代，燧人氏在今河南商丘一带钻木取火，成为华夏人工取火的发明者。他还教人熟食，结束了远古人类茹毛饮血的历史，开创了华夏文明。因此，他被尊为"三皇"之首，人称"燧皇""火祖""火圣"。《尚书大传》云："燧人为燧皇，伏羲为羲皇，神农为农皇也。燧人以火纪，火，太阳也，日也。阳尊，故托燧皇于天。"所以，燧人氏又被尊称为"天皇"。

燧人氏是传说中发明人工取火的人，这在先秦的古籍中已有记载。《尸子》云："燧人上观辰星，下察五木，以为火也。"燧人氏死后葬于今商丘古城西南1.5公里处，遗址处现建有燧皇陵。

"燧人氏"的由来

旧石器时代，中国进入原始社会初级阶段，原始人类以粗糙的石制工具猎取生活必需品。

据《韩非子》《太平御览》等古书记载，随着中国原始人类数量的不断增多，在河南商丘出现了一位"智者"。之所以称其为"智者"，是因为他有超越常人的行为。别人绕火而行，他却哪里有火便向哪里去探究竟；别人避火而去，他却在有火的地方居住；别人捡到被火烧死的小动物总是随手扔掉，他发现被火烧死的小动物时总是撕些肉放入口中细细品尝。通过长时间的体验，他发现和感悟到火的妙用。寒冷的时候，人靠近火堆或在太阳光下，身体比较舒服；吃被火烧熟的动物肉，比生食动物肉少了一股难闻的腥味，且口感较好，胃也觉得舒服。于是，他号召周围的人把捕获的动物或采摘的植物根茎放在火上烤着吃，使人类慢慢地改变了生食的习惯。他带领周围的人在寒冷的时候靠近有火的地方或晒太阳，使人类找到了抵御寒冷的办法。当时，人没有名字，人们就称他为"智者"。

"智者"认识了火，也发现了火的用途。但在自然界中，火并不是到处都有的，即使发生森林大火也总有熄灭的时候。为了使人类时时处处都能找到火、用上火，"智者"开始艰难地探索取火的方法。经过千百次试验，"智者"终于找到了"钻木取火"与"点石击火"的方法。

由于"钻木取火"使用的材料大多为燧木，人们便把发明人工取火技术的人尊称为"燧""燧人氏"。"燧木"又叫"火树"，屈盘万顷，云雾出于其间。有鸟若鹗，用嘴去啄燧木，发出火光。"智者"从中受到启发，就折下燧枝钻木而取出火种。从此，我们的祖先相信"燧"、跟随"燧"，很快便形成了以"燧"为首的远古人类氏族部落。这个氏族部落被后世形象地称为"燧明国","燧明国"以燧人氏为王。

钻木取火

燧人氏之前,人们吃的是生的动物肉、生的植物根茎或叶片,穿的是兽皮或用植物编织的物件,用石块做武器抵挡野兽的侵袭。因为生食容易让人受到疾病伤害,所以,远古时期的人寿命极短。当时,由于动物尸体中磷的燃烧、裸露的煤炭因地表压力而自燃、森林在极端干燥的情况下因吸收太阳热量而发生大面积燃烧,原始人类经常可以看到火光,有时可以见到连续不断的森林大火。但那时的人对火缺乏认知,以火为怪物,视火为不祥,绕火而行,避火而居。

燧人氏发明"钻木取火"

自从燧人氏发明了取火方法,人类开创了熟食生活新纪元,人们的生活与习惯发生了极大变化,人类从动物中彻底分离出来。从此,人们随时可以吃到烧熟的东西,而且食物的品种也增加了。火的应用使人类开始利用自然征服自然,因而丰富了人类的食物,并使人类的身体结构获得了进一步的发展,大脑结构变得复杂,聪明才智得到发挥。

据说,燧人氏还教人捕鱼。鱼、鳖、蚌、蛤一类东西有腥臊味,不能生吃。自从有了取火办法,这些东西就可以烧熟吃了。

"结绳记事"与百兽命名

据传说,燧人氏不仅发明了"钻木取火",还发明了"结绳记事"。那时候,人类还没有文字,生活中有许多事全凭大脑记忆。时间久了,有些事情往往会被遗忘。燧人氏用柔软而有韧性的树皮搓成细绳,然后将数十条细绳排列整齐悬挂在一处,在上边打结记事:大事

燧人氏发明"结绳记事"

打大结，小事打小结；先发生的事结打在里边，后发生的事结打在外边。为了记录更多的事情，燧人氏又利用植物的天然色彩，把细绳染成各种颜色，每种颜色分别代表一类事物，使所记之事更加清楚。

在燧人氏之前，人们把所有的动物都叫作"虫"。燧人氏经过细心观察，把这些动物划分为四类：天上飞的称作"禽"，地上跑的称作"兽"，有脚的爬行动物称作"虫"，没脚的爬行动物称作"豸"。

历史贡献

据说，燧人氏不仅是中华民族的创立者，而且慢慢演变成华夏民族繁衍生息的符号。后来很长一段时期中，中华民族有关人类生存与延续的发明都被认为出现于燧人氏这个时代。这些发明主要有以下十几项：

1. 燧人氏在研发"钻木取火"后，又发明了"燧石取火""结绳记事"。

2. 燧人氏始作大山扶木纪历，在昆仑山顶观察天象以明天道，始为山川百物命名。燧人氏在昆仑山立木观察星象祭天，发现了"天道"。因天道而受到启发，燧人氏为山川百物命名，而有"地道"。天地之德孕育万物，而人为万物之尊。

3. 燧人氏以风姓为人类命名，对人的婚姻交配进行了血缘上的限制，使人与兽有了严格的区分。这是人类早期的伦理道德，也就是"人道"。由天道生地道，由天地之道而生人道，这便是后来老子研发"一生二，二生三，三生万物"天道观的前提。天、地、人始于无名，成于有名。有名则天地开明，人乃文明。

4. 燧人氏以右枢天乙（天龙座A星）为北极星。

5. 燧人氏以太乙织女星（天琴座A星）为北极星。燧人氏创立"氏族图腾徽铭制"，始立姓为风，氏为昊。

6. 燧人氏发明大山榑木太阳历。

7. 燧人氏发明河图、洛书（柯约耶劳创河图、柯诺耶劳创洛书）、星象历，创造人类早期的符号文字。（注：有些是后世托古之作品，河图、洛书也不都是他发明的。）

8. 燧人氏发明"陶文"，创造了"十天干"。

9. 燧人氏创立八索准绳圭表纪历。

10. 燧人氏发现天纲、天纪、太极印与太极涡旋宇宙生化模式。

11. 燧人氏总结天道大发现，建立远古文明。

社会影响

燧人氏晚期的族系分支几乎遍布中华大地，其中重要的族系有华胥氏、赫胥氏、仇夷氏、雷泽氏等。主要分布地域为：西起敦煌（古瓜州）、三危山、疏勒河、拿兹山；南至湟中拉脊山、日月山、成县、礼县、康县、凤县，直至秦岭以南的华阳；东至古东夷的山东、江苏部分地区。燧人氏的直系有衣氏、允姓、依姓、殷姓、风姓、嬴姓、子姓、婼姓。

20世纪80年代，中国考古界在河北徐水南庄头发现了燧人氏晚期遗址。在遗址中发掘出两种陶片：一种为夹砂深灰陶，另一种为夹砂红褐陶。经科学考证，其生产年代距今约12000年。南庄头遗址向世人证实，早在12000年前，华夏先祖已经能生产制作陶器，这是中华民族从原始时代向文明时代过渡的重要物证。

燧人氏发明人工取火，结束了远古人类茹毛饮血的历史，开创了华夏文明新纪元。火的发明使人类拥有了可以依靠的温暖，对远古人类的聚集提供了武器和条件，为人类群居思想的产生提供了根源。恩格斯说："就世界性的解放作用而言，摩擦生火还是超过了蒸汽机，因为摩擦生火第一次使人支配了一种自然力，从而最终把人同动物界分开。"

郭沫若主编的《中国史稿》中说："人工取火的发明，对于远古人类的生活无疑起了极为重大的作用，引起后人极大的重视……这样的传说固然夹杂着后代的生活内容，蒙上了神秘的外衣，但它依然反映着朴素的远古人类生活的史实背景。"

赵朴初说："燧人取火非常业，世界从此日日新。"

始圣：伏羲

本名：伏羲
别名：宓羲、庖牺、皇羲、太昊、伏牺
所处时代：史前时期
出生地：甘肃仇池
出生日期：农历三月十八日

逝世日期：不详
主要成就：发明八卦，创造文字，创造历法，始造书契
尊称：三皇之首、五帝之一、斯文鼻祖、始祖、始圣

人物生平

据传说，伏羲，又称太昊，生于今甘肃的仇池，长于陇西成纪（今甘肃天水），徙治陈仓，定都于陈宛丘（今河南淮阳）。伏羲是燧人氏的儿子，因发明先天八卦，被后人奉为神，后人尊其为八卦祖师、始祖、斯文鼻祖、始圣。

有关伏羲的记载从《庄子》开始出现并逐渐载入正史。战国以至秦汉后，有关伏羲的记载越来越详细。在传世的古代记载中，伏羲逐渐确立了自己在帝王世系中最早、最高的地位。在中国众多的神话人物里，伏羲是第一个拥有真实身份的神，因为他的发明（先天八卦）真实存在。

据说，伏羲姓风，人称木德王。他和同样劫后余生的女娲并肩而立，斧开鸿蒙，开宗明义，繁衍生息。据《山海经》记载，宇宙初开之时，伏羲和女娲是兄妹关系，两人居住在昆仑山相依为命。一次大洪水吞没了整个人类，唯有伏羲和女娲幸存下来。要使人类不致灭绝，他俩就必须结为夫妻，但兄妹成婚毕竟很难令人接受，于是，两人商议把自己的命运用占卜的方式来决定。他俩各自点起一堆篝火发誓："如果上天让我们结为夫妻，就将两堆篝火的烟合在一起；若不同意，就让两堆篝火的烟分开。"只见两股冉冉升起的浓烟，在天上缠绕在一起。两人兴奋起来。为了繁衍人类，他俩开始交合，伏羲还用草编织的扇子遮住交合时彼此的表情。

为了确保族人的健康繁衍，伏羲与女娲成婚后生儿育女，并制定人类最初的嫁娶制度，实行男女对偶，开创了父系社会的新纪元。

白龟的故事

据《元和郡县图志》载："八卦台及坛，县北一里，古伏羲氏始画八卦于此。"据淮阳有关史料记载，白龟系伏羲定都淮阳后，从蔡水得之，

伏羲和女娲

凿池畜养之，仰观于天，俯察于地，中观万物，根据天地变化取象龟图，绘出八卦。

传说，伏羲在淮阳建都后，向南游走来到蔡水之滨（今河南上蔡），在蔡河里捉到一只白龟，回去挖了一个水池把它饲养起来。一天，伏羲在给白龟喂食时，那只白龟游到了他的面前，抬着头，两眼亮晶晶地望着他。伏羲发现白龟背上的花纹神秘而特别，就用蓍草梗照着龟背上的花纹画下仔细研究。经过漫长时间的不断推理，身为智者的伏羲心里亮堂了许多。他依据白龟背上八种不同的图案推演事物的变化，推测天象、地理乃至万物的变化，预卜事物的发展，感悟天地万物的变化规律唯一阴一阳而已。

神奇的是，几千年后的1984年，人们从淮阳画卦台前的城湖中又捉到一只龟龄200多岁的白龟，印证了几千年前伏羲氏于蔡水获白龟，凿池畜养，昼夜观察，始作八卦这一传说的真实性。以前历史的记载，我们或许会认为出自文人墨客的想象，而白龟又一次现身，说明美丽的传说不仅仅是传说。白龟是研究伏羲文化的"活化石"。

蔡地的地名也因此而来。"蔡"字的草字头代表伏羲画卦所用过的蓍草，"祭"代表伏羲画卦祭祀所用的白龟。人们把既有蓍草又有白龟的地方叫蔡地。

八卦的研发

八卦是表示事物自身变化的阴阳系统。用"—"代表阳（阳爻），用"--"代表阴（阴爻），以三行符号（三爻）为一个组合，按照阴阳变化排列，组成八种不同形式，叫作八卦。每一卦形代表一定的事物：乾代表天，坤代表地，震代表雷，巽代表风，坎代表水，离代表火，艮代表山，兑代表泽。八卦互相搭配又得到六十四卦，象征各种自然现象。

八卦是人类文明的瑰宝，是宇宙间的一个高级"信息库"。伏羲研发八卦所蕴含的"天人谐和"的整体性、直观性的思维方式和辩证法思想，是中华文化的原点。

17世纪，德国大数学家莱布尼兹创立"中国学院"研究八卦，并根据"两仪，四象，八

伏羲以蓍草梗来研八卦

卦，十六、三十二、六十四卦"发明了"二进法"。如今，诞生于1937年至1941年间的世界上第一台电子计算机阿塔纳索夫－贝瑞计算机（简称ABC）虽然很少被世人提起，但是它第一次采用的"二进法"运算模式却越来越多地影响着现代人的生活。

龙的来历

在中国文化历史中，龙作为民族的图腾一直深入人心。据说，龙的形象就是从伏羲所在的风姓部落的图腾蛇演化而来。由于伏羲部族逐渐强大，许多部族开始效仿。伏羲把各部族的动物图像结合起来，取牛头、马尾、蛇身、鱼鳞、鹿角、鸟爪制成他们统一的图腾象征或族徽。伏羲自号龙师，命朱襄为飞龙氏、昊英为潜龙氏，这就是人人皆知的龙的化身，创立了中华民族的龙图腾，实现了中华民族的第一次大融合。

作为龙图腾的发祥地，河南淮阳被后人称为"龙都"；而"龙都"中的环城湖（俗称城湖），也因此有了"龙湖"的美称。如今的龙湖风景宜人、秀色可餐，天人合一、至善至美。湖水环抱古城，古城屹立水中。湖中有城，城中有湖。湖以地而成，地以湖而名。

伏羲探秘

传说，伏羲生于甘肃，定都宛丘。伏羲为什么要带领族人沿黄河东进，长途跋涉来到这里？又是什么原因让他最终留了下来？这是一个万古之谜，也给世人留下了无尽的遐想。

其实，了解一下中国人类的发展史，这个问题就不难解答。自古至今，大道在水。人因水而生，沿河而居。水，似乎成了人们的宿命。在人类历史的长河里，许多古老文明成果和文明的延续往往与水有着密切的关系，如长江文化、黄河文化、淮河文化等。黄河流域最富饶的地方莫过于中原地区。所以，那时候的英雄人物无论祖籍何处，都以逐鹿中原为毕生的

伏羲画像　　朱镕基题词

追求。不仅伏羲，后来的黄帝、炎帝等都选择了中原。

历史贡献

在中国古代的帝王世系中，伏羲被尊为三皇之首、百王之先，地位十分显赫。然而，自古及今，关于伏羲氏的名号、时代、地望、族系等问题争讼不已。伏羲在古籍记载中常见但说法不一。其实，伏羲是道家的创始人，人首蛇身即是"道"字的原形。伏羲即盘古。"盘"字古义为开端。"古"即葫芦，寓意生命繁衍。据说，伏羲为人类做出的贡献在以下几个方面最为突出：

辨别方向。伏羲开始教人打猎捕鱼，后来人多了，捕到的猎物与打到的鱼就少了，伏羲就挑出一些年富力强、具有一定经验的人教他们去东西南北四方捕猎。人们问伏羲："东西咋分？南北又怎么分？"伏羲告诉大家："日头出东落西，南热北冷。"大家逐渐明白并学着辨别方向，开始时不敢走远，随着经验的积累，捕猎的范围也就广而远之。

倡导嫁娶。实行男女对偶制，用鹿皮等为聘礼信物，并以所养动物为姓，或以植物、居所、官职为姓，以防止乱婚和近亲结婚。

狩猎养畜。伏羲模仿自然界中的蜘蛛结网制成网罟，教民渔猎畜牧、用兽皮缝制衣服抵御寒冷、投矛狩猎；而狩猎活动的展开又使动物类食物日益增加，在很大程度上增强了人们在险恶环境中生存的能力。

文字符号。伏羲发明创造了语言示意符号，并进一步发展为示意文字，"造书契以代结绳之政"。这标志着中华文明的起始。

发明乐器。伏羲发明了原始乐器——陶埙、琴瑟等，还创作了《驾辨》等古曲，人类乐器制作由此肇始。伏羲将大量的乐曲歌谣带入人们的生活，使人类的生产和生活变得多姿多彩。

创立龙图腾。伏羲创立了中华民族的统一图腾——龙。后来，伏羲被中国神话描绘为"人首龙身"，在中国文化史上占有极其显赫的地位。

地域划分。在有文字记载的华夏历史上，伏羲创造性地将其统治地域分而治之，而且进行社会管理，为后代治理国家提供了宝贵的依据。

社会影响

伏羲经历了一个从无到有、从神到帝、从凌乱到系统的衍化过程。从伏羲开始，华夏数千年的民族文明基因，渐渐渗透并世代传承，成为当今世界发展的一个重要文化之源。伏羲是自然之子，是华夏文明的缔造者。如今，人们虽然神化了伏羲，可伏羲不仅仅是神话。

据说，伏羲死后葬于淮阳，其妹女娲继任为首领，继续推动人类社会的进步与发展。后人为纪念这位祖先的功德，在淮阳为他筑林建庙，并将每年的农历二月初二至三月初三定为庙会，人称"人祖庙会"，又称"二月会""太昊陵庙会"。每年的农历二月初二至三月初三，世界各地的几百万华人涌向淮阳。太昊陵庙会以"单日参拜人数最多的庙会"被上海大世界吉尼斯总部载入吉尼斯世界纪录，已成为中国规模最大、最早的民间庙会。太昊陵人祖祭典入选国家非物质文化遗产。

如今，每年的淮阳"二月会"，不仅是一次浩大的祭祖活动，更是一场寻根之旅，还是一种血缘上的认祖归宗和一种信仰与智慧的皈依。从淮阳开始，从河南开始，从中国开始，文明获得了滋养，文化增添了力量。

农圣：神农氏

本名：神农氏
别名：姜石年、炎帝、烈山氏
所处时代：史前时期
出生地：姜水（今陕西宝鸡）
出生日期：公元前3245年农历正月初五
逝世日期：公元前3080年
主要成就：农业部落的卓越领袖，农业和医学的鼻祖之一
尊称：五谷先帝、神农大帝、地皇、农圣

人物生平

神农，即炎帝，又称神农氏，汉族神话人物，生于姜水之岸，远古传说中的太阳神。有文字记载，神农氏是中国古代神话人物，五氏中的最后一位神祇，华夏太古三皇之一，被人尊称为药王、五谷王、五谷先帝、神农大帝、地皇、农圣等。

据说，神农氏的样貌很奇特，人身牛首，三岁知稼穑，长成后身高八尺七寸，龙颜大唇，身材瘦削，肚皮是透明的，可以看见各种食物在肚子里的反应。

神农氏是中国上古部落联盟首领，他的出现结束了一个饥荒时代。中华大地经过三皇的辛勤努力，有了很大的进步，但人们的生活依然非常艰难。这时，各种神话人物应运而生。神农氏是传说中的农业和医药的发明者。他遍尝百草以辨别药物作用，并在此基础上撰写了人类最早的医药著作《神农本草经》。神农氏教人种植五谷、豢养家畜，使中国农业社会形成完整结构。神农氏以农业为主，所以，他的部落被称为"神农部落"。由于神农氏长年服食多种毒药，积毒太深，不幸身亡，死后葬于湖南茶陵。

舍命尝百草

上古时候，五谷和杂草长在一块儿，药物和百花开在一起，哪些粮食可以吃，哪些草药可以治病，谁也分不清。黎民百姓靠打猎过日子，天上的飞禽越打越少，地下的走兽越打越稀，人们就只有饿肚子。谁要是生疮害病，无医无药，不死也要脱层皮。

老百姓的疾苦，神农氏瞧在眼里疼在心头。怎样给百姓充饥？怎样为百姓治病？神农氏苦思冥想了三天三夜，终于想出了一个办法。第四天，他带着一批臣民向西北大山走去。他们走啊走，腿走肿了，脚起茧了还是不停地走，整整走了七七四十九天，来到一个地方。只见这里的高山一峰接一峰，峡谷一条连一条，山上长满奇花异草，大老远就闻到了香气。他们正往前走，突然，从峡谷里窜出来一群狼虫虎豹，把他们团团围住。神农氏马上让跟随他的臣民挥舞神鞭向野兽打去。他们打走一批又涌上来一批，一直打了七天七夜才把野兽赶跑。那些虎豹蟒蛇身上被神鞭抽出一条条一块块伤痕，后来变成了皮上的斑纹。

这时，臣民们说这里太险恶，劝神农氏回去。神农氏摇摇头说："不能回！黎民百姓饿了没吃的，病了没医药，我们怎么能回去呢？"说着，他领头进了峡谷，来到一座大山脚下。这座山半截插在云彩里，四面是刀切斧刹一般的悬崖，崖上挂着瀑布、长着青苔，溜光水滑。看来，没有登天的梯子是上不去的。臣民们又劝他还是趁早回去。神农氏依然坚定地摇摇头说："不能回！"他站在一座小石山上，对着高山上望下看、左瞅右瞄，打主意，想办法。后来，人们就把他站的这座小山峰叫"望农亭"。他看见几只金丝猴顺着高悬的古藤和横倒

神农氏冒着生命危险尝百草

在崖腰的朽木爬过来，神农氏灵机一动，有了！他当下把臣民们喊来，叫他们砍木杆、割藤条，靠着山崖搭架子，一天搭上一层，从春天搭到夏天，从秋天搭到冬天，不管刮风下雨还是飞雪结冰，从来不停工。整整搭了一年，搭了三百六十层，才搭到山顶。传说，后来人们盖楼房用的脚手架，就借鉴了神农氏搭架子的办法。

神农氏带着臣民攀登木架，上了山顶。山上真是花草的世界，红的、绿的、白的、黄的，各色各样，密密丛丛。神农氏喜欢极了。他叫臣民们防着狼虫虎豹，自己亲自采摘花草并放到嘴里尝。为了在这里尝百草，为老百姓找到能治病的药草，神农氏叫臣民在山上栽了几排冷杉，当作城墙防野兽，并在墙内盖茅屋居住。后来，人们就把神农氏住的地方叫"木城"。

传说，有一次神农氏在深山老林采药被一群毒蛇围住。毒蛇一齐向神农氏扑去，有的缠腰，有的缠腿，有的缠脖子，想置神农氏于死地。神农氏寡不敌众，终被咬伤倒地，血流不止，浑身浮肿。他忍痛高喊："西王母，快来救我！"西王母闻听呼声后，立即派青鸟衔着一颗救命解毒仙丹在天空中盘旋窥瞰，终于在一片森林里找到了神农氏。毒蛇见到西王母的使者青鸟，吓得纷纷逃散。

青鸟将仙丹喂到神农氏口里，神农氏慢慢从昏迷中清醒。青鸟完成使命后翩然腾云驾雾回归。神农氏感激涕零，高声向青鸟道谢。哪知一张口，仙丹落地，立刻生根发芽，长出一棵青草，草顶上长出一颗红珠。神农氏仔细一看，与仙丹完全一样，放入口中一尝，身上的余痛全消。他便高兴地自言自语："有治毒蛇咬伤的药方了！"于是，神农氏给这味草药取名"头顶一颗珠"。后来，药物学家把它命名为"延龄草"。

还有一次，神农氏把一棵草放到嘴里一尝，霎时天旋地转，一头栽倒在地。臣民慌忙扶他坐起。他明白自己中了毒，已经不会说话了，只好用最后一点儿力气指着面前一棵红亮亮的灵芝草，又指指自己的嘴巴。臣民慌忙把那棵红灵芝放到嘴里嚼嚼，喂到他嘴里。神农氏吃了灵芝草，毒气解了，头不昏了，会说话了。从此，人们都说灵芝草能起死回生。臣民们担心他这样尝草太危险了，都劝他还是下山回去。他摇摇头说："不能回！黎民百姓病了没

神农氏因尝百草而中毒，被青鸟用仙丹救活

药吃，我们怎么能回去呢！"说罢，他又接着尝百草。他尝完一座山上的花草，又到另一座山上去尝，还是用木杆搭架的办法攀登上去。他踏遍了这里的山山岭岭，一直尝了七七四十九天，尝出麦、稻、豆子、谷子、高粱能充饥，他就叫臣民把种子带回去，让黎民百姓种植。这就是后来的五谷。他尝出了三百六十五种草药，写成《神农本草经》，叫臣民带回去，为天下百姓治病。

"神农架"与"留香寨"

有一次，神农氏为黎民百姓找到了充饥的五谷、医病的草药，来到回生寨准备下山回去时，放眼一望，遍山搭的木架不见了。原来，那些搭架的木杆落地生根，淋雨吐芽，年深月久，竟然长成了一片茫茫林海。神农氏正在为难，突然，天空飞来一群白鹤，把他和护身的几位臣民接上天庭去了。从此，回生寨一年四季香气弥漫。

为了纪念神农氏尝百草造福人间的功绩，老百姓把这一片茫茫林海取名为"神农架"，把回生寨改名为"留香寨"。

历史贡献

据《拾遗记》记载，一天，一只周身通红的鸟儿衔着一粒五彩九穗谷飞在天空，掠过神农氏的头顶时，九穗谷掉在地上。神农氏见了，将九穗谷拾起来埋在了土壤里，后来竟长成一片。他把谷穗揉搓后放在嘴里，感到很好吃。于是，他教人砍倒树木、割掉野草，用斧头、锄头、耒耜等生产工具开垦土地，种起了谷子。

神农氏从这里得到启发：谷子可年年种植，源源不断。若能有更多的草木之实选作食用，多多种植，大家的吃饭问题不就解决了吗？神农氏就一样一样尝，一样一样试种。最后，从中筛选出稻、麦、豆子、谷子、高粱五谷。所以，后人尊他为"五谷爷""农皇爷"。

神农氏教民种五谷后，不只靠天而收，还教民打井汲水，对农作物进行灌溉。打井时，他让臣民在高台的四角各打一口井，在台中央打一口井，井里的水是相连的，会波动。由于这一带历史上多次被黄河水冲击，黄水退后大量泥沙沉积。这些井多数都被埋在了地下。有一口井不曾干涸，泉水清澈、甘甜，每天都有方圆近百里的人到这里取水。大家称此泉水为神水，说可以直接治病。

社会影响

关于神农氏的神话、传说，反映了中国原始时代人们从采集、渔猎到农耕阶段的进步情况。《周易·系辞下》中描述："包牺氏没，神农氏作，斫木为耜，揉木为耒，耒耜之利，以教天下，盖取诸益。"

为了纪念神农氏尝百草、种五谷的伟大功绩，后人在淮阳五谷台上修建了庙宇。传说神农氏生于农历正月初五。所以，每年的正月初五到正月二十，淮阳人形成了祭祀神农氏的习俗，以祈求五谷丰登。历代达官贵人、文人学士到这里朝拜者比比皆是。据县志记载，三国时曹植来这里拜谒后，写下著名的《神农赞》："少典之胤，火德承木。造为耒耜，导民播谷。正为雅琴，以畅风俗。"五谷台神农氏的塑像，肩披树叶，头生双角，手捧五谷。墙上的壁画记录了他一生的主要功绩，除了开垦荒地、口尝百草、播种五谷、汲水灌溉外，还有日中为市、造陶器等。农业的出现，表明人类的劳动果实已有剩余。这时，神农氏设立集市，让大家把吃不完的、用不了的每天中午拿到集市上去交换，从而出现了原始的商品交易。同时，他还发明了陶器，为人类提供了陶盆、陶罐等生活用具。

炎帝神农文化属中华龙文化的启蒙时期。《帝王世纪》云："神农氏在位百二十年，凡八世：帝承、帝临、帝明、帝直、帝来、帝哀、帝榆罔。"实际上，炎帝神农氏应是新石器时期的一个部落氏族。神农氏即神龙氏族，龙祖中有飞龙氏、潜龙氏、居龙氏、降龙氏、土龙氏、水龙氏、青龙氏、赤龙氏、白龙氏、黑龙氏和黄龙氏。

由此可见，从伏羲到神农氏，龙的传说、龙图腾在中国政治、文学、艺术、习俗及信仰方面烙下了深深的印痕，成为华夏民族的标志。

帝圣：黄帝

本名：轩辕黄帝
别名：轩辕氏
所处时代：史前时期
出生地：河南新郑
出生日期：公元前 2717 年三月初三
逝世日期：约公元前 2599 年
主要成就：中华民族人文初祖，统一华夏部落
代表作品：《黄帝内经》
尊称：五帝之首、人文初祖、帝圣

人物生平

伏羲之后，中国虽然已经拥有诸多现代文明的雏形，但是，自然环境的艰苦和物资的极其匮乏，让这些人们依然兽皮加身、渔猎而生。随着历史的延续，另一位改变文明进程的传奇人物诞生了，他就是黄帝。

中国历史上最早记载黄帝诞生地的史料《国语·晋语》载，黄帝以姬水（古姬水在今河南新郑）成，以土德王天下，土色黄，故称黄帝。黄帝本姓公孙，生长于姬水之滨，故改姓姬；居轩辕之丘（今河南新郑轩辕丘），故号轩辕氏；少典（一说是部族名，另一说是人名）之子，其生卒年分别为公元前2717年和公元前2599年。

黄帝是幸运的，在那个婴儿死亡率极高的时代，他不但活了下来，而且聪慧博学。在那个英雄辈出的父系氏族社会中，他还拥有了成就伟业的傲人资本，成为司马迁《史记》中记载的第一人，实为不易。司马迁肯定了黄帝是少典儿子的说法，并详记其名为轩辕。黄帝之所以叫轩辕，是因为他发明了车，轩乃木车上的栏杆，辕就是驾车的木杆。在司马迁的记载中，黄帝一出生就极富灵性，出生不久就能够开口说话。儿时的黄帝聪明机敏，成年后的黄帝诚实勤奋、广博透彻。如今，学者认为，"黄帝出生不久，与后来的老子一样，都能够开口说话"仅是一个美丽的传说。

在黄帝的治理下，四方遂顺，丰衣足食，民安国泰。他成为氏族首领之后，有熊氏的势力得到迅速发展并成为独立的黄帝部落。黄帝部落从姬水向东发展的过程中，继承了神农以来的农业生产经验，将原始农业发展到高度繁荣阶段。黄帝非常重视发展农业，掌握了平原农业的许多特点，"岁时熟而亡凶，天地休通，五行期化，故风雨时节，而日月精明，星辰不失其行"（《路史·疏仡纪·黄帝》）。黄帝充分认识到，必须挖掘土地的潜力，广耕耘，勤播种，才能使人们丰衣足食、安居乐业。他率领百姓"时播百谷草木"，并"教化淳鸟兽昆虫，历离日月星辰；极畋土石金玉，劳心力耳目，节用水火材物"（《大戴礼记·五帝德》引孔子语）。传说中黄帝的行为感动了上天，出现了许多祥瑞之兆："地献草木"，"九牧昌教"（《论语谶》）。

黄帝因统一华夏部落与征服东夷、九黎族而统一中华的伟绩被载入史册。相传炎帝扰乱各部落，黄帝得到各部落的拥戴，在阪泉（今河北涿鹿东南）打败炎帝。后蚩尤扰乱，他又率领各部落在涿鹿（今河北涿鹿东南）击杀蚩尤。从此他由部落首领被拥戴为部落联盟领袖。

黄帝不仅是一位开疆拓土的勇士，更是一个和谐共处的楷模。随着本部落迅速发展壮大，他开始制定职官制度，如以云为名的中央职官，管宗族事务的称青云，管军事的称缙云，又设置了左、右大监负责监督天下诸部落。风后、力牧、常先、大鸿被任命为治民的大臣。他又经常封祭山川鬼神，并以神蓍推算和制定历法。他定期巡视各地，了解部落人们的生活，深得人们的爱戴。

黄帝在战胜蚩尤之后，中原平原农业获得了长足的发展。后来，在以黄帝为祖先的姬姓部落里，还出现了一位农业方面成绩卓著的领袖——弃。传说他是周人的祖先，中国平原农业的代表，被尊为后稷。他生当"陶唐虞夏之际"。《诗经·大雅·生民》说他种的大豆（菽）、谷子、麻、麦都特别好。他能认识不同土壤，并懂得拔去杂草，还知道挑选良种。《诗经·周颂·思文》歌颂道："思文后稷，克配彼天。立我烝民，莫匪尔极。"

黄帝一生有四妃十嫔。正妃为西陵氏，名嫘祖。她教人养蚕缫丝，织出丝绸做衣裳，故有"先蚕"的称号。次妃名嫫母，长相丑陋，但德行高尚，深受黄帝敬重。黄帝共有二十五个儿子，其中十四人被分封得姓。这十四人共得到十二个姓：姬、酉、祁、己、滕、葴、任、荀、僖、姞、儇、衣。颛顼、帝喾、唐尧、虞舜及夏朝、商朝、周朝的君主都是黄帝的子孙。

黄帝逝世后葬于桥山。其孙高阳立，即颛顼帝。颛顼死后，黄帝曾孙高辛立，即帝喾。喾死，子放勋立，即尧。尧死，舜立，舜是颛顼的六世孙。黄帝、颛顼、喾、尧、舜即五帝。所以说，黄帝是五帝之首。

逐鹿中原

每一个时代都有自己的英雄，他们的业绩经历千百万年的口述与记载代代相传，有的事迹也许被放大或神化，也有人被放在圣坛上顶礼膜拜，因为他的业绩功盖天地，因为他是勇者，也是智者。

逐鹿中原记载最精彩也最让人难以忘怀的就是炎黄大战和炎黄战蚩尤的故事。炎黄战蚩尤故事史籍所见有三个版本：一是黄帝胜炎帝之后，再胜蚩尤而巩固帝位，黄帝与蚩尤之战似为黄炎战争的余波；二是蚩尤驱逐赤帝（即炎帝），赤帝求助于黄帝，两帝联手攻杀蚩尤；三是蚩尤起兵攻黄帝，兵败被杀。

黄帝统一华夏各部落，成为华夏各族的"人文初祖"

据记载，在炎帝神农氏管治后期，中原各部族互相攻伐，战乱不止，形成炎帝、黄帝、蚩尤鼎足而立的局面。黄帝居中原，炎帝居太行山以西，而蚩尤是九黎君主居东方。炎帝与蚩尤争夺黄河下游地区，炎帝失利后向北逃走，事后向黄帝求救。黄帝在三年中与蚩尤打了九仗，都未能获胜。最后，黄帝集结兵力在涿鹿与蚩尤决战，战斗十分激烈。黄帝在大将风后、力牧的辅佐下，终于擒杀了蚩尤，获得胜利，统一了中原各部落，建都在涿鹿。战后，黄帝率兵进入九黎地区，随即在泰山之巅会合天下诸部落，举行了隆重的封禅仪式，告祭天地。

蚩尤失败后，炎帝不满黄帝为天下共主，企图夺回失去的地位起兵谋反。炎、黄二帝又在阪泉展开决战，黄帝取得胜利，天下共主的地位最终确立。经过与蚩尤、炎帝的两次史前大战，黄帝、炎帝与蚩尤部落的首领制定了古称"合符"的盟约，组成了一个庞大的部落联盟。这个部落联盟形成了今日中国的雏形。战后，部落之间开始和平共处，黄帝展示出他的聪明与智慧，开始发明创造。后来，黄帝逐渐把各部落融合在一起，形成华夏族。炎、黄二帝被视为华夏民族共同的祖先，后世的中国人都喜欢称自己为"炎黄子孙"。

出生地争议

关于黄帝的出生地有几种说法。根据史料，以河南新郑说最值得信从。

首先，晋皇甫谧说黄帝生于寿丘，但他并未注明寿丘在何地。唐张守节《〈史记〉正义》承袭皇甫谧的观点，但他说寿丘在山东曲阜是错误的，这一点清代学者已经予以纠正。清代郭袁恒著的《历代帝都考》说："黄帝生寿丘（开封府新郑县）。"

其次，陕西黄陵县说主要依据《国语·晋语》，但"黄帝以姬水成"，只能理解为在姬水长大，或曾居于姬水。

再次，甘肃天水说仅凭郦道元《水经注》引述汉人一种虚无缥缈的说法，孤证难立。梁玉绳的说法大概出自郦道元。

最后，河南新郑说，不仅有众多文献直接记载黄帝生于此地，而且黄帝"居于轩辕，都于有熊"的记载更是汗牛充栋，可以说新郑不仅是黄帝的故里，也是黄帝的故都所在地。

清代朴学最盛，学者多擅长考证，而清代学者大都认为黄帝生于河南新郑。清代康熙五十四年（1715），新郑知县许朝柱还在新郑县城北关镌刻了一块大石碑，上书"轩辕故里"几个大字。乾隆二十年（1775），新郑为黄帝重修"始祖庙"，立碑记载："古传郑邑为轩辕氏旧墟，行在有轩辕邱遗址。"道光二年（1822），新郑重修文庙，立碑记述："新郑为轩辕黄帝故都，文明肇启有自来矣。"

清代学者的观点也被近现代学者所接受。著名学者钱穆就断言："古代黄帝部落之居地，应在今河南新郑，断无疑矣。"李学勤也认为："新郑是古书记载的有熊氏之墟、少典氏之国所在地。新郑是轩辕黄帝故里故都。"

诞辰

中国自古就有"二月二，龙抬头；三月三，生轩辕"之说，龙抬头、龙头节，是因为黄帝诞辰为农历的三月初三。这个民俗始于唐德宗李适贞元五年（789）。黄帝即位是在公元前2698年，可以推算出他当时年仅20岁。自黄帝开始，以河南为代表的富庶的中原，已成为历朝历代兵家必争之地，成为入主华夏、雄踞天下的演武场。黄帝也成为这片热土上最杰出的代表人之一。

囿于时空的制约，我们无法还原四千多年前黄帝和他的族人真实的生活场景。但是，黄帝的足迹遍布华夏，关于他的传说多姿多彩，他与中原千丝万缕的关联毋庸置疑。如今，黄帝的诞辰农历三月初三这个难忘而又特殊的日子，不仅属于中原，也成为炎黄子孙共同的节日。

历史贡献

黄帝在历史上的贡献主要体现在以下几个方面：

初作衣裳，衣冠文明。《易经·系辞》云："黄帝尧舜垂衣裳而天下治。"《世本·作篇》："黄帝作旃……黄帝作冕旒。"《说文解字》："黄帝初作冕。"《〈史记〉正义》说："黄帝以前，未有衣裳屋宇，及黄帝造屋宇，制衣服，营殡葬，万民故免存亡之难。"

作杵作臼，为釜为甑。有记载表明，黄帝发明了用来蒸煮食物的陶器——釜甑。釜甑的出现让人类告别了茹毛饮血的原始生活。《说文解字》云："黄帝初教作糜。"《太平御览》卷七五七、八四七引《古史考》说："黄帝始造釜甑。……及黄帝，始有甑釜，火食之道成。……黄帝始蒸谷为饭，烹谷为粥。"

伐木构材，筑作宫室。《新语》记载："天下人民，野居穴处，未有室屋，则与鸟兽同域，于是黄帝乃伐木构材，筑作宫室，上栋下宇，以避风雨。"《白虎通》载："黄帝作宫室，以避寒暑。"

黄帝造车，故号轩辕。《太平御览》卷七七二引《释名》载："黄帝造车，故号轩辕氏。"《路史·轩辕氏》载："横木为轩，直木为辕，故号称轩辕氏。"梁顾野王《玉篇》载："黄帝服牛乘马。"《中华古今注》载："大驾指南车起于黄帝。"

刳木为舟，剡木为楫。《易·系辞》载："（黄帝）刳木为舟，剡木为楫，舟楫之利，以济不通，致远以利天下。"《淮南子·氾论训》则说："古者大川名谷，冲绝道路，不通往来也，乃为窬木、方版以为舟航，故地势有无，得相委输。"《汉书》载："黄帝作舟车以济不通。"

经土设井，立步制亩。古人沿河而居是不二的选择，水源成为古人类生存、生活最重要的制约因素。与农业生产有密切关系的井的发明，古人也归功于黄帝。《世本·作篇》记载："黄帝见百物始设井。"《通典·食货志》记述更详："昔黄帝始经土设井，以塞诤端。立步制亩，以防不足。使八家为井，井开四道，而分八宅，凿井于中。"

造秤做斗，权衡度量。宋高承撰《事物纪原》引《吕氏春秋》说："黄帝使伶伦取竹于昆仑之嶰谷，为黄钟之律，而造权衡度量，盖因其所胜轻重之数而生权，以为铢、两、斤、钧、石，则秤之始也；因其所积长短之数而生度，以为分寸尺丈引，则尺之始也；因其所受多寡之数而生量，以为合龠升斗斛，则斗之始也。"

造伞造镜，适民之用。晋崔豹《古今注·舆服》载："华盖，黄帝所作也。与蚩尤战于涿鹿之野，常有五色云气，金枝玉叶止于帝，上有花葩之象，故因而作华盖焉。"马骕《绎史》卷五引《黄帝内传》载："帝既与王母会于王屋山，乃铸大镜十二面，随月用之，则镜始于轩辕矣。"

算术历法，经脉医药。《史记·历书》载："黄帝考定星历，建立五行。"《世本》载："黄帝令大挠作甲子，羲和占日，常仪占月，臾区占星气，隶首作算数，容成造历，巫彭作医。"《帝王世纪》载："黄帝命雷公歧伯论经脉……俞跗、歧伯论经脉，雷公、桐君处方饵。"作《黄帝内经》，防治疾病。

初营殡葬，始作棺椁。《易·系辞》载："古之葬者，厚衣之以薪，葬之中野，不封不树，丧期无数，后世圣人，易之以棺椁。"《汉书·刘向传》载："棺椁之作，自黄帝始。"

作矢作弩，以玉为兵。《古史考》载："黄帝作弩。"《世本》载："黄帝臣挥作弓，夷牟作矢。"唐逢行珪注《鬻子》说："黄帝'作弧矢以威天下'。"《路史·疏仡纪·黄帝》载："命挥作兽弓，夷牟造矢，以备四方。"

作乐作律，以和五音。《管子·五行》载："黄帝以其缓急作五声，以政五钟。"《路史》引《晋志》说："黄帝作律，以玉为王官，长尺六寸，为十二月。"

炼石为铜，荆山铸鼎。《世本·作篇》载："黄帝作宝鼎三。"《拾遗记》载："昆吾山其下多赤金，色如火。昔黄帝伐蚩尤，陈兵于此地，深掘百丈，犹未及泉，唯见火光如星，地中多丹。炼石为铜，铜色青而利。"

始作图画，以御凶魅。王充《论衡·订鬼篇》载："于是，黄帝乃……立大桃人，门户画神荼、郁垒与虎，悬苇索以御。"《龙鱼河图》载："蚩尤没后，天下复扰乱，黄帝遂画蚩尤象以威天下。"

以上所述让我们看到，经过数千年原始文明的发展和积累，黄帝时代站在了一个文明集成的节点。一个个脱胎于黄帝时代的伟大发明横空出世，恩泽千秋。

社会影响

　　黄帝创立的国家管理体制，至今是全人类共同尊崇的治国模式。迄今为止在陕西、河北、山东、河南等地出土的文物，证实了黄帝时代的繁盛。

　　黄帝之前，田无边际，耕作无数。黄帝之后，以步丈亩，以防争端，将全国土地重新划分，划成"井"字：中间一块为"公亩"，归政府所有，收获缴政府；四周八块为"私田"，由八家合种，收获归各家所有。"井田制"创立了人类社会最初的税收体系，在人类历史上具有重要影响和作用。

　　黄帝不仅组织民众及时播种百谷、开辟园圃、种植果木蔬菜、种桑养蚕、饲养畜禽、进行放牧等，而且教民养蚕制衣，发明机杼进行纺织，制作衣裳、鞋帽、帐幄、毡、衮衣、裘、华盖、盔甲、旗、胄等。同时，黄帝在制陶、冶炼、建筑、交通、兵械等方面也开创了文明先河。数千年过去了，人类在不断的实践和探索中延续着文明的辉煌。那些引领时代风尚的时装，那些高耸入云的建筑物，那些精美绝伦的工具、器皿等，又有谁能否认它们都源自一个叫黄帝的人或时期呢？！人类的繁衍生息，无时无刻不受到生老病死的威胁。如今，癌症、糖尿病等仍威胁着人类健康，孜孜以求的人类在兜兜转转之后，正在从《黄帝内经》中汲取营养、获得启示。从黄帝的轩辕战车开始，人类对时空的探索从未停歇。汽车、飞机、轮船、火箭、飞船已经将人类生活的范围从村寨扩展到全球，延伸到茫茫宇宙。人类自由地遨游太空的日子不远矣。

　　黄帝时期是一个创造发明频繁涌现的时期，拉开了中华民族文明的序幕。黄帝是中华民族的始祖和英雄，也是人类共同的英雄。

字圣：仓颉

本名：仓颉
字号：史皇氏
所处时代：史前时期
出生地：河南南乐
出生日期：不详
逝世日期：不详
职业：史官
主要成就：创造原始象形文字
尊称：字圣

人物生平

在历史的长河里，有这么一个人，他"产而能书"，"生而知之"，"见鸟兽之迹，体类象形而制字"。这个人，就是仓颉。

仓颉也称苍颉，原姓侯冈，名颉，号史皇氏，立都阳武（今河南新乡原阳东南）。

仓颉是汉字的创造者，被后人尊称为中华文字始祖。仓颉的父系为伏羲氏，母亲是史皇氏部落的一位女首领，名侯冈，其祖为伏羲女娲后裔，其先祖为燧人荌兹氏。

相传，仓颉为中国原始社会后期黄帝的左史官。据史书记载，轩辕黄帝兴起之后，黄帝左史官仓颉、右史官沮诵受鸟兽足迹的启发，集中劳动人民的智慧，呕心沥血数十载，搜集、整理流传于先民中的象形文字符号并加以推广和使用。这些文字符号被后人称为象形文字。象形文字归纳起来有六类：一是指代事情的字，如"上、下"；二是象形字，如"日、月"；三是形声字，如"江、河"；四是会意字，如"武、信"；五是转注字，如"老、考"；六是假借字，如"令、长"。

据说，仓颉在位时，向南巡狩其领土，登上阳虚之山，然后顺着洛水而下，在元扈（一作玄扈）洛汭之处发现灵龟负书，由此仓颉拜受洛书。洛汭在今洛阳市洛宁县境内，今洛宁县兴华镇西北仍留有仓颉造字台，是后人为纪念仓颉帝而建造的。

仓颉造字

仓颉造字有两个版本。

一个版本中传说仓颉很聪明，记忆力非常好，黄帝就让他负责记录部落里所饲养牲口的数目以及仓库里食物的数量。仓颉觉得这是一项非常简单的工作，他汇报的数量总是准确无误。黄帝非常赏识仓颉，让他管理的事情也越来越多，祭祀、狩猎、人丁的增减，统统交给仓颉。由于事务繁杂，仓颉渐渐无法应付。他开始犯愁，这些数字总是不断地在增减、变化。怎么才能做得更好、更精确呢？

仓颉想到了结绳的办法，可是，数量增加的时候好办，打个结就可以了，如果是数量减少，把绳上的结解开比较麻烦。聪明的仓颉找来贝壳，用绳子把贝壳分门别类地串起来，每一种贝壳代表所管理的一种东西，用贝壳的增减来记录数量的变化。

机会总是青睐那些有准备而又善于动脑子的人。有一天，参加狩猎的时候，在一个三岔路口，仓颉发现几个猎人正在争执。

仓颉过去打听是怎么回事。甲说向东可以猎到羚羊，乙说往北可以追到鹿群，可丙说往西能捕捉野猪。为此，三人争论不休。

仓颉造字有功，后人誉之为"字圣"

仓颉问，你们说有猎物的依据是什么？三个人各指着地上不同的足迹为依据。

说者无意听者有心，仓颉心中暗想：既然依据足迹能判断出一种野兽，那么一种形象的符号是不是也能表示所要管理的东西呢？从此，仓颉经过漫长时间的探索，创造出各种各样的符号，并以此为据，把事情管理得井井有条。

黄帝知道后大为赞赏，还让仓颉到各个部落传授技法。就这样，文字的雏形渐渐形成。这些像图画一样的符号被后人不断修改完善，越来越规范，也就成为如今世人广为认知和推崇的汉字。

另一种版本则认为，早在仓颉之前文字就存在，只是由于原始部落之间的习俗和认知不同而五花八门、杂乱无章。黄帝建立部落联盟之后，为了加强统治，需要在各部落之间建立统一的规范和秩序，而文字作为最常用的交际工具，在各部落交往中无疑具有重要意义。黄帝就开始让仓颉来研发与规范文字，也就有了后人所说的仓颉造字。

这个版本中的仓颉同样也是聪慧无敌。他受黄帝的委派，深入各部落之间，广泛搜集民间的图画符号并加以整理，经过仓颉的梳理和完善，形成了系统的象形文字，并且在各部落间推广普及。文字促进了黄帝一统华夏成就千秋霸业的步伐。史书上记载："仓帝史皇氏，名颉，姓侯冈……生而能书。及受河图录字，于是穷天地之变，仰观奎星圆曲之势，俯察龟纹鸟羽山川指掌而创文字。天为雨粟，鬼为夜哭，龙乃潜藏。"据说，二十四节气中的谷雨就是由此而来。

无论是哪个版本，仓颉造字都不容置疑。正是这位文字始祖，将这些散落在凡尘中的文字珍珠，一颗颗归整后串起来，人类的历史得以记载，文明得以传承。

马虎造字终酿憾

仓颉因造字受到了黄帝的赞赏和器重，被赐仓姓，其意思是"君上一人，人下一君"。仓颉因造字名声越来越大，他头脑开始发热，眼睛慢慢地向上移，什么人都看不起，造字也开始随意起来。

黄帝得知此事后很不高兴。怎么能让仓颉认识到自己的错误呢？黄帝找来最年长的老人商量此事。这位老人长长的胡子上打了120多个结，意味着他已120多岁了。老人听了黄帝的诉说找到仓颉："仓颉啊，我人老眼花，有几个字不理解，你能不能教教我？"

仓颉看到这么大年纪的老人都尊重他，不由得得意起来。

老人说："你造的'马''驴''骡'都有四条腿（繁体字都是四点），牛也有四条腿，但'牛'字怎么没有四条腿，只是一条尾巴？"

仓颉一听慌了，他粗心大意，把"鱼"字（繁体字）造成四点，与"牛"字弄混了。老人接着又说："你造的'重'字，是说有千里之远，应该念'出远门'的'出'字，你却教人念成'重量'的'重'字。反过来，两座山合在一起的'出'字，本该为'重量'的'重'字，你倒教成了'出远门'的'出'字。这几个字真叫我难以理解，只好来请教你了。"仓颉听后很惭愧，深知酿成大错，因为这些字已经教给了各个部落，传遍天下，改不了啦。老人拉着仓颉的手语重心长地说："你造了很多字，把许多大事、经验都记录下来并流传下去，黄帝很高兴，后人也会记住你。造字可要细心，可不能大意啊！"

从此，仓颉每造一个字，总要反复推敲，拿不准的还征求别人的意见，因而得到大家的夸奖。

遗址之争

有关仓颉的遗址有很多说法，流传较广的说法是仓颉出生在陕西白水杨武村鸟羽山，死后葬在濮地，也就是如今的河南濮阳市南乐县西18公里的吴村。

《万姓统谱》卷五十二记载："上古仓颉，南乐吴村人，生而齐圣，有四目，观鸟迹虫文始制文字以代结绳之政，乃轩辕黄帝之史官也。"《明一统志·人物上古》记载："仓颉，南乐吴村人，生而齐圣，有四目，观鸟迹虫文始制文字以代结绳之政，乃轩辕黄帝之史官也。"

开封也有一座仓颉墓，在今城东北9.5公里黄河大堤之外，刘庄村的北侧。明《汴京遗迹志》这样记载："仓颉墓在城北时和保，俗称仓王冢是也。"开封城西25公里有个仓家寨，村中仓姓人自称系仓颉后裔，早年他们曾多次到仓颉墓祭祖。

开封和南乐县不同的是，开封认定仓颉生日是农历三月二十八日，我国著名学者王国维也曾做出这样的考证。解放前，每年的这一天，这里都要举行仓王生日庙会。

河南虞城县的仓颉墓、仓颉祠始建于西汉，唐开元年间、清康熙年间曾几次重建。历尽沧桑之后，如今这里仅存一座大殿、两株血柏和一通石碑。

此外，仓颉的遗迹在河南省阳武（今河南原阳县）、山东的寿光和东阿也有。我们能想象到，仓颉跟随叱咤风云的黄帝身经百战，曾到过很多地方，说不定有关他的遗迹，今后还会被发现。

这正如志书所按："仓圣为文字之祖，建祠庙祀之，亦崇德报功之义。乃因祠庙而生故居，又因故居而生丘墓。好事者之附会往往如此。"所以，仓颉的遗迹遍布华夏，有很多争议也是情理之中的事。

历史贡献

中原悠久的历史、优越而又独特的地域位置，养育了很多文化圣人，他们也对中原大地给予了厚爱与滋润。仓颉就是其中的一个。仓颉造字是划时代的创举，结束了原始人"结绳记事"的历史，将人类文明向前推进了一大步，加快了人类前进的脚步，促进了人类经济、文化等若干方面的交流。不夸张地说，中华民族的强大凝聚力和大融合都与文字分不开。

令人不解的是，这位史前重量级的人物，在战国以前的典籍中从未提及。最早提及仓颉的是战国时期的荀卿："故好书者众矣，而仓颉独传者，壹也。"而后，《吕氏春秋》《韩非子》等进一步引申为"仓颉作书"。汉代《淮南子》和《论衡》中，从"仓颉造字"发展为"仓颉四目"。至此，仓颉开始被神化。

社会影响

在仓颉之前，人类茹毛饮血，从燧人氏"钻木取火""结绳记事"开始，在漫长的历史长河中，因为没有文字，史书上自然不着一字。曾经的辉煌与荣耀、显赫与权威、悲壮与沧桑，因为没有文字记载，一切都随岁月而去。那些不该被忘记的人和曾经刻骨铭心的事，也都随风掠过被岁月掩埋。仓颉造字是每一个华夏子孙倾心认可的事，这种记载了泱泱华夏几千年璀璨文明的方块字，如果不是仓颉创制，又会是谁？

仓颉之后，人类由蛮荒岁月转向文明生活，河图洛书、甲骨文、金文、篆书、隶书、草书、真书、行书，汉字一代又一代地演变、改革。文字传承着中国文化与情怀，并流进每一位中国人的血脉之中。中华上下五千年灿烂辉煌的文明史，华夏民族发展的宏伟画卷，正是用文字铸造、凝刻的篇章。从这种意义上说，文字的发明和创造，与伏羲造人有着同样的非凡意义。伏羲让人类有了智慧，仓颉让智慧有了力量。"制字先师""文字始祖"，无论人们给予仓颉怎样的敬仰和崇拜，他都受之无愧。

如果说仓颉之前没有文字的华夏文明是一张黑白图片，那么，仓颉之后，有了文字的中华文明就是一张彩色照片。如果说仓颉之前没有文字的历史是模糊的无声影片，那么，仓颉之后，有了文字的中华文明就是清晰、灵动的音符，就是真实再现、荡气回肠、跌宕起伏的文化大片。

汉字是联系中国不同阶级、不同地区、不同民族和不同文化的纽带。汉字对外部世界有着强大的辐射力和影响力，构建了包括日文、朝鲜文和越南文等在内的强大"汉字文化圈"。饮水思源，见字寻根，面对这一切，我们不能忘记文字的创造者——仓颉。

历圣：颛顼

本名：颛顼
所处时代：史前时期
出生地：河南嵩县
出生日期：约公元前2514年
逝世日期：约公元前2416年
主要成就：征服九黎
职业：部落联盟首领
尊称：历宗、历圣

人物生平

颛顼（zhuān xū），中国上古部落联盟首领，五帝之一，号高阳氏，黄帝之孙，姬姓。父亲是黄帝次子昌意，生于若水（今河南嵩县一带）。颛顼历是第一部颁行于秦汉两代、通行全国的古历，在中国历史上产生过广泛的影响。他改革甲历，定下四季和二十四节气。所以，后人尊称他为历宗、历圣。

据说，颛顼20岁登帝位，在位78年，寿98岁，逝世后葬于东郡濮阳顿丘城门外广阳里（今河南内黄县三杨庄西）。后来的虞（舜）、禹、熊绎（楚国的建立者）都是他的子孙，颛顼系成为黄帝系下与帝喾系并列的一系，颛顼成为中华民族人文共祖之一。颛顼之母女枢是蜀山氏之女，因感瑶光而生颛顼。《史记·五帝本纪》说黄帝正妃嫘祖生二子，"其二曰昌意，降居若水。昌意娶蜀山氏女，曰昌仆，生高阳……昌意之子高阳立，是为帝颛顼也"。《山海经·海内经》《竹书纪年》《大戴礼记·帝系》《吕氏春秋·古乐》《帝王世纪》《水经·若水注》都有类似的记载。过去，一般认为若水在四川，即古之泸水、今之雅砻江下游（今四川省渡口一带）。如果若水在蜀地，在远古洪荒时代，山隔水阻，很难解释颛顼会跋涉数千里，活动于鲁地，建都、死葬于豫北。因"若""汝"音同义通，现在，学者更倾向于若水即河南境内的汝水，"黄帝支裔昌意族活动的若水，即今河南境内的北汝河"。由此可得，颛顼生于河南嵩县一带的北汝河沿岸。

名字由来

《山海经》中描写颛顼葬地"附禺之山"，有多处提到了美玉。颛顼的"颛"本义为"圆头胖脑"；而"顼"字从"玉"从"页"，"玉"指"玉胜"，即玉制的发饰品，"页"指人头，合起来表示"头戴玉饰品者"。由此可知，黄帝之孙颛顼是一位头戴玉饰品的圆脸君主。"颛顼"是人们对他的爱称。他称帝时东夷在其管辖范围内。他所戴的头饰，材质即是阜新玛瑙，东夷当地语称"珣玗琪"，其产地是今天的阜新蒙古族自治县。

主要成就

传说中，颛顼一生做了很多大事，主要有以下几项：

一是划分九州。据《乾隆御批纲鉴》记载，中国九州的建置区划，创制于颛顼。黄帝时虽然统一了中原地区，但和蚩尤部族长期形成对立局面。直至颛顼，才形成各民族真正统一。在此基础上，颛顼对中国区域建置进行明确规划，确定兖、冀、青、徐、豫、荆、扬、雍、

中国九州的建置区划，创制于颛顼

梁九州的名称和分辖区域。《史记》上说他统领疆域"北至于幽陵（今河北、辽宁一带），南至于交阯（今广东、广西、越南一带），西至于流沙（今甘肃一带），东至于蹯木（今东海）"，极其广大。

二是研制历法。据史书《今本竹书纪年》记载，颛顼"十三年，初作历象。用乙卯，四时不忒"。《晋书》董巴议曰："昔伏羲始造八卦，作三画以象二十四气，黄帝因之，初作《调历》。……颛顼以今之孟春正月为元，其时正月朔旦立春，五星会于天庙，营室也，冰冻始泮，蛰虫始发，鸡始三号。天曰作时，地曰作昌，人曰作乐，鸟兽万物莫不应和，故颛顼圣人为历宗也。"《新唐书》记载："《洪范传》曰：历记始于颛顼。"颛顼帝研制甲历，制定了我国第一部后世通行全国的天相历法颛顼历。颛顼历顺应天行，制定年、月、日、时的配合规律，预期天象的回复、季节时令的交替，使人们的各类活动有所遵循，井然有序。汉初的历法基本上是沿用秦以来的颛顼历。它是一种古四分历，以365又1/4日为回归年长度，29又499/940日为朔望月长度，19年7闰。汉武帝时，公孙卿、壶遂、司马迁等受命议造汉历；最后，在18种改历方案中选定了邓平所造的81分律历，称太初历。太初历以365又385/1539日为回归年长度，29又43/81日为朔望月长度。西汉末年，刘歆修订太初历而更名为三统历。

颛顼历完成于秦献公十九年（前366）。该历以夏正十月为岁首，闰置于九月之后，以该年正月初一日刚好立春为节气的计算起点。颛顼历有两大特点：一是其时秦政权尚僻处于雍州，不与诸侯各国交往。诸侯自大，也以夷狄之邦视秦国。所以，秦国实行的历法直到秦统一天下后才推行全国。汉行秦历，才使颛顼历一跃而被奉为历法"正统"。二是其时古四分历理论已非常成熟，所谓颛顼历只不过是月建有差，历策却仍是专门执掌天文历算之学的"畴人"用古四分历方法拟订的。颛顼历一直使用到汉武帝太初元年。因为经过连续100余年的使用，颛顼历的误差越来越明显，所以，汉武帝才废止颛顼历，令司马迁等制定并使用太初历。

三是整顿巫教。颛顼登上帝位之后，首先派大神重和黎断绝了天地之间的通道。原来颛

颛顼历使用至汉武帝太初元年

顼时代处于父系社会初期，生产力落后，人们匍匐于大自然的淫威之下，迷信盛行，正如《国语·楚语下》所云："民神杂糅，不可方物；夫人作享，家为巫史。"人人祭神，家家有巫史，龚自珍对这一情形有更为详细的描述："人之初，天下通，人上通；旦上天，夕上天。天与人，旦有语，夕有语。"在原始社会，神权和政权往往是交织在一起的，颛顼既居帝位，同时又是当时社会的宗教主。当时，由于神权至上，这种民神杂糅的状况非常不利于颛顼的统治。于是，他着手改革巫教，绝地天通。《国语·楚语下》载："颛顼受之，乃命南正重司天以属神，命火正黎司地以属民，使复旧常，无相侵渎，是谓绝地天通……重寔上天，黎寔下地。"《书·吕刑》曰："皇帝哀矜庶戮之不辜，报虐以威，遏绝苗民，无世在下。乃命重、黎，绝地天通，罔有降格。"南正重负责管理天，掌管祭祀，与天神沟通，并传达神的旨意；火正黎负责管理地，专司民事，处理老百姓的事务。强令民间禁止巫觋，皈依教化。这样就使颛顼掌握了解释神旨的话语权，老百姓安居乐业，社会秩序井然。被黄帝征服的九黎族，到颛顼时，仍信奉巫教，杂拜鬼神。颛顼禁绝巫教，强令他们顺从黄帝族的教化，促进了族与族之间的融合。

四是设五官制。颛顼称帝后，首先对官制进行了改革，废除了少昊政权复杂而臃肿的"鸟官制"，精简机构，按照先圣五行之说设"五官制"。金正之官名蓐收，相当于司徒，主管民政；木正之官名句芒，相当于司农，主管农业；水正之官名玄冥，相当于司寇，主管刑律；火正之官名祝融，相当于司马，主管军队；土正之官名后土，相当于司空（工），主管建筑。这是中国历史上最早设立的五官制。《左传·昭公十七年》载："自颛顼以来，不能纪远，乃纪于近，为民师而命以民事，则不能故也。"《汉书·百官公卿表第七上》载："《易》叙宓羲、神农、黄帝作教化民，而《传》述其官，以为宓羲龙师名官，神农火师火名，黄帝云师云名，少昊鸟师鸟名。自颛顼以来，为民师而命以民事，有重黎、句芒、祝融、后土、蓐收、玄冥之官，然已上矣。"

五是诛灭共工。在帝颛顼时期（约公元前25世纪），颛顼部落联盟与共工部落联盟在中原地区（今河南北部）作战。原始社会晚期，炎帝的后裔共工，已成为炎帝族分支共工氏部落联盟的首领，在颛顼部落联盟的上游。当时，黄河经常泛滥成灾，祸及百姓。共工氏部落为了自己一己之利修筑西岸河堤，将大水引至东岸河堤。大水冲毁东岸河堤，殃及下游颛顼部落联盟。两部落联盟发生冲突。颛顼大帝以共工违反天意为由，发动群众讨伐共工。双方大战于澶渊（今河南濮阳西）。最终，共工因寡不敌众而失败，颛顼统一华夏。

关于共工氏和颛顼争夺帝位怒触不周山的传说，已经流传了四五千年。那时，我们的祖先尚不知如何解释各种各样的自然现象，不了解自然规律，在自然面前显得渺小无力。因此，先人把各种疑惑归于神的存在，自然之力被形象化、人格化。所以，创造了神话传说，塑造了盘古、女娲、轩辕黄帝等传奇人物，以歌颂心目中的英雄。

《列子·汤问》记载："昔者女娲氏炼五色石以补其（天）阙，断鳌之足以立四极。其后共工氏与颛顼争为帝，怒而触不周之山，折天柱，绝地维。故天倾西北，日月星辰就焉；地不满东南，故百川水潦归焉。"《史记·律书》云："颛顼有共工之陈，以平水害。"司马迁在《史记·五帝本纪》中对颛顼帝评价很高："静渊以有谋，疏通而知事；养材以任地，载时以象天，依鬼神以制义，治气以教化，絜诚以祭祀。"三国曹植《帝颛顼赞》曰："昌意之子，祖自轩辕。始诛九黎，水德统天。以国为号，风化神宣。威畅八极，靡不祗虔。"史学家徐旭生称赞："帝颛顼是一个有改新能力的大人物。"

颛顼墓

颛顼墓位于山东聊城东昌府区城西北7.5公里处。《一统志》载："帝颛顼高阳氏陵有二：一在开州，一在东郡城西北二十里……在东郡者有庙，民间称'聊古庙'是也。"颛顼墓是真是假，尚不敢断言。但据文物考古调查，此处系一古代遗址则确凿无疑。该遗址为方形高台地，暴露面积500平方米，为黑灰土堆积。遗址表面散布着不少陶片，可识器形有龙山文化时期的罐、杯、豆、盆，殷代的鬲，周代的绳纹筒瓦等，属龙山文化至商周时期的遗址。

颛顼墓南，原有一座用于祭祀颛顼的庙宇，名聊古庙，又名聊王庙、颛顼庙。该庙规模宏大，远近闻名。庙内有钟楼、鼓楼、大殿、廊房、后楼等建筑。大殿内供高约7尺的颛顼帝执圭坐像。大殿后二层阁楼内，塑有颛顼帝及后妃神像。1945年庙毁，现仅存遗址。

历史贡献

颛顼帝在位期间创制九州，使中国首次有了版图界线；建立统治机构，定婚姻、制嫁娶，研究男女有别、长幼有序；针对巫术盛行之风，下令民间禁绝巫教；改革甲历，定下四季和二十四节气，后人推戴他为"历宗"。作为华夏文明的主要奠基者之一，颛顼对东北亚、美洲的古代文明都有重大影响。从执政特点来看，他是一位把各项制度都设置清晰的智慧型领导，正是孔子"十一德"中"缜密以栗，知也"的典型人物。

颛顼文明在上古天文、历法上有高度造诣，对水利、农业也有很大贡献。其一个分支族系在中原建立了中国第一个王朝——夏，而且上古许多民族都是它的分支。历代史学典籍和学者一直把颛顼文明的起源定位于山西、四川、河南、安徽和浙江。艾荫范先生从文化人类学角度，以考古、神话、民俗、语言、文字诸学科互相参证，提出这一文明起源于辽西，其考古学背景应是红山文化及前红山文化，并与阜新查海遗址渊源甚深。

颛顼治下的北方古族群对华夏文明极有贡献，并且创造了玉文化和龙文化。在阜新市查海遗址发现长达19.7米的石堆龙，据测定距今8000～7000年。著名考古学家苏秉琦教授在详细考察查海出土文物后，认为此系"中华第一龙"，阜新是"玉龙故乡，文明发祥"。艾荫范先生认为阜新查海"玉龙文化"属于颛顼古族的文化遗存，在"颛顼之墟"界域之内。屈原《离骚》中"帝高阳之苗裔"正说明南方的楚人信奉的上帝颛顼远处北方，这说明楚人原居北方，也是颛顼古族的成员，后来才前往南方的。《晋书》中记载的"颛顼之墟"的"墟"（故地、遗址的意思），其位置就在阜新、朝阳一带。

社会影响

颛顼、帝喾是上古时期"三皇五帝"中的第二位和第三位帝王，前承炎黄，后启尧舜，奠定华夏根基，是华夏民族的共同人文始祖。国学大师范文澜先生在《中国通史简编》中写道："汉以前人相信轩辕黄帝、颛顼、帝喾三人为华族祖先，当是事实。"

传说中，许多民族都是颛顼氏之后，包括与颛顼打过仗的民族。今天，高阳氏后裔遍布我国内地和边疆，大家公认颛顼是中华民族的祖先，自商周时代就开始对他们进行隆重的祭祀，宋代开始每年对他们进行大规模的公祭并形成定制，历代不断。

酒圣：杜康

本名：杜康
别名：少康
所处时代：史前时期
出生地：河南汝阳
出生日期：不详
逝世日期：正月二十一
职业：夏代国君
主要成就：造秫酒
尊称：酒圣、酿酒始祖、酒神

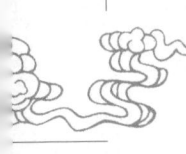

人物生平

杜康又名少康，夏朝人（另说黄帝时期人或东周人），其父为相，其母为后缗氏。《世本》载："杜康造酒……"《说文解字》载："杜康始作秫酒。"因杜康是酿制白酒的发明者，后人尊称他为酒神、酿酒始祖、酒圣。

据《吕氏春秋》《博物志》等史书记载，杜康是中国历史上第一个奴隶制国家夏朝的第五位国王。据《史记·夏本纪》及其他历史文献记载，在夏朝第四位国王帝相在位的时候，发生了一次政变，帝相被杀。那时，帝相的妻子后缗氏已身怀有孕，她逃到娘家"虞"这个地方生下了儿子。因为希望儿子能像爷爷仲康一样有所作为，所以，她为儿子取名少康。

后来，为了躲避灾祸，杜康逃到杜康村做起了牧羊工。因长期寄居、思恋家乡，杜康胃口不好，放牧时所带的秫米团常常吃剩下一半。每到这时，杜康便将剩饭扔进附近的桑树洞中。春去秋来，桑树洞中积满了秫米团。有一天，杜康又去扔剩饭时，闻到一阵扑鼻的芳香，并隐约见有许多透明的液体从树洞中流出。杜康尝后觉得十分甘美，精神也倍加爽朗。于是，他便仿照这种方式不断研究，酿出了专供人们饮用的秫酒。周平王迁都洛阳后尝到杜康酒，认为口感绝佳，于是将其定为宫中御酒，并封杜康为酒仙，赐杜康村为"杜康仙庄"。杜康酒从此名扬天下，奠定了杜康为中国酿酒业开山鼻祖的地位，其所造之酒也被命名为"杜康酒"。（《说文解字》注："杜，甘棠也。"）

酒故事之一

传说黄帝时期，有一个叫杜康的人，专门负责管理粮食。他很尽心地把丰收的粮食都堆放在山洞里。时间一长，因山洞潮湿，粮食全霉坏了。黄帝知道后非常生气，说以后粮食再霉坏就要处死他。当时，黄帝正在准备与陆浑族大战，征调来的粮食无处存放，杜康十分着急。有一天，杜康在空桑涧里发现了一片开阔地，周围有几棵大桑树枯死了，只剩下粗大的树干，树干里面已空。杜康灵机一动，心想，粮食装在树洞里也许就不会霉坏了。于是，他把自己的想法告诉周围的人。大家都赞同，一齐动手把树林里枯死的大树一一进行掏空处理。不几天，他们就把粮食全装进树洞里了。谁知，那几年风调雨顺，连年好收成，粮食到处都是。装在树洞里的粮食顾不上用，几年以后经过风吹、日晒、雨淋，慢慢地发酵了。

有一天，杜康上山查看粮食时，突然发现一棵装有粮食的枯桑树周围躺着许多山羊、野猪和兔子。一开始，他以为它们都是死的，就大步走过去，想把这些野物弄回去让大家吃。谁知走近一看，杜康发现它们还活着，似乎在睡大觉。杜康一时弄不清是什么原因，非常纳闷儿。这时，一头野猪醒了过来，见人来了，便摇摇晃晃地往树林里窜去。紧接着，山羊、兔子也一只只地醒来逃走了。杜康往回走时，又发现两只山羊来到装有粮食的树洞跟前，低头用舌头舔着什么。杜康躲到树后观察，只见两只山羊舔了一会儿也摇摇晃晃地躺倒在地上。杜康过去一看，吓了一跳，原来装粮食的树洞裂开了一条缝，里面的水不断往外渗出，山羊是舔了这种水才倒在地上的。杜康用鼻子一闻，觉得渗出来的水特别清香。他也尝了一口，味道虽然辛辣却特别醇美。他越尝越想尝，最后一连喝了几口，只觉得天旋地转，不由自主地倒在地上睡着了。

不知过了多长时间，杜康醒来，发现躺倒的山羊也都跑掉了。他顺手摘下腰间的尖底罐，接了一罐水带回去，并把他看到的情况说给他人，又把带回去的水让大家品尝，大家都觉得很奇怪。黄帝知道后，也品尝了杜康带来的浓香的水，感觉醇美。黄帝与大臣们议事时，大臣们认为这水是粮食的元气，并非毒水，应该给这种水起个名字。当时为黄帝造字的大臣仓颉站出来说："酉日得水，咱就造个'酒'字吧！"从此，黄帝就命杜康用粮食造起酒来。黄帝死后，杜康就在杜康村专门酿酒，把酿酒秘诀传给了后人。酒在民间逐渐普及开来，杜康也被人称为"酒神"。

杜康在杜康村酿酒，并逐渐推广开来

酒故事之二

某夜，杜康梦见一白胡子老者，老者告诉杜康将赐其一眼泉水，杜康须在九日内到对面山中找到三滴不同人的血，滴入其中，即可得到世间最好喝的东西。次日起床，杜康发现门前果然有一泉眼，泉水清澈透明。他就出门入山寻找三滴血。第三天，杜康遇见一文人，与其吟诗作对，求其指下一滴血。第六天，他又遇到一武士，杜康说明事因后，武士二话不说，果断出刀，慷慨割指，滴下一滴血。第九天，杜康见树下睡一呆傻之人，满嘴呕吐，脏不可耐，无奈期限已到，杜康遂花一两银子买下其一滴血。回去后，杜康将三滴血滴入泉中，泉水立刻翻滚，热气蒸腾，香气扑鼻，品之如醉如痴。因为用了九天时间又用了三滴血，杜康就将这种饮料命名为"酒"。

因为有秀才、武士、傻子的三滴血在起作用，所以，人们在喝酒时一般也按这三个程序进行：第一阶段，举杯互道贺词，互相规劝，好似秀才吟诗般文气十足；第二阶段，酒过三巡，情到深处，话不多说，一饮而尽，好似武士般慷慨豪爽；第三阶段，酒醉人疯，或伏地而吐，或抱盆狂呕，或随处而卧，似呆傻之人，不省人事、不知羞耻。

酒故事之三

西晋时，刘伶是"竹林七贤"之一，因嗜酒如命而出名。有一天，他打听到伏牛山北麓杜康仙庄的杜康酒味道醇厚，曾作为宫廷御酒专供朝廷饮用。刘伶心想，要不饱饱口福，终身遗憾啊！于是，他便出洛阳，过龙门，朝杜康仙庄一路走去。他看见一家酒肆门口贴着一副对联，上书"猛虎一杯山中醉，蛟龙两盏海底眠"，不禁愣神，何等酒，这么大的口气？他进到酒店，喝道："来上一坛酒。"杜康闻声而来，说道："喝一坛？三杯也不敢给你，你要吃过量了，我可是吃罪不起！"刘伶大笑道："哈哈哈！三杯？你是怕我付不起酒钱？银两我有，你就搬一坛吧！"杜康又道："客官，我的酒，凡喝者都是一杯，酒量再大不过两杯。你要执意多喝，请给我写个字据，出了事我不承担。"店小二拿出笔墨纸张，刘伶写道："刘伶酒如命，倾坛只管饮。设或真醉死，与酒家不相干。刘伶。"杜康只好让店小二搬出一坛酒放到刘伶面前。

刘伶好酒不知喝过多少，但从没有醉倒过。只见他端起一杯酒，顷刻见底。这时，他心里暗惊，酒力果然非凡！第二杯酒喝下，刘伶顿感晕晕乎乎、头重脚轻，无勇气再喝。但自己已夸下海口，不喝岂不让人笑掉大牙？于是，他端起第三杯酒勉强喝下。这时，刘伶只觉得天旋地转、两眼发黑。他忙起身离店，急赶至家中，倒床不省人事。一连三日，家人摇着不动、喊着不应，以为他死了，哭成一团，于是预备棺材送出埋了。

据传，当年杜康因造酒闻名，被黄帝启用为"宰人"。消息传到天宫，受玉皇大帝所召，杜康在天庭当了酒仙。刘伶原是王母娘娘的一个书童，在天宫嗜酒成癖。他因偷喝了王母娘娘蟠桃宴上的"御酒"，又摔了王母娘娘的玉石酒杯，被贬下界投胎。这时，正是西晋时期。书童投胎到沛国刘门之中，取名曰伶，字伯伦。他虽然自幼聪颖，后成为"竹林七贤"之一，但酒性不改，整日以酒为乐。书童下界到归期时，王母娘娘心想，无人超度如何归来？因他嗜酒遭贬，还应以酒点化。于是，王母娘娘想出一个主意，唤来杜康，如此交代。杜康便遵旨下界，来到人间，这才有了酒醉刘伶的故事。

刘伶醉死三年，杜康屈指算来，该叫醒他了，于是便打扮成酒翁模样，肩背褡裢，来到刘伶家求见。刘妻说道："我夫三年前在外饮酒归来卧床不醒，溘然长逝，已殡埋久矣！"杜康故作惊讶道："惋惜，惋惜！他是在我店吃了酒，不曾付钱，醉后而走。今天，我是来

讨要酒钱的，不想他已辞世入土了。"刘妻顿怒，与之争吵。杜康不慌不忙道："你家夫君是大醉不醒，不是死了。"刘妻止怒，忙叫上几个强壮后生拿起家什来到刘伶坟前，挖土启棺，只见刘伶面色红润，似熟睡一般。杜康上前伸手朝刘伶额头上轻轻一拍，道："起来吧，贤弟！王母有旨，随我上天。"这时，只见刘伶打个哈欠，睁开眼，连声赞道"好酒，好酒"，旋即坐了起来。刘妻破涕为笑，急上前搀扶他。只见墓坑忽起一股烟团，把刘伶和杜康旋入其中徐徐升腾。刘妻舍命哭喊。杜康取褡裢抛下，落地后化作一张白纸，上有七言诗四句："刘伶本非凡夫子，原是王母一书童。因酒遭贬归下界，今已罪满回天宫。"

出生地争议

杜康的出生地，除生于河南汝阳之说外，还有一种说法。清乾隆十七年（1752）修撰的《白水县志》记载："汉，杜康，字仲宁，相传县康家卫人，善造酒。"康家卫村坐落在白水县城西七八里处，村东头有一道被洛水长年冲击而形成的长沟，当地人称为"杜康沟"。在沟的源头有一眼泉水，名为"杜康泉"，俗传杜康取此泉水造酒，远近闻名。县志的略图上还标着杜康墓的位置，墓旁修有杜康庙，每年正月二十一，乡民们都要来此祭奠。

历史贡献

中国是具有悠久酿酒历史的国家之一，早在殷商时期的甲骨文里就有了"酒"的象形字。至周朝，我国的酿酒技术已发展到了相当高的水平。日本有学者在研究了中国人用酒曲酿造谷物酒后，认为其方法独特，堪与"四大发明"并列，成为第五大发明。杜康的贡献不仅在于创造了秫酒的酿造方法，使白酒作为著名的六大蒸馏酒之一声名远播，而且在于杜康也是文化传承者，是中华民族勤劳与智慧的缩影。

杜康，是华夏酿酒鼻祖，是中华美酒之源，是中国历史文化名酒，是中国酒文化发源地。杜康造酒之后，我国涌现了种类繁多的美酒佳酿，有白酒、黄酒、葡萄酒、果酒等。杜康取水造酒，有文字为证："他邑酒，足滋酒；白之酒，独医病。故饮之终日，而无沉湎之患；服之终身而得气血之和。邻里百里许，多沽酒于白。先泽之遗，本地独得其身，至今遗址槽沿存，此其明验也。"

社会影响

在中华五千年的历史长河中，记载杜康造酒的古典文献有20多部，如《酒诰》《世本》《说文解字》《战国策》《汉书》等；明确提及杜康的诗词歌赋有100多首，如魏武帝曹操的"何以解忧？唯有杜康"，唐代大诗人白居易的"杜康能散闷，萱草解忘忧"，北宋文学家苏轼的"从今东坡室，不立杜康祀"，北宋哲学家邵雍"吃一辈子杜康酒，醉乐陶陶"，金代元好问的"总道忘忧有杜康，酒逢欢处更难忘"等。与杜康相关的传说故事、民俗民谣也有很多，赞扬杜康的名句诗篇更是不计其数。

《礼记》《周礼》都记载了酿酒的过程，汉代成书的《黄帝内经·素问》记述了黄帝与岐伯讨论酿酒的情景，唐代时流传下来的《酒经》说："王绩追述焦革酒法为经，又采杜康、仪狄以来善酒者为谱。"

三国时，曹操写有著名的《短歌行》，其中有一句是："慨当以慷，忧思难忘。何以解忧？唯有杜康。"高度赞扬了杜康酒的美妙功效。中国古代酿酒的历史源远流长，杜康是代表。在某种意义上，杜康代表了古代中国人的文明精神、科学精神和独创精神。所以，直到今天，人们虽然对杜康生活的年代莫衷一是，其身份也扑朔迷离，但对于杜康的崇拜与尊敬却坚定不移，对于其在酿酒业上的地位更是极度推崇。明代冯时化所著的《酒史》讲道，杜康死后，人们尊杜康为酒神、酒祖，并立庙祭祀，逐渐将其发展成了一种光辉灿烂的文化。

杜康酒得以恢复并兴盛，日本友人田中角荣起到了积极的推动作用。1972年9月，日本首相田中角荣访问中国，称赞"天下美酒，唯有杜康"，希望能喝到杜康酒。时任中国科学院院长的郭沫若先生当即向客人介绍了杜康酒的渊源，但由于当时杜康酒只是民间小规模酿造，田中首相未能如愿。田中首相离开中国后，周恩来总理提出："复兴杜康，为国争光。"

当年11月，根据当时轻工部的指示，洛阳人将试制的杜康酒送到北京国家轻工部酿造研究所评审，得到高度赞扬："清冽透明，柔润芳香，醇正甘美，回味悠长。"

1973年，杜康酒生产由实验室小型实验转入工业试产，进展顺利，当年试产杜康酒35.7吨。

杜康酒恢复生产并投放市场，在国内引起了巨大轰动和反响，几十吨杜康酒，从洛阳到郑州、北京……一下子就销完了。

杜康，属于中国，属于人类。

香圣：张焱

本名：张焱
所处时代：上古时期
出生地：河南濮阳
出生日期：不详

逝世日期：不详
职业：部族祭司
主要成就：成功研发香
尊称：香圣

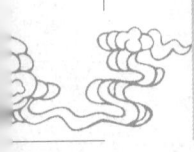

人物生平

据传说，张焱，出生于上古时期，距今约5000年，出生在今河南省濮阳县庆祖镇后郑寨村。他是黄帝之孙、帝颛顼之族弟。上古时期，颛顼帝继黄帝位建都帝丘（今河南濮阳），华夏与东夷天下一统。为规范行为、教化民风，张焱开创了"绝地通天"，大凡重大事宜，皆由德高望重的巫师祭天祈祷，并依春秋时令为民请命。张焱时任部族祭司。他生而聪慧，善于创造，为帝所赏识。张焱任祭司期间发明了"香"，是制香业的开山鼻祖，被后人尊称为"香圣"。

《史记·五帝本纪》载："黄帝居轩辕之丘，而娶于西陵之女，是为嫘祖。嫘祖为黄帝正妃，生两子，其后皆有天下。其一曰玄嚣，是为青阳，青阳降居江水。其二曰昌意，降居若水。"玄嚣娶凤鸿氏之女为妻，生蟜极、张焱，蟜极之子为五帝之一的帝喾；昌意娶蜀山氏女为妻，生高阳，继承天下，这就是五帝之一的颛顼帝。

香的研发

传说，张焱出生时电闪雷鸣，天空骤降天火于黄帝部落，大火燃烧散发出奇异的味道。张焱生，通体红赤，族人皆惊奇。张焱自幼聪慧，经常语出惊人，为帝颛顼所赏识。张焱喜天文地理，畅谈颇有睿见，帝遂命其执掌祭司事宜。

在张焱任祭司期间，天火再次降临，众人敬畏神火却无所适从，纷纷跪地膜拜。燃烧过后，余烟缭绕，偶尔还散发出奇异的香味，令人神清气爽，颇有几分仙境的意味。有人捡拾烧熟的动物来吃，尝到了熟肉的美味。于是，人们对上天又多了一份感恩。当时，人们不清楚发生天火的原因，因而猜测这些升腾起来的烟雾肯定是回到了赐予大地"神火"的地方，认定神火、烟雾是通天神的媒介。作为祭司，张焱肩负族人"绝地通天"的艰巨使命。他想，天火过后，减少了夺去人性命的瘟疫，这是不是天神的慈悲？如果能为族人争取更多的福祉，岂不更好？

为完成这一使命，张焱把所有能找到的能燃烧的东西都拿来做试验，如树木、花草、兽皮等。花草容易采集，可是，燃烧持续的时间太短。有香味、可持续燃烧的树木，要花费很长时间才能刨出来，再拖回部落也很吃力。在对燃烧物苦思冥想的时候，张焱发现细碎的东西容易点燃，而粗大笨重的东西不易引燃。他突发奇想，能不能把这些"冒烟"的东西掺杂在一起像药草那样碾碎焚烧？

有一次下雨，把张焱外晾的香料淋湿变成了香糊，张焱又不忍心丢掉，只好把香糊拢在一起存放在石臼里。几天后，那些松软的香糊变硬结成了硬坨。他用石斧砸开后，变成硬坨

张焱肩负着"绝地通天"的艰巨使命

的香料居然还能燃烧！张焱好奇，经过多次实验，他学会了用水调和香料做成不同形状的祭品供祭祀时用，这就是中国最早的香。

通天神人

颛顼帝勤于管理部落，日理万机。有一次，他偶感风寒，多日未愈。张焱来找颛顼帝议事，闻帝咳声沉缓，愿为帝求天神祝福。颛顼帝应允。张焱找来香料在颛顼帝卧榻的周围焚烧祈福，连续三日过后，颛顼帝身轻体健、容颜焕发。此事传出，人们对张焱格外敬重。

张焱常年制香，经常与带有香味的树枝等原料相伴。时间久了，他身上也散发出幽幽淡淡的香味。有一次，他在野外山道上行走，引来了成群结队的蝴蝶围着他翩翩起舞。此景非常壮观，恰被路过的族人看到，众族人称他是"天人下凡"。由于张焱常年制香，几乎不生病，夏日蚊蝇不扰清静、毒虫不近身畔，族人认为他就是"通天神人"。

历史贡献

自张焱研发香后，香就融入了人们的生活。其一，香成为人们敬天地、祭神祇的祭品，传递着人们对佛祖神明的无限敬重和自己的美好愿望。其二，香开始在礼佛、礼道、礼儒、礼政、礼乐等正式、隆重的仪式上出现，奠定了它的重要地位。其三，随着香不断被人接受，其形式也在不断演变。人们根据不同的配方研发出不同的功效，使香的品种日益丰富。香的名称，也根据人们不同的愿望和祈求各有不同。其四，香进入人们的生活后，用途从祭品向家庭生活用品扩展，逐步用于促进人的睡眠、改善人的机能，还具有除臭避秽、驱除蚊虫等作用。香料在燃烧中散发出沁人心脾的清香，有提神、镇定、醒脑、除烦、去躁、除昏等疗效。其五，在没有钟表和沙漏的年代，人们用草木粉做成长短不一的棒香，用以计算时间。

社会影响

张焱发明香后，善男信女通过烧香表达向善、感恩、尊敬、感激与怀念等情感，可以说，香的发明对中国社会、政治、哲学、伦理道德、文学、建筑、宗教、绘画、天文、医学、科技以及婚丧嫁娶、吉庆节日、民俗民风、民族性格和心理素质等诸多方面产生了重大影响和积极作用。这种现象在唐朝尤为明显。唐代大批文人、药师、医师及佛家、道家人士的参与，使人们对香的研究和利用进入精细化、系统化阶段，人们对各种香料的产地、性能、炮制、作用、配伍等都有了专门的研究，制作合香的配方更是层出不穷。这时期，对香品的用途也有了完备、细致的分类，不同的修炼法门有不同的香。可以说，在唐代已是专香专用了。烧香促进了宗教的发展，以至于被统治阶级利用成为控制百姓思想、维护政治稳定的手段，在一定意义上也促进了社会的稳定和发展。在经济发展方面，制香促进了香料交易的产生、制香产业的发展以及香料的对外贸易，甚至成为贫穷人家谋生的手段。

河南濮阳，颛顼故里，龙的故乡。5000年前，张焱在这里研发香料，这里渐渐形成香文化；今天，张焱的后裔传承着他的业绩，正如他发明的香火一样连绵不断、发扬光大。在中国历史发展长河中，香是宗教、政治、经济、生活等方面的一种文化现象，并由文化现象上升为文化观念，甚至成为一种精神寄托。古代修行之士认为天地万物皆有灵性，缕缕清香冉冉上升，幽幽飘荡，弥漫于天地之间，通达于有形无形之处，似乎为自己的意志和祈盼找到了归宿。

香的发明和发展影响、改变着人们的生活习俗和精神世界。

隐圣：许由

本名：许由
别名：字道开，一字武仲
所处时代：史前时期
出生地：阳城槐里（今河南省登封市箕山槐里村）
出生日期：约公元前2155年
逝世日期：不详
主要成就：许姓始祖
尊称：隐圣

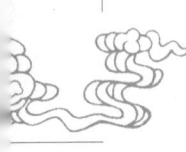

人物生平

许由，一作许繇，字武仲，一字道开，约生于公元前2155年。在传说中，他是上古时代一位高洁清节之士，阳城槐里人，曾经做过尧舜的四岳、秩宗、理官，是尧舜时代的贤人。西周初年建立许国的文叔为其直系后裔。帝尧在位的时候，许由率领许姓部落活动在今天颍水流域的登封、许昌、禹州、汝州、长葛、鄢陵一带。后来，这一带便成了许国的封地，他也因此成为许姓的始祖。尧帝知其贤德，欲禅让君位于他。许由坚辞不就，洗耳颍水，隐居山林，卒葬箕山之巅，尧帝封其为"箕山公神，配食五岳，后世祀之"。许由曾做过尧、舜、禹的老师，后人因此称他为"三代宗师"。他以自己淡泊名利的崇高节操赢得了后世的尊敬，成为古代最早的一位名声显赫的隐士，被后人奉为隐士鼻祖，尊称为"隐圣"。

许姓渊源

许姓有两个源头：一是许由，以人名为姓；二是文叔，以国名为姓。事实上，二者是贯通的，古今许多学者认为四岳伯夷就是许由，"伯夷封许，故曰许由"。此外，许由活动的主要区域和许国的疆域大致相当，后人认为许由和文叔同为许姓始祖，只是许由早于文叔1100余年。由此，许由则为许姓的开姓始祖，而文叔则为许姓的开国始祖。晋皇甫谧《高士传》云："许由，字武仲，阳城槐里人也。"许由死后葬于河南登封箕山，故箕山也叫许由山。今天，登封箕山及颍水流域的许昌为许姓的祖根所系之地。

司马迁在《史记·伯夷列传》中曾说过："余登箕山，其上盖有许由冢云。"而《太平御览》引《西征记》云："许昌城本许由所居。"在河南省登封市、许昌市、禹州市、鄢陵县一带，沿颍河流域，至今还流传着许多有关许由的传说，保存着大批有关许由的遗迹。许由及其部族活动的颍水流域，正是一千余年后西周武王分封姜文叔于许国的所在地。这从地域上说明许由和文叔之间是有传承关系的。所以，唐颜师古在《急就篇·注》中说："许氏，许由之后也。"南宋文天祥在《五云夏造许氏初修族谱序》中说："按许氏，自由隐许，遂以为姓。今许州箕山有由所葬之处，即其地也。"

另一种说法，许姓出自姜姓，以国为氏，西周姜姓诸侯国许国始祖为文叔，即许文叔。西周初年，周武王访三皇五帝之后封之以奉祀。找到炎帝之后、四岳伯夷的裔孙姜文叔，把他封在许地（今河南许昌东），建立男爵许国。春秋时，许国为郑、楚等国所逼，辗转迁徙，于公元前506年迁于容城（今河南省鲁山县东南），到战国初传至国君元公结时，被楚国灭掉（一说灭于魏）。子孙为纪念故国，以国名为氏，又形成了一批许姓居民。这就是《新唐书·宰相世系表》中所说的"许氏出自姜姓。炎帝裔孙伯夷之后，周武王封其裔孙文叔于许，后以为太岳之嗣，至元公结为楚所灭，迁于容城，子孙分散，以国为氏"的由来。这些许国子民中，有一部分原本并不姓许。为了纪念故国，即以许国国名为姓。这成为早期许姓的又一个重要来源，是许姓的另一个得姓缘由。

隐居箕山

战国时代的思想家荀子曾称赞许由："许由善卷，重义轻利行显明。" 许由品德高尚、才智过人，很受部族崇敬。部落联盟领袖唐尧觉得自己年事已高，四处寻访贤人，发现了许由，决定把天下让给他。许由认为自己德才不如虞舜，担心唐尧的几个儿子不服，引起内乱误了国家大事，让百姓受苦，便连夜逃奔箕山隐居。他日出而作、日落而息，过着自耕自食的生活。一日，他沿山放牧，来到箕山西北部山脚下，见这里山清水秀、草丰树茂、土质肥沃，有一农夫正在耕地，便高兴地说："此乃牛壮田肥之地也。"农夫听了觉得很有道理，便称这里为牛田村。后来，牛田村不断发展，形成了今天的上牛田、下牛田、中牛田三个自然村。许由洞对面有座陡峭的山头，山上花草茂盛、树木葱茏。站立山头西望，山峦逶迤起伏，绵延数百里；近望群峰，巍峨峻峭、苍翠欲滴，煞是迷人。许由常到这里观赏山光岚气，赞扬锦绣河山。因为他经常在这里逛来逛去，人们便称这里为"逛山头"。

颍水洗耳

帝尧年老的时候，发现了贤人许由，便想传位给许由。许由认为这是对他的一种羞辱，便到颍水洗他的耳朵。至今，河北省行唐县有一村名叫许由村。据《行唐县志》记载："为传说'唐尧访贤'中的贤人许由的故里，因名。"而隔河相望的村庄叫颍南，许由村在颍水

许由听说尧要传位于自己，便到颍水洗耳

河北面，颍南在颍水南面，颍南因此而得名。行唐县原名为南行唐县，历史悠久，因唐尧南行而得名。

许由墓地

相传，许由为尧时高士，尧要把君位让给他，他便逃至箕山下农耕而食；尧又请他做九州长官，他到颍水边洗耳，表示名禄之言污耳。清康熙《黎城县志》载："许由墓在县北70里晒布崖下。"清光绪《黎城县续志》载："箕山在县北80里彭庄，益避禹子于北，有许由墓，在晒布崖下。颍水在县70里，有小溪曰颍，相传为许由洗耳处。"以上系传说，且许由墓所在地，古籍记载也各异。《太平寰宇记》："箕山，在辽州辽山县西四十五里，上有许由冢……后魏《风土记》云：'太原郡箕山有许由冢。'……其山有石室，方四丈，壁中文字篆书，人莫能识。"但多数学者认为箕山所指的是今河南登封市北19公里之山。今彭庄附近山地，已找不到许由墓址，虽有洗耳河村，亦难作为确证。今据旧志录出，以待考证。

历史贡献

他是尧舜的四岳。《国语·周语下》记载，四岳佐禹治水有功，被舜封以侯伯之国："祚四岳国，命以侯伯，赐姓曰'姜'，氏曰'有吕'，谓其能为禹股肱心膂，以养物丰民人也。"

他是舜的秩宗。《国语·郑语》载史伯说："伯夷能礼于神以佐尧者也。"《尚书·舜典》云："帝曰：'咨！四岳，有能典朕三礼？'佥曰：'伯夷！'帝曰：'俞，咨！伯，汝作秩宗。'"秩宗为上古掌管祭祀的礼官。

他是舜的理官。《尚书·吕刑》云："乃命三后，恤功于民。伯夷降典，折民惟刑；禹平水土，主名山川；稷降播种，农殖嘉谷。三后成功，惟殷于民。"伯夷在三后中位列禹、稷之上，可见其地位之高。

他被称为"三代宗师"。《庄子·天地》篇云："尧之师曰许由。"《吕氏春秋·孟夏纪·尊师》篇云："帝舜师许由。"

他是许姓的始祖。尧欲以帝位相让，许由坚辞不就，逃隐山林。子孙遂以许为氏。

社会影响

尧禅让天下，许由不肯贪天之功，隐遁山林，与争名逐利之徒形成极大反差。这种选择出人意料，人们景仰他的清风高节，世世代代传颂不已，成为千古美谈。

许由淡泊清高、不图权势的精神为历代所推崇，对于历代政权的巩固和社会稳定产生了任何政治手段都难以替代的作用。许由的形象不断被完善、美化，成为数千年来"三皇""五帝"之外最知名的几位人士之一。

夏商西周时期

厨圣：伊尹

本名：伊尹
别名：挚、阿衡
所处时代：商朝
出生地：河南洛阳嵩县
出生日期：公元前1649年
逝世日期：公元前1549年

评价：政治家、军事家、思想家
主要成就：辅佐汤灭夏兴商，放逐太甲，理政安民50余载，中原菜系创始人
代表作品：《汝鸠》《伊训》
尊称：中华厨祖、厨圣

人物生平

伊尹，原名伊挚，商初大臣。尹为官名，甲骨卜辞中称他为伊，金文则称其为伊小臣。伊尹出生于有莘国空桑涧（今河南省洛阳市嵩县莘乐沟，一说今河南杞县）。约公元前1600年，伊尹辅助商汤灭夏朝，为商朝的建立立下汗马功劳。伊尹为商朝初年著名宰相、政治家，中原菜系创始人，被后人尊称为中华厨祖、厨圣。

相传，伊尹成年后流落到有莘氏，以耕地为生，地位虽卑，而心忧天下。他见有莘氏国君有贤德，想劝说他起兵灭夏。为接近有莘国君，他自愿沦为奴隶，充任有莘国君贴身厨师。国君发现其才干，提拔他为管理膳食之官。经长期观察，伊尹发现，有莘氏与夏同姓，均为夏禹之后，血缘关系难以割断，况且有莘氏国小力弱，不足以担当灭夏重任，只有汤才是理想人选，他决定投奔汤。

其时，汤娶有莘氏之女为妃，伊尹自愿做陪嫁之臣随同到商。他背负鼎俎为汤烹炊，以烹调、五味为引子，分析天下大势与为政之道，劝汤承担灭夏大任。汤由此方知伊尹有经天纬地之才，便免其奴隶身份，命为右相，使其成为最高执政大臣。

伊尹很有学问，最拿手的是用草药为人治病，药到病除，人称"活神仙"。《史记·殷本纪》有"伊尹以滋味说汤"的记载。《资治通鉴》称他"闵生民之疾苦，作《汤液本草》，明寒热温凉之性，酸苦辛甘咸淡之味，轻清重浊，阴阳升降，走十二经络表里之宜"。《针灸甲乙经·序》载："伊尹以亚圣之才，撰用《神农本草》，以为《汤液》"。从史书记载中可以看出伊尹对中药汤剂的研究有多么深奥。

据说伊尹活了100岁。太甲之子沃丁在位时，伊尹去世，葬在西亳（今河南洛阳市偃师市西10里，汉田横墓东，离汤冢7里有商阿衡伊尹墓）。1983年春，中国考古工作者在今洛阳市偃师市西洛河北岸尸乡沟一带发掘的商城宫殿遗址证明此处为商都西亳，而伊尹死后葬于西亳无可置疑。

伊尹的出生

伊尹的父亲是一位既能屠宰又善烹调的家用奴隶厨师，他的母亲是居于伊水之上采桑养蚕的奴隶。母亲在生他之前梦感神人告知："臼出水而东走，毋顾。"第二天，她果然发现臼内水如泉涌。这位善良的采桑女赶紧通知四邻向东逃奔20里，回头看时原来的村落成为一片汪洋。因为她违背了神人的告诫，所以，身子化为空桑。有莘氏采桑女路过此地，发现空桑中有一婴儿，便带回献给有莘氏国王。有莘氏国王便命家用奴隶厨师抚养他。这一神话传说曲折地反映了伊尹是依水而生的，故命名为伊，而他的母亲就是那位采桑的女奴。

伊尹的母亲孕而梦神的说法自然是传说。但是，伊尹的母亲居伊水之上及有莘女子采桑伊水却有历史依据。夏商时期，伊洛一带就是古莘国，那里的蚕桑业相当发达，伊尹还亲自管理过丝织业。《管子》曰："伊尹以薄（西亳，今河南偃师）之游女工文绣纂组……"因此，《吕氏春秋》说伊尹出生在盛产桑树的伊水应是可信的。郦道元《水经注·伊水》曰："昔有莘氏女，采桑于伊川，得婴儿于空桑中。……莘女取而献之，命养于庖，长而有贤德，殷以为尹，曰伊尹也。"郦道元说伊尹是莘国伊川的采桑女发现的，当有其历史地理依据。

伊尹生伊水空桑的故事与夏商天神崇拜有关，暗指伊尹是日神之子，是风神所生。夏商时代，桑树是一种神树，与日月神、风雨神密切相关。生于空桑或在桑林举行重要祭祀，都有某种神圣意义。甲骨卜辞有伊尹配享风神的记载，与伊尹生空桑的传说吻合。郭沫若《殷契粹编》考释说："或者以伊尹之配，死而为风师也。"伊尹在商代地位很高，常配享太庙。武丁时期的卜辞还尊称他为"舅示"。这与伊尹神奇的身世和盖世功德都有内在联系。

主要成就

伊尹一生成就非凡，主要成就表现在以下两大方面：

一是帮汤灭夏。在灭夏兴商的复杂斗争中，伊尹扶汤主要表现在帮助汤作战，伐夏兴商，佐汤建制。根据《竹书纪年》和《史记·殷本纪》记载，商汤征伐诸侯和夏桀的战争都发生在伊尹相汤之后，换句话说，在成汤指挥的所有兴商大战中，伊尹都发挥了重要作用。关键时刻，伊尹总能给成汤以极大帮助。汤征葛伯，以"不祀"为由，伊尹热切响应。他说："明哉，言能听，道乃进。君国子民，为善者皆在王官。勉哉，勉哉！"对此时的汤来说，伊尹的话正是谋略和心态上的双重支持。汤伐夏桀，伊尹筹谋了两番试探。伊尹报政，绝非一般意义上的通告。这是一番长商汤恩威、灭诸侯志气的成功外交，直接促成了商统天下的格局。伊尹高超的间谍智慧和耿耿忠心，再次诠释了伊汤君臣际遇的历史意义。

伊尹在商朝政局稳定和制度建设方面也发挥了重要作用。《史记·殷本纪》记载，汤登极后，作《汤诰》宣令诸侯勤勉政事，伊尹作《咸有一德》，咎单作《明居》，汤乃改正朔，易服色，尚白，朝会诸侯。伊尹和咎单辅佐成汤建立了商朝政治制度，防范了夏朝残余势力的反扑，为巩固殷商政权奠定了根基。

二是摄政固商。伊尹辅佐成汤灭夏兴商后，又先后扶助外丙、中壬、太甲、沃丁四位君王。成汤去世后，建国不久的商王朝面临着极大的政治危机：太子太丁未立而卒，太丁之弟外丙即位三年而亡，外丙之弟中壬即位四年而亡。这期间，没有史料记载发生过什么事，只有《竹书纪年》记载了三句同样的话——"命卿士伊尹"。据此推断，是伊尹在独撑大局。中壬下世，商王室再次面临后继无人的困境。危急存亡之时，伊尹力挽狂澜，扶立太丁之子太甲即位。但太甲荒淫无度，不明政事，伊尹殷勤劝谏，先后作了《伊训》《肆命》及《徂后》等文，陈述祖上创业艰辛，阐明君道与国家兴衰的息息相关。但太甲依旧暴虐乱德、不遵汤法，伊尹只好放太甲于桐宫。太甲居桐宫三年，伊尹一面继续履行"阿保"职责，规训太甲，一面"摄行政当国，以朝诸侯"。太甲终于悔过自责，伊尹又将他迎回亲政。后来，太甲修德，诸侯归殷，百姓安宁，伊尹又作了三篇《太甲训》褒赞太甲。

在伊尹的努力下，商代前期国家机器、政治制度臻于完善，社会也比较稳定，经济、文化都有很大发展。没有伊尹辅政摄政，商王朝不堪设想。

历史贡献

伊尹在历史上的贡献表现在以下五方面：

政治方面。伊尹主张"居上克明，为下克忠"。做国王的要"惟亲厥德，终始维一，时乃日新"，就是说要始终如一地注意自身道德修养，不断更新自己的道德意识，使自己"时乃日新"，处于时时追求新的状态中。他还强调"任官惟贤材，左右惟其人"，主张尊贤、用贤，用人适当。他强调"臣为上为德，为下为民"，就是做大臣的要上对天子负责，下保庶民安定，并视此为大臣之职。

教育方面。伊尹认为"习与性成"，就是说人的性格、品质是在日常生活行为的习惯培养中形成的。他还说过"慎终于始"的话，可以推知他在做"师仆"时一定是十分重视幼儿起始教育的。惩恶于前，奖善于后，正确运用奖惩实施教育，即使在今天，这一思想仍不失为教育方法之一。

道德方面。伊尹主张"德无常师，主善为师"，就是说谁能积众善之德，谁就可以为师。对于德和政的关系，伊尹说："七世之庙可以观德，万夫之长可以观政。"意思是说德、政是否修到以德兼众善一以贯之的程度，这要从万民是否悦服、今王和后世是否尊祀七庙上得到验证。由此可见，伊尹是主张德政的。

军事方面。伊尹参与了灭夏战争的策划、准备与实施。

厨艺方面。伊尹充任过有莘国君贴身厨师，因其厨艺高超，国君提拔他为管理膳食之官。在中国几千年烹饪技术发展长河中，曾经出现过许多技艺高超的人，如帝尧时代传说中的彭铿、周朝的太公吕望、春秋时代的易牙等。伊尹也是其中一位。这些人各有专长，对烹饪技术的发展起了很大的推动作用。因此，中国烹饪同行都尊伊尹为中华厨祖、厨圣。

社会影响

伊尹创立的"五味调和说"与"火候论"，至今仍是中国烹饪的不变之规。伊尹是我国历史上第一个以负鼎俎调五味而佐天子治理国家的杰出庖人，在烹饪技术及烹饪理论等方面

伊尹的烹饪技艺在当时家喻户晓

独树一帜。他不仅是辅佐汤夺取天下的开国元勋，还是后来辅佐四任商王的功臣。因此，伊尹在甲骨卜辞中被列为"旧老臣"之首，受到隆重祭祀。他不仅与汤同祭，还单独享祀。沃丁以天子之礼把伊尹安葬在商汤陵寝旁，以表彰他对商朝做出的伟大贡献。

伊尹是中国历史上第一位有明确记载的贤德宰相。从伊尹开始，中国宰相形成忠、正、勤、智、柔的传统。从传统哲学的角度看，宰相所起的作用相当于八卦里的坤，厚德载物，承载着国泰民安的希望。因此，一位好的宰相不仅获得一人之下、万人之上的权位，而且像大地一样，以自身的博大、包容承载国家的现在与未来。

在今嵩县纸坊乡龙头村，明代曾重修过的"元圣祠"，是为纪念伊尹生地而立的。祠堂有副对联说："志耕莘野三春雨，乐读尼山一卷书。"上联说的是伊尹事耕桑于莘野（今河南嵩县莘乐沟），下联是说孔丘著书于尼山。可见古人是把伊尹和孔丘相提并论的，一个是元圣、厨圣，一个是至圣、儒圣。伊尹当了商朝几个国王的相，为商王朝延续600多年奠定了坚实的政治基础，成为中国历史上第一位有名的贤相。所以，后人尊他为"圣人"。

易圣：姬昌

二 夏商西周时期

本名：姬昌
别名：西伯昌、伯昌、文王昌
所处时代：商末周初
出生地：宝鸡岐山
出生日期：公元前1152年（己酉年）
逝世日期：公元前1056年
主要成就：演绎易经八卦，广罗人才，重视发展农业生产
代表作品：《周易》
尊称：易圣、卦圣

人物生平

周文王是周太王之孙、季历之子，周朝奠基者。其父死后，姬昌继承西伯侯之位，故称西伯昌。他在位50年，是中国历史上的一代明君。周武王姬发灭商，追尊他为周文王。后人尊称其为"易圣"。

《史记》记载"文王拘而演《周易》"，被商王囚禁期间，周文王在羑里（今河南汤阴县）根据伏羲氏的研究继续演绎易经八卦，推出《周易》，为推翻商朝起到了很大的指导作用，被后人评价为"天下三分，其二归周"。周文王姬昌死后葬于毕（今西安与咸阳之间渭水南北岸，境域较广）。

周文王姬昌是黄帝的后裔，世系如下：黄帝—少昊—蟜极—帝喾—后稷（周始祖）—不窋—鞠—公刘—庆节—皇仆—差弗—毁隃—公非—高圉—亚圉—公叔祖类—周太王（古公亶父）—季历—周文王姬昌。

主要业绩

姬昌一生的业绩主要有以下四项：

一是废除"炮烙"。商朝时期，商纣王发明了炮烙之刑，就是命犯人走在涂满润滑油的铜柱上，一滑倒就会掉进滚开的油锅里，顿时皮焦骨烂。周文王姬昌对此很是气愤，诸侯和人民也无不痛恨得咬牙切齿。经过一番思考，周文王想通过废除这种刑法争取民心，提高自己的威望。于是，周文王来到朝歌，告知商纣王，他愿意献上周国洛河西岸的一块土地，以求废除"炮烙"。商纣王早就听说人们对这种刑法意见很大，如今能白白得到一块土地，岂不两全其美。于是，他就同意了周文王的请求。周文王借此大肆宣传，诸侯和百姓都称赞周文王功德无量。虽然周文王损失了一块土地，但他却得到广大诸侯的拥护。这为他兴周灭商创造了一个有利的条件。

二是犬戎（今陕西武功东、兴平北，一说在今陕西宝鸡凤翔一带）之战。商王帝辛（即纣王）时期（约公元前11世纪），在周灭商之战前，周军进攻犬戎。文王时，周人统治中心在邠岐一带，与西戎毗邻。犬戎是其中强大的一支。武丁时，犬方是商之属国，常参与攻打叛商方国的战争。犬侯曾受命协同商人的多子族武装攻掠周方。文王为解除向东攻商的后顾之忧，派周国军队进攻犬戎，最终取得胜利。

三是开拓边疆。周文王在位时，以商朝一个"方伯"的面目出现。表面上，他臣服于商朝，暗地里却积极进行灭商的准备。他分化瓦解商朝的附庸，成功地调解了虞、芮两国的争田纠纷，使河东小国纷纷前来归附。诸侯都把周文王看成是可以取代商纣的"受命之君"。在虞、芮归附的第二年，周文王向西北、西南用兵，为灭商建立了巩固的后方。接着，他又向东发展，过黄河进攻耆、邘等国。后又沿渭水东进，攻占了商朝在渭水中游的重要据点崇，扫除了周在东进道路上的一个障碍，并且据有关中的膏腴之地。在伐崇第二年，周文王在沣水西岸营建丰邑，把政治中心迁于丰（今陕西西安市西南）。至此，周文王已完成了对商都的钳形包围，周人对商朝已形成咄咄逼人的攻势。

四是演易"八卦"。西周国力壮大，引起商王朝的不安。商纣王的亲信谗臣崇侯虎暗中向纣王进言说，周文王到处行善，树立自己的威信，诸侯都开始归附他，恐怕不利于商王。纣王听后大怒，将姬昌拘于羑里。在囚禁中，姬昌致力于"演易之六十四卦，各为象"。周文王的儿子伯邑考去朝歌城觐见纣王，希望见一见自己的父亲，代替父亲在朝歌为质。纣王害怕文王是个能人异士，回西岐后起兵造反，所以不想放周文王，但又担心自己多心冤枉忠臣。纣王听说他是圣人，能未卜先知，就杀了他的儿子做肉饼给他吃。如果他吃了，就说明他是个庸人，不足为虑。如果他不吃，说明他真是个能人，就将其杀掉，以除后患。周文王对此心知肚明，为了保命，吃了"肉饼"。纣王认为他不过是徒有虚名的庸人，从此对他放松了警惕，内心还生出一丝歉疚。

周臣闳夭等人为营救周文王出狱，搜求美女、宝马、珠玉献给纣王。纣王见了大喜，说："仅此一物（指美女）就足够了，何况宝物如此之多！"于是，他下令赦免周文王出狱，并赏给他弓、矢、斧、钺，授权他讨伐不听命的诸侯。这就是史书中说的文王"羑里之厄"。

周文王被囚7年，出狱后下决心灭商。有一次，他出去狩猎，在渭水河边巧遇姜尚，也就是人们所称的姜子牙。他发现姜子牙在水边用直钩钓鱼，很好奇（俗称"姜子牙钓鱼——愿者上钩"），便上前同他说话，没想到两人谈得很投机。周文王兴周伐纣，迫切需要招揽人才。他断定年逾古稀的姜子牙胸有深远大谋，非同凡人，是栋梁之材。于是，周文王斋戒三日，沐浴更衣，带着厚礼，亲自前往聘请姜子牙。后来，姜子牙辅佐周文王兴邦立国，又辅助周武王灭掉了商王朝。姜子牙被周武王封于齐地，实现了建功立业的愿望。

周文王不仅对姜子牙如此重用，而且对外招贤纳士，对许多其他部落的人才以及从商朝投奔来的贤士也都以礼相待，予以任用。由于周文王求贤若渴，实行了许多正确的政策，西周国力渐强。

历史贡献

早年的先祖伏羲将天地间万事万物归纳总结，对蓍草反复排列，画为八卦，即为原始的易，叫"先天八卦"。到了周文王，他悉心钻研，将其规范化、条理化，演绎成六十四卦和三百八十四爻，有了卦辞、爻辞，人称《周易》为"后天八卦"。《周易》以简单的图像和数字，以阴和阳的对立变化，阐述纷纭繁复的社会现象，显示成千上万直至无穷的数字，具有以少

姬昌被囚于羑里城期间演《周易》

示多、以简示繁、充满变化的特点。其所以称为易，郑玄解释有三义：一是简，二是变易，三是不易。也就是说，万物之理有变有不变，现象在不断变化，而一些基本的原则不会变，这就从客观世界的辩证发展中抽象出理论上十分丰富、朴素的辩证法。春秋后期，孔子对《周易》进行解释和论说，完成《十翼》，即《易传》。这样，《周易》就发展成为一部内容博大精深、阐述宇宙变化的哲学著作。

中华科学、思想文化的源泉是《易经》。作为儒家"六经"之一，《易经》最早提出"天文"定义：观乎天文，以察时变。《易·系辞》说："天垂象，见吉凶，圣人象之。"虽然《周易》表达的是西周萌生的阴阳思想，成书于战国时期，但是，《周易》对中国天文学的发展有着重要的影响。它留存下来的是先民在长期生活中，对占卜实践感悟出的理性思维和形象思维互相串联、互相渗透的反映，开启了人们观察自然、热爱生活的先河。

文王所写的《周易》成了中国的圣经、诸子百家之源，就连人们的日常生活都与之有着密切的联系。

社会影响

在中国历史上，周文王是一位明君、圣人，被后世历代称颂敬仰，《诗经·大雅》中有颂诗。中国古人普遍有崇古心理，效法上古圣贤之君、效法"三代"之法，是古人津津乐道的话题。周文王就是人们心目中的完美形象。孔子称周文王为"三代之英"，还感慨道："郁郁乎文哉，吾从周！"

孔子特别推崇周文王，他做梦都想恢复"郁郁乎文哉"的周礼。据说，周文王善演《周易》，今天的《周易》就有周文王之功。但周文王的言论，今天已经所见无几。从仅有的资料中，可以看出周文王的一些政治理念。孟子称文王这样的圣人五百年才出一个。

武则天改国号为周时，自称武家为周文王后代，遂追尊周文王为周始祖文皇帝。《史记·周本纪》说周文王能继承后稷、公刘开创的事业，仿效祖父古公亶父和父亲季历制定的法度，实行仁政，敬老爱幼，礼贤下士，治理岐山下的周族根据地。在治岐期间，他对内奉行德治，提倡"怀保小民"，大力发展农业生产，采用"九一而助"的政策，即划分田地，让农民助耕公田，纳九分之一的税；商人往来不收关税，有人犯罪妻子不连坐等，实行封建制度初期的政治，即裕民政治，也就是征收租税有节制，让农民有所积蓄，以激发劳动动力。

几千年来，由于年代久远、文献残缺，人们对周文王的了解未必很多，周礼也未必很完美。后世的儒家，为了把道德与政治联系起来，把周文王当成一个"内圣外王"的典型加以推崇。因此，周文王的影响越来越大。渐渐地，人们把他作为清明之君、清明之制的一种代表、一种标志。文王的《周易》不仅流传下来，而且在某个方面已经成为人们生活中的一种依据和诠释。

谋圣：姜子牙

本名：姜尚
别名：姜太公、姜子牙、太公望
所处时代：商末周初
出生地：河南卫辉
出生日期：公元前1156年

逝世日期：公元前1017年
评价：政治家、军事家和谋略家
主要成就：辅佐周武王灭商
代表作品：《六韬》
尊称：谋圣

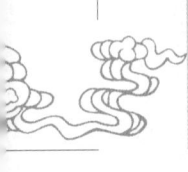

人物生平

姜尚，一名望，字子牙，别号飞熊，西周时官至太师。因辅佐武王灭商有功，被封于齐（今山东淄博）。姜太公是周倾商克殷的首席谋主、最高军事统帅和西周的开国元勋，也是中国古代一位影响久远的杰出谋略家、军事家和政治家，是周代齐国的始祖，在中国历史上占有重要地位，被后人尊称为周师齐祖、百家宗师、谋圣。

姜子牙是一个传奇色彩浓厚的人物，有关他的姓名叫法很多，有吕尚、姜尚、尚父、姜子牙、吕牙、太公望、齐太公、师尚父、渭、飞熊以及俗称的姜太公等。商周之际，是继"成汤革命"之后又一个社会大变动的时代。这期间，风云际会，造就并涌现了大批纵横捭阖、叱咤风云的人物。姜太公就是在这样的历史背景下出现的一位开创历史新局面的伟大人物。他本为西岳之裔，从其封地称吕，又称吕望。他祖居东海，商末居汲，纣时寄居朝歌城南。这一时期，为生活所迫，他以卖笊篱、面粉、牛肉、酒及贩猪羊为生，但均不顺利。后来，他在朝歌城一街口开算命馆；接着，又到商朝谋了个下大夫职。他见纣王荒淫无道，便隐居渭水北岸钓鱼，被周文王访贤发现，称"吾太公望子久矣"，从此号曰"太公望"，被尊为"师尚父"。

姜子牙70岁时佐武王伐纣，牧野之战，纣兵大败，纣王登鹿台自焚而死。从此，商亡周立。

姜子牙的先祖伯夷辅佐大禹治水有功，被赐姓姜，封于吕地为侯，在现在的河南南阳卧龙区王村乡董营村建立了吕国。姜子牙出生在董营村。如今，那里还保留有吕国墓冢，周围有吕岗、吕林、吕桥、吕湾、子牙溪、双氏庙等遗迹。吕国为一个古国，已被史学界认定在南阳西，春秋初年为楚所灭。旧时，庙宇内敬奉有姜子牙塑像。

故里之争

关于太公故里，有许多说法，如冀州说、许州说、南阳说、日照说、淄博说、卫辉说等。其中，尤以河南卫辉说和山东日照说影响较大。从目前所见文献与考古依据综合研究，河南卫辉说最具有说服力，也最接近历史真实。

有关故事

齐之逐夫 商王朝末年，政治越来越黑暗，民众处于水深火热之中。姜尚出身贫寒，无所依托，进身用世不能，而贫贱困穷却日甚一日。为家族所迫，姜尚以不能营生、不能婚娶而被招赘齐地妇家做赘婿。入赘后，姜尚仍以修德学道为务，或以垂钓寄情，而不能置私产、兴家业。因此，他常常遭受妇家的驱使薄待和邻里的冷遇奚落。因不堪薄待、冷遇，他离妇家出走。从此，姜尚开始了"兼善天下"之前周游天下的事业，首先成就了世俗所称的"不事生产"的"齐之逐夫"之名。《韩诗外传》载："太公望少为人婿，老而渐去。"《战国策·秦策》载："齐之逐夫，朝歌之废屠，子良之逐臣，棘津之雠不庸。"

赁于棘津 姜尚离开妇家，行进的目标是商纣王的别都朝歌，但止步于棘津。棘津在今河南省延津县东北，古称石济津，是临近朝歌的一个重镇。在这里，姜尚举目无亲，衣食无着。为了糊口，他在棘津先后"卖食"或"求售与人为佣"，甚至做"迎客之舍人"。《韩诗外传》载："吕望行年五十，卖食棘津，年七十，居于朝歌。"《说苑·杂言》载："太公田不足以偿种，渔不足以偿网，治天下有余智。……吕望行年五十卖食于棘津，行年七十屠牛朝歌，行年九十为天子师，则其遇文王也。"《太平寰宇记》载："太公行年五十，卖食于棘津。"《说苑·尊贤》载："太公望，故老妇之出夫也，朝歌之屠佐也，棘津迎客之舍人也，年七十而相周，九十而封齐。"

卖饮孟津 在棘津，姜尚不得机遇。于是，他沿河西上，到了孟津（今河南孟津东北）。孟津也称盟津，人众物阜，繁华富庶过于棘津。孟津地处连接商、周的交通要道，是商王朝的军事重镇，战略地位十分重要。在孟津，姜尚照样摆摊卖饭食，一为糊口，二为结识四方人物。但食客多是平民、脚夫或逃兵游卒，他们都要以廉价饭食果腹。姜尚怜贫济穷、重义轻利，因而，卖饭生意不久以亏本歇业。《孔子集语》载："吕望行年五十，卖食于孟津；行年七十，屠牛朝歌；行年九十，为天子师，则其遇文王也。"谯周《古史考》载："吕望尝屠牛于朝歌，卖饮于孟津。"

屠牛朝歌 孟津不遇，姜尚到了朝歌（今河南省淇县东北）。作为当时商王朝的都城，朝歌是天下邦国的共主所在地，五方人物萃聚。初到朝歌，姜尚依然做些小生意，后主要以屠牛为业。《楚辞·离骚》载："吕望之鼓刀兮，遭周文而得举。"《楚辞·天问》载："师望在肆，昌何识？鼓刀扬声，后何喜？"《鹖冠子·世兵》载："君子不惰，真人不息，无见久贫贱，则据简之。伊尹酒保，太公屠牛，管子作革，百里奚官奴，海内荒乱，立为世师，莫不天地，善谋日月，不息乃成，四时精习象神。"

君臣际会 关于姜尚和周文王的君臣际会，有四种不同的说法。其中，第一种说法流传最广、最富传奇色彩：姜尚钓于磻溪，周文王愿者上钩，出猎发现垂钓的姜尚，渭水访贤成为千古佳话。关于这一点，文献特别丰富。《尚书大传》载："周文王至磻溪，见吕望钓。文王拜之，尚父望钓得玉璜，刻曰：'周受命，吕佐昌，德合于今，昌来提。'"《尚书中侯》载："文王由磻溪之水，吕望钓其涯。王下拜，曰：'乃今见光景于斯。'尚曰：'望钓得玉璜。'"第二种说法：吕尚屠牛朝歌时，便与西伯侯姬昌见过面。屈原在《离骚》中说："吕望之鼓刀兮，遭周文而得举。"《绎史》引《楚辞注》载："吕望鼓刀在列肆，文王亲往问之。吕望对曰：'下屠屠牛，上屠屠国。'文王喜，载与俱归也。"第三、第四种说法主要出于《史记》：一种说姜尚曾在商纣王朝做官，因纣王无道，主动归附周文王；另一种说周文王被商纣王拘禁在羑里城，姜尚仰慕文王贤德，与散宜生、南宫适、闳夭合谋，献美女奇物给商纣王而救出周文王。正像千里马需要伯乐的慧眼，贤臣也需明君的赏识。姜尚正是得到周文王、周武王两代明君的信任倚重，才得以建立盖世奇功。

姜太公钓鱼，愿者上钩 商纣王在位期间，姜子牙听说周文王姬昌招贤纳士、广施仁政，年逾七旬的他便千里迢迢来到西岐。到达西岐后，他没有毛遂自荐，而是辗转来到渭水北岸住下。此后，他每天在渭水垂钓等周文王的到来。

姜子牙钓鱼的方法很奇特：鱼竿短、鱼线长，用直钩、没鱼饵，鱼竿不放进水里，离水面有三尺高。有一天，一位叫武吉的樵夫来到河边，看到姜子牙用不挂鱼饵的直鱼钩在水面上钓鱼，便说："像您这样钓鱼，一百年也钓不到一条。"姜子牙说："你不知道缘由，我不是为了钓鱼，而是为了钓王与侯。"后来，他果然钓到了周文王姬昌。姜子牙辅佐周文王兴邦立国，还帮助文王的儿子武王姬发灭掉了商朝，被武王封于齐地，实现了自己建功立业的愿望。流传至今、脍炙人口的成语"姜太公钓鱼，愿者上钩"便源于此。"姜太公钓鱼，愿者上钩"给我们的启示是：人要有远见卓识。要使别人重视自己，必须有付出和毅力。

姜太公钓鱼——愿者上钩

"扫把星"的来历 提到姜子牙，还有一个笑谈，那就是姜子牙的妻子——"扫把星"马氏的典故。当年，姜子牙不思赚钱养家，整天钓鱼、念书。他老婆姓马，被称为马氏。马氏并不知道姜子牙的雄心壮志，看他天天不去种地挣钱，而且日子过得越来越艰难，就弃他而去。等姜子牙功成名就登榜封神时，马氏又哭哭啼啼地回来找他，也想捞个神做做。姜子牙不理睬她，可马氏天天跟在他后面不依不饶。姜子牙被她死缠烂磨烦得不行，天天什么也干不成，只好给她封了个"扫把星"。现在，许多人遇到晦气、不顺利的事时就会调侃说："哎，遇到了'扫把星'。"

历史贡献

姜子牙对后世的贡献主要表现在以下几个方面：

一是固周功多。姜尚佐文王"阴谋修德以倾商政"：一方面，对商纣王恭顺尊崇，报以尽忠尽力；另一方面，对多数诸侯国亲善、怀柔，施德行惠，以争取多助，而对个别助纣为虐的诸侯国则乘机征伐、消灭。在国内，姜尚佐文王推行仁德政治，广施恩惠。周国仁德政治还惠及邻国，时值虞、芮两国发生田界不清之争，数年争讼不息，最后到周国请求裁决，虞人、芮人为周国的仁政和民风所感，消解了争讼。姜尚佐文王，首务于修德以求昌，但不排除征伐，不时兴甲兵以图强。文王得释羑里之后，在姜尚的辅助和谋划之下，第二年即兴兵征讨犬戎。作为西部地区的游牧部族，犬戎是畎夷、昆夷、绲夷的总称。当时，犬戎族在泾渭流域一带游牧栖居，不时接受纣王的一点儿恩赐而助纣做了很多坏事，故周人对其讨伐和驱逐，巩固了后方。次年，文王采纳姜尚的建议，征服了密须国。接着，姜尚又辅佐文王伐灭耆国。两年后，姜尚佐文王征讨崇国（今河南省嵩县北），杀崇侯虎，灭其国。继此开始，周大规模营建丰邑，随即迁国都自岐山下至丰邑。至此，形成了天下三分之二的诸侯国亲附西周的局面，周国从此强大起来，与商分庭抗礼，形成商、周对峙，为武王灭纣创造了条件。《史记·齐太公世家》中记载："周西伯昌之脱羑里归，与吕尚阴谋修德以倾商政，其事多兵权与奇计，故后世之言兵及周之阴权，皆宗太公为本谋。周西伯政平，及断虞芮之讼，而诗人称西伯受命曰文王。伐崇、密须、犬夷，大作丰邑。天下三分，其二归周者，太公之谋计居多。"

二是建立齐国。西周建立后，周王室大封诸侯，姜太公以异姓首功封于齐。"封功臣谋士，而师尚父为首封，封尚父于营丘，曰齐。"吕尚晚年主要致力于所封齐国的治理。当时，齐地方国林立，莱、杞、谭、奄、蒲姑、熊、盈、徐等国，因地处东土历来不服中原。姜太公夜衣而行，黎明至国，很快到达营丘（今山东昌乐）。营丘处营州中心。据有营丘，便能有效控制整个营州。姜太公率军刚至营丘，莱人便发兵来争。太公率军果断镇压了莱人的叛乱。随后，又诛杀了口是心非的齐司寇营汤，捕杀了以"贤士"自誉的狂矞、华士兄弟，用短短五个月的时间迅速稳定了齐地。齐地稳定不久，中原又爆发了"三监之乱"。东方蒲姑、奄、熊、徐等地也乘机作乱。周公奉成王之命率军东征"三监"，太公则率军讨平蒲姑等五侯九伯共50余国，为西周的安定再立新功。从战火中统一起来的齐国，经济萧条，地瘠民穷。"太公望封于营丘，地潟卤，人民寡。"为尽快达到富民强国的目的，太公实施了三大国策：举贤尚功、因俗简礼和务本通末。数十年间，齐国一跃成为雄踞东方的富强大国。姜尚务实的治国策略使齐国成为周代最富强的诸侯国之一，他的法家治国理念还被后继者齐相管仲继承和发扬，使齐国长期富强，不仅位列春秋五霸，而且也是战国七雄之一。

三是为后世留下兵书《六韬》。《六韬》又称《太公六韬》《太公兵法》或《素书》，是一部集先秦军事思想之大成的著作，对后代的军事思想有很大的影响，姜子牙也因此被誉为兵家权谋类的始祖。司马迁《史记·齐太公世家》称："后世之言兵及周之阴权，皆宗太公为本谋。"北宋神宗元丰年间，《六韬》被列为"武经七书"之一，为武学必读之书。16世纪，《六韬》传入日本；18世纪，传入欧洲。现在，《六韬》已被翻译成日、法、朝、越、英、俄等多种文字。中国古代著名的军事家孙武、鬼谷子、黄石公、诸葛亮等，都学习并吸收了太公《六韬》的精华；当今，世界上政治、经济、管理、军事、科技等各个领域的管理者仍在学习和借鉴太公《六韬》的精华。

社会影响

姜子牙确立了"因其俗，简其礼，通商工之业，便鱼盐之利"的治国方针，在齐国数百年的发展史上代代相传，产生了巨大的影响，确立了齐文化的历史地位。太公已去世3000余年，人们崇拜他的高尚人格，纪念他的丰功伟绩，以朴实的感情编演出很多神话故事歌颂他，说他曾在昆仑山学道，后奉师命下山助周灭商，灭商之后又奉师命发榜封神。这在《太平御览》和《封神记》等书上均有记载，逐步把他神化了。到了明代，许仲琳崇敬太公，编著了一部《封神演义》，把他说成是管天下所有神的神。从此，神奇和威严的太公成为驱邪扶正的偶像。这些记载和作品虽然不符合历史的真实，却反映了姜子牙在人们心目中的崇高地位。

姜子牙一生坎坷多磨而又轰轰烈烈、神秘莫测，确实称得上奇人。纵观太公一生，他在军事、政治、经济、思想等方面都有卓越贡献，其中，尤以军事方面的贡献为最。所以，太史公言"后世之言兵及周之阴权，皆宗太公为本谋"，称得上兵家之鼻祖、军事思想之渊薮。姜子牙是中国历史上一位全智全能的人物，也是中国文艺舞台上一位"高、大、全"的形象，还是中国神坛上一位位居众神之上的神主。

春秋战国时期 三

道圣：老子

本名：李耳
别名：李伯阳、老聃(dān)
所处时代：春秋时期
出生地：楚国苦县（今河南鹿邑）
出生日期：约公元前571年（庚寅年）

逝世日期：公元前471年
主要成就：辩证法思想、无为而治、性命双修
代表作品：《道德经》《老莱子》
尊称：老子、太上玄元皇帝、道教始圣、道圣

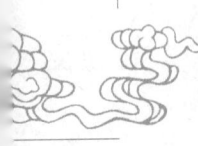

人物生平

公元前571年二月十五日卯时，一个婴儿在中原大地出生，得名"李耳"。春秋时人称学识渊博者为"子"，以示尊敬。后来由于李耳博学广识，独有建树，后人称为"老子"。老子，字聃，一字或曰谥伯阳，出生地为"楚苦县厉乡曲仁里"，即今之河南省鹿邑县城东5公里的太清宫镇。

老子自幼聪慧、静思好学，常缠着家人要听国家兴衰、战争成败、祭祀占卜、观星测象的故事。老夫人望子成龙，看到老子如此爱学，就请精通殷商礼乐的商容老先生教授他。商容通天文地理，博古今礼仪，深受老聃一家敬重。商老先生教授三年后举荐老子入周，拜见博士，入太学，天文、地理、人伦，无所不学，《诗》《书》《易》《礼》《乐》无所不览，文物、典章、史书无所不习。老子三年长而有进，博士荐其入守藏室为史。"守藏室"就是周朝的国家图书馆、国家档案资料室。"守藏室史"相当于今天的国家图书馆研究员，周朝的"守藏室"珍藏着大量官方文件、典籍，老子的任务就是在整理中保护并研究。这是一个看似安静、平凡，实则非一般人可以胜任的岗位。因为，能胜任者必须是学识广博之人，最重要的是要有独立的思想和主张。老子在守藏室如饥似渴地博览泛观，渐臻佳境，通礼乐之源，明道德之旨。据说，老子之所以得到这一职位，是因为老子和太子贵怀有同样的抱负。后来太子贵继承王位（即周景王）君临天下的时候，老子曾出任建设大臣"司空"，主导周朝变法纲领。在那动荡的年代，在众多怀揣政治理想苦苦寻找伯乐试图实现自己梦想的人中，有了这样得天独厚的人脉优势和知识积累，老子脱颖而出，其思想广为人知。老子的思想逐渐成形，自成一派。

老子是我国古代伟大的哲学家和思想家、道家学派创始人。他的存世之作《道德经》以"道"解释宇宙万物的演变，阐述了大量的朴素辩证法观点，对我国两千多年来的思想文化发展产生了深远影响。20世纪80年代，据联合国教科文组织统计，在世界文化名著中，老子的《道德经》出版发行量仅次于《圣经》。老子乃世界文化名人、世界百位历史名人之一，被尊称为"道教始祖""道圣"。

随着对老子文化思想的深入研究，世人对老子的贡献有了越来越全面的认识和肯定，在这个意义上，老子不仅仅是"道圣"，也应该是地位超然的"德圣"。

话说李姓

老子姓李有许多版本。相传，老子的母亲"怀胎八十一载而生"，故号为"老子"。宋王应麟的《姓氏急就篇》曾说："老聃生而指李树，以此为姓。"清张澍《姓氏寻源》曰："理、李字古通用。老子因祖为理官,以为姓,余说皆非。"民国臧励和《姓氏考略》云:"李、理古字通,老子因祖为理官,以为姓。"

从以上诸记载可以看出,老子之所以姓李,可归纳为两个原因:其一,老子生而指李树,因以为姓。其实这种说法仅是一个演义。其二,老子祖上曾为理官,因李、理古字通,老子因改"理"为"李"姓。李姓得姓于老子,不仅唐代有这种说法,而且早在汉代,应劭在《风俗通》中就认定老子为李姓的始祖。

《国语·郑语》中的祝融之后八姓、《国语·晋语四》中的黄帝之后十二姓以及《左传》所载的西周二十姓,都未见李姓。所以《姓解》说:"周之前未见有李氏。"李姓最早见诸文献的是汉司马迁所著的《史记·老子韩非列传》:"老子者,楚苦县厉乡曲仁里人也,姓李氏,名耳,字聃,周守藏室之史也。"老子李耳是正史立传的李姓第一人。由此看来,说老子是李姓的始祖,在文献上有据可查。

《道德经》的由来

老子就处在那个乱世出英雄的时代。当时周朝天子与诸侯之间要么撕破脸兵戎相见,要么面和心不和。老子虽竭尽所能扶正固本,无奈世风日下,而他自己也已是风烛残年,力不从心,于是,毅然辞官去云游四海。老子去秦国经过函谷关,这里两山对峙,中间的一条小路因在山谷中又深又险,好像在匣子里一样,故这处关隘被命名为"函谷关"。

据《〈史记〉集解》记载,关令尹喜"善内学星宿",能看天象、星宿、云气。所以,当他看到一团紫气飘来,便知是圣人来了。于是,他派人清扫道路40里之远,夹道焚香,祈盼圣人的到来。

午后,夕阳西斜,光华东射。关令正欲下关查看,忽见关下稀落行人中有一老者倒骑青牛而来。老者白发如雪,其眉垂鬓,其耳垂肩,其须垂膝,红颜素袍,简朴洁净。关令仰天而叹道:"紫气东来三万里,圣人西行经此地。青牛缓缓载老翁,藏形匿迹混元气。我三生有幸,见到圣人了!"说罢,他三步并作两步迎上去跪拜:"关令叩见圣人!"老子道:"老夫有何神圣之处,受你如此厚爱?惭愧惭愧,羞煞老夫矣!"关令道:"关令不才,好观天文,略知变化。见紫气东来,知有圣人西行。"老子大笑:"过奖,过奖!"

关令看到老子这行装料定他要远走高飞,便婉言留他,并恳求老子留宿关舍以指修行之途,想让这位著名的思想家留下智慧,写部著作。关令著有《关令子》。老子也很敬佩这位"才华兼备,隐德行仁"的智者,有种他乡遇知音的感觉,便答应关令留下写作。不久,一部惊天动地的巨著《道德经》在这里诞生。之后,老子与关令一牛一马,逍遥相伴,成为知音。两人远离俗世喧嚣,共同寻找人间的世外桃源、清静之地去专心悟道讲道。两人在西安的终南山下停住寻觅的脚步,马放南山,不老松下论道,清凉山前讲经,得享南山之寿,逍遥而终。

终南山也因此成为道教的祖庭，被世人奉为"天下第一福地"。

《道德经》的意义

《道德经》洋洋洒洒五千言，是一部论述道德的著作。《道德经》前三十七章讲"道"，后四十四章言"德"。道是体，德是用。上篇起首为"道可道，非常道；名可名，非常名"，言宇宙本根，含天地变化之机，蕴阴阳变幻之妙，故人称《道经》；下篇起首为"上德不德，是以有德；下德不失德，是以无德"，言处世之方，含人事进退之术，蕴长生久视之道，故人称《德经》，合称《道德经》。

《道德经》揭示了客观世界的一些对立面及它们之间的相互转化，包含朴素的辩证法思想，不仅是道家的主要经典，在中国哲学史上也占有重要地位。后来，很多学者都从不同角度汲取了老子思想的营养。同时，以老子为代表的道家出世思想与以孔子为代表的儒家入世学说，一隐一显，贯穿于整个封建社会，对中国传统的政治、文化等都产生了极其深远的影响。

《道德经》中包括大量的朴素辩证法观点，揭示一切事物均具有正反两面，并能相互转化，是为"反者道之动""正复为奇，善复为妖""祸兮福之所倚，福兮祸之所伏"。

《道德经》常会被认作道教著作。其实，哲学上的道家和宗教上的道教不能混为一谈。但《道德经》作为道教基本教义的重要构成之一，被道教视为重要经典，老子也被道教视为至上的三清尊神之一道德天尊的化身，又称太上老君。应该说道教吸纳了道家思想从而得到了完善。哲学并不涵括《道德经》的全貌。它提出了"无为而治"的主张。"无为而治"是道家的基本思想，也是修行的基本方法。作为一种原则，"无为"在春秋末期已经出现。儒家也讲"无为而治"，如《论语·卫灵公》载："无为而治者，其舜也与？夫何为哉？恭己正南面而已矣。"朱熹认为："圣人德盛而民化，不待其有所作为也。"实则表达了儒家的德治主张。使"无为而治"系统化成为理论的是《道德经》。他们认为统治者的一切作为会破坏自然秩

《道德经》是老子的不朽之作，后世无数智者穷尽一生之力为之做注

序，扰乱天下，祸害百姓，因而要求统治者效法自然，让百姓自己发展。"无为而治"的理论根据是"道"，现实依据是变"乱"为"治"。"无为而治"的主要内容为"无为"和"无为而无不为"，具体措施是"劝统治者少干涉"和"使民众无知无欲"，以至于后世的儒家、法家、道家的部分观点，始终脱不了老子思想的渊源。

历史贡献

老子在中国历史上的贡献，主要表现在以下几个方面：

历史地位　中国的思想文化领域，秦汉之前是道、儒、墨三家居主导地位；从汉唐至民国期间，是儒、道、释三学并立。所以，老子所创立的道家学说自问世以来，便在中国历史上占有重要地位。

哲学方面　老子骑着青牛，优哉游哉地来到了函谷关，将毕生所思所想撰写进《道德经》。"道可道，非常道；名可名，非常名"，一个"道"字，奠定了人类社会关于哲学思想和理论的基础。老子归结出一条重要的哲理，用最简洁的语言"道可道，非常道"来表达。

如果说人文始祖伏羲让人类认知了自然和自己，人类从混沌中进化为人，黄帝建立了人类的秩序、规矩和礼仪，完成了男耕女织的社会分工，那么，老子则让人类有了思想。人类从老子开始，才认识到自然的本源和实质，拥有了自我约束的能力和方法。后人总结，这就是哲学。哲学对人类文明的贡献何在？那些玄而又玄、远离现实生活的问题，诸如宇宙的本源、生命的本质、真理、必然等形而上学的问题，到底带给了我们什么启示？也许，正是那些对人的本质和自然法则的无尽追问和描述，才促进了"人"的生成和社会的全面发展，使人逐渐超越自我，进入更高的文明。当现代人为中国有没有哲学、哲学的起源是什么、谁才是哲学第一人争论不休的时候，老子就在那里，不辩不争。谁也绕不过去，也抹煞不掉老子的作用与影响，正如林语堂说的："老子的隽语像粉碎的宝石，不需装饰便可自闪光耀。"

思想方面　如果用两个字总结老子的思想体系，非"无为"二字莫属。究其实，这正是老子的高妙之处：以"无为"的表象达到"无所不为"的目的。老子的思想与儒家思想和佛家思想相互渗透、融合，对中华民族贵道重德的民族精神发挥了重要作用。两千五百多年来，老子的思想一直影响着中国人的思想和行为，并以文化基因的方式渗透到人们的生存方式、生活方式和思维方式之中，影响着中国人的世界观、人生观、价值观、审美观、生死观等各种文化观念。《道德经》不但影响了汉代以来中国两千多年的思想史，而且也受到西方思想家的重视，成为世界哲学宝典之一。

治国方面　《道德经》为历代的国君和官吏提供了治国理政方面的理论指导。在我国历史上，处处可见道家学说的光辉，曾辉煌闪耀过的汉代"文景之治"、唐代"贞观之治"，都是应用道家思想治国的成果。

军事方面 《孙子兵法》一书可以说是道家学说在军事上的应用。

医学方面 中医学不仅以道家学说的辩证观念作为理论指导，而且还吸收了老子的内炼养生方法作为重要内容。

社会影响

孔子曾对他的弟子们这样评论老子："鸟能飞，鱼能游，兽能跑。但是，能飞的会被射下，能游的会被网捞，能跑的会被捕捉。至于龙，我就不知道怎么能得到，他如蛟龙游入大海，如雄鹰展翅蓝天。他可以驾着风云上天，带着韧性下江。我今天见到一条龙，他，就是老子。"

中国道教创始人、人称张天师的张陵，为了让道教迅速发扬光大，尊老子为道祖，并将其《道德经》一书改名为《道德真经》，作为道教的主要经典。其实，从《列仙传》开始，世人就已经把老子列为神仙。东汉时期，王阜撰《老子圣母碑》，把老子和道合而为一，视老子为化生天地的神灵，成为道教创世说的雏形。东汉末年，汉桓帝更是亲自祭祀老子，把老子作为仙道之祖。唐朝奉李耳为祖宗，李世民自称是老子的后裔。李姓在唐代得到空前的繁衍发展，天下李姓为了攀附当朝皇室显贵，纷纷祖述老聃。唐代皇帝曾尊封老子为太上玄元皇帝，宋代加封号称太上老君混元上德皇帝。之后的元、明、清数朝都在不同程度上奉老子李耳为祖。老子最终成为天下李姓的共祖，与颛顼、皋陶一起成为李姓族群认同的标志。

在西方，亚里士多德认为物质起始于物质因子；阿那克西曼德认为万物的本源是"无限定"，压力从中而生，导致湿和干、热和冷的分离，其混合构成了万物，变化即对立面的冲突。这种思想和老子的"无生有，道生一，一生二，二生三，三生万物"的理论好像有相似之处，但不及老子宇宙宏观思想的高度抽象性和普遍性的特征。

赫拉克利特有一句名言："人不能两次踏入同一条河流，因为在你面前流动的总是新的河水。"因此，哲学家认为一切事物总是不断变化发展的，没有什么东西能够保持原样。其实老子早就强调过这种思想，他归结出一条重要的哲理："道可道，非常道。"言简意赅，深入浅出，含义深奥。

英国科学家李约瑟一生研究中国历史，对中国文化情有独钟，著有多卷本《中国科技史》。他说中国文化就像一棵参天大树，而这棵参天大树的根在道家。李约瑟说："研究中国文化，越了解老子，越知道他和道家在中国文化中的重要性。"他晚年干脆自称是"名誉道家""十宿道人"，为20世纪后半叶世界"老子热"的形成作出了历史性的贡献。

苏联汉学家李谢维奇说："老子是国际的。"德国、法国、英国、美国、日本等发达国家也相继兴起"老子热"。两千五百多年前，中国的老子就阐述了自由经济思想。西方不少汉学家与哲学家认为道家的"无为"思想与自由经济理论相通。

老子的著作、思想早已成为世界历史文化遗产的宝贵财富，在欧洲有60多种《道德经》

译文。德国哲学家黑格尔、尼采和俄罗斯大作家托尔斯泰等世界著名学者对《道德经》都有深入的研究，并有专著或专论问世。黑格尔说："中国哲学中另有一个特异的宗派是以思辨作为它的特性。这派的主要概念是'道'，这就是理性。这派哲学及与哲学密切联系的生活方式的发挥者是老子。"

既然万物皆有"道"，那么，小到一个人，大到国家，乃至世界、宇宙，无论做人做事，都应该遵从"道"，尊重"道"，顺其自然，"无为而治"，和谐共荣。

从这种意义上讲，《道德经》应该是唯物主义哲学思想的"圣经"。

儒圣：孔子

本名：孔丘
别称：尼父、孔夫子、仲尼
所处时代：春秋末期
出生地：今山东曲阜
出生日期：公元前551年9月28日
逝世日期：公元前479年4月11日
主要作品："六经"
主要成就：开创儒学，编纂《春秋》，修订"六经"，创办私学
尊称：孔子、儒圣、至圣、孔圣人、师圣

三 春秋战国时期

人物生平

孔子，名丘，字仲尼，汉族，春秋时期鲁国陬邑（今山东省曲阜市东南）人，中国古代思想家、教育家、政治家，儒家思想创始人。孔子的儒家思想对中国、对儒家文化圈乃至世界都有深远的影响。在古代，孔子被尊奉为"孔圣人""儒圣""师圣""至圣"。

据《史记》《孔子家语》等记载，孔子的先祖是殷商子姓王族的后裔。孔子的七世祖先孔父嘉事殇公与夷，屡次对郑、卫等国作战，多以失败而告终，引起国人不满。孔父嘉的妻子是个大美人，招致另一主政大夫华父督的垂涎。华父督借国人不满发动兵变，杀掉了孔父嘉和宋殇公。孔父嘉的曾孙孔防叔因害怕华氏的威逼而逃到鲁国陬邑定居，孔防叔的孙子叔梁纥就是孔子的父亲。据史书《周礼》记载，孔子的父亲叔梁纥，是鲁国著名的武士。孟献子曾称赞他"《诗》所谓'有力如虎'者也"。叔梁纥战场上威风八面，可是，家事却不尽如人意。他虽然有一个叫孟皮的儿子，可这个儿子却有"足疾"。按照大周的规矩，有残疾的人不能立为承继香火的子嗣。为了传宗接代，已经72岁高龄的叔梁纥娶年仅18岁的颜征在为妾。因为两人的婚姻与《周礼》不符，他们只好住在尼山之中。传说孔子生下来的时候头上有"圩顶"，就是脑袋上长着奇怪的包，有点儿像父母居住的尼山，因此得名孔丘。孔子3岁那年，叔梁纥就带着对孔子的厚望撒手人寰。叔梁纥死后，颜征在失去庇佑，为叔梁纥正妻施氏所逐，只好带着孔子和其庶兄孟皮来到了曲阜阙里，过着清贫的生活。

虽然家庭贫困，但孔子勤奋好学，一心希望走上仕途光宗耀祖。所以，他对天下大事非常关注，经常思考治理国家的问题，也时常发表一些治国见解，儒家的观点开始萌芽。等到孔子30多岁的时候，他已小有名气。

齐景公到访鲁国的时候，对他非常欣赏。后来，孔子追随鲁昭公出逃齐国的时候，齐景公给了孔子很高规格的待遇，甚至准备把尼溪一带的田地封给孔子。孔子本以为从此可施展自己治国安邦的雄才大略，辅佐齐景公。可是，他的出类拔萃让根基深厚的齐国士大夫们很不爽，他们结成临时的统一联盟，不断在齐景公面前诋毁孔子。齐景公渐渐开始戒备并疏远孔子。两年后，齐国的大夫设计加害孔子，孔子听说后向齐景公求救，齐景公却不冷不热地搪塞孔子说："吾老矣，弗能用也。"也就是说我老了，有些事管不了，不能重用你了。这时候，孔子才知道自己的处境危险，只好逃回鲁国。当时的鲁国，政局动荡，对于从政，孔子心有余悸，虽有过两次机会，他都放弃了。

鲁定公九年，孔子接受任命，出任中都宰。孔子以为遇到了明君，自己的雄韬伟略、人生抱负终于可以实现了。这时，孔子已经50岁了。孔子治理中都（今山东汶上县）一年，卓有政绩，被升为司空，不久又升为大司寇，鲁国大治。当时的鲁国政权实际掌握在"三桓"手中，也就是鲁桓公的三个儿子的后代季孙氏、叔孙氏、孟孙氏三家，而"三桓"的一些家臣又在不同程度上控制着"三桓"。为削弱"三桓"势力，孔子采取了隳三都的措施，就是拆毁"三桓"所建的城堡。孔子的这一举动遭到"三桓"的强烈反对，措施半途而废。随着与"三桓"矛盾的激化，孔子逐渐被政治核心冷落与边缘化，只好挂印辞官。

虽然折戟仕途，孔子救世兴邦的雄心却越挫越勇。他带着自己的弟子离开鲁国，去寻找明君和出路。这一年，孔子55岁。孔子身处乱世，政治上不得意，曾两次入东周向老子请教。孔子返回鲁国后渐渐专心执教，将很大一部分精力用在教育事业上。孔子打破了教育垄断，开创私学，弟子多达三千人，很多弟子后来都成为各国的栋梁，被后人尊奉为"贤人"的就有72个。

公元前479年的一天，弟子子贡来见孔子，风烛残年的孔子拄着杖倚于门前叹息道："太山（即泰山）坏乎！梁柱摧乎！哲人萎乎！"说着流下了眼泪。他又对子贡说："夏人殡于东阶，周人于西阶，殷人于两柱间。昨暮予梦坐奠两柱之间，予始殷人也。"7天后，孔子逝世，终年73岁，葬于曲阜城北的泗水岸边。众弟子为其服丧3年，子贡为孔子守坟6年。

孔子周游列国的动力与失败原因

孔子周游列国，多次身陷险境，但他依然不遗余力地宣传自己的思想和治国方略，从55岁到68岁期间，14年艰难行走上万里，先后在十几个国家传道。可想而知，对一个雄才大略却不得志的老人来说，十几年颠沛流离的生活对身心的煎熬该有多大。今天，我们无从得知孔子远离故乡四处奔波宣传自己的主张时内心的痛楚和哀伤，但是，从他冒着断粮被困甚至掉脑袋的危险也要不避艰险勇于进取的举动，不难得出一个结论：表面上看，孔子周游列国是为了传播他的治国方略和思想；如果我们深入他的心灵深处进行探究，对那片曾经养育他的土地的眷恋之情，或许才是他的卓越智慧和深邃思想的源泉，那无时不在折磨着他的乡愁，或许更是激励他百折不挠，实现梦想的动力。

孔子为什么没有被国君长期重用？一方面，在那艰难而险恶的环境中，国与国之间频繁混战，从统治阶级到平民百姓无一日之宁，统治者疲于应对战争，无暇顾及孔子以"仁义"为核心的政治主张；另一方面，也有对儒家思想存有疑惑、统治阶级内部存在派系斗争的因素，再加上孔子说话不掩饰自己的观点，得罪了不少人，最终导致孔子不但没被重用反被排斥。正如老子告诫孔子的："聪明深察而近于死者，好议人者也。博辩广大危其身者，发人之恶者也。为人子者毋以有己，为人臣者毋以有己。"老子善意提醒孔子，看问题太深刻，讲话尖锐，会伤害一些有地位的人，也会给自己带来不利。

孔子问礼

孔子一生两次拜见老子，使其思想与智慧得到升华。《史记》载孔子三十多岁时曾问礼于老子。老子见孔子来非常高兴，带孔子前去拜访大夫苌弘。苌弘善乐，授孔丘乐律、乐理，引孔丘观看祭神之典并考察周王朝的教育基地和祭祀礼仪，使孔子感叹不已，受益匪浅。

孔子辞行到了黄河岸边，看见河水滔滔、浊浪翻滚，势如万马奔腾，声如虎吼雷鸣。孔子伫立岸边，不觉叹曰："逝者如斯夫，不舍昼夜！黄河之水奔腾不息，人之年华流逝不止。河水不知何处去，人生不知何处归？"闻孔子此语如此伤感，老子道："人生天地之间，乃与天地一体也。天地，自然之物也；人生，亦自然之物。人有幼、少、壮、老之变化，犹如天地有春、夏、秋、冬之交替，有何悲乎？生于自然，死于自然，任其自然，则本性不乱；不任自然，奔忙于仁义之间，则本性羁绊。功名存于心，则焦虑之情生；利欲留于心，则烦恼之情增。"孔丘解释道："吾乃忧大道不行，仁义不施，战乱不止，国乱不治也，故有人生短暂，不能有功于世、不能有为于民之感叹矣。"

孔子告别老子，与南宫敬叔上车，依依不舍道："先生之言，出自肺腑而入弟子之心脾，弟子受益匪浅，终生难忘。弟子将遵奉不怠，以谢先生之恩。"说完，孔子向鲁国驶去。怀着与人为善的理念，孔子创立了以"仁"为核心的道德学说。他自己也是一个很善良的人，富有同情心，乐于助人，待人真诚、宽厚。"己所不欲，勿施于人""君子成人之美，不成人之恶，小人反是""躬自厚而薄责于人"，就是他的做人准则。

拜项橐为师

孔子和他的弟子们周游列国，驾车去晋国的路上，一个孩子在路中堆碎石玩，挡住了他

孔子与7岁的项橐对话

们的去路，他们只好停下车。孔子说："孩子别在路当中玩，挡住我们的车了！"孩子抬起头望着孔子问："您看这是什么？"孔子便随口答道："这不是用碎石片垒的城堡吗？"孩子说："对，您说是城堡给车让路，还是车给城堡让路？"孔子被问住了，他觉得这孩子既懂礼貌，更善于言表，就从车上走下来说："你说得对，车应该绕着城堡走。你叫什么名字？几岁了？"孩子说："我叫项橐，今年7岁。"后来，孔子对他的弟子们说："项橐7岁懂礼又有思辨，可以做我的老师。"

历史贡献

孔子的贡献，主要集中在政治、文化、教育、经济和美学思想方面。

政治思想　孔子主张"仁者爱人""天下为公"以及"忠恕""中庸"，这些主张是对我国古代乃至现代政治思想体系的巨大贡献。孔子生活在礼崩乐坏、道败德失的春秋末期。孔子认为天下之所以无道，邪说暴行乱作，主要是因为人的道德出了问题。为了根治这一痼疾，孔子倡导道德政治。孔子以救世化民为己任，告诉人们"修身、齐家、治国、平天下"等方面的方法，提出了以"仁、义、礼、智、信、忠、孝、勤、公、省"为内容的伦理道德观念，提出了"仁者爱人""天下为公"的政治主张。

尽管孔子的政治生涯比较短暂，但是他政绩卓著，最能体现他的社会责任感和救世热忱。孔子在担任中都宰期间，所辖区域男守忠信，女知贞节，商业繁荣，万民乐业，达到"路不拾遗，夜不闭户"的境界。孔子在教化世人、稳定社会、安邦治国方面为后人提供了有益的经验。在孔子看来，求学、治学的根本目的并非谋求仕禄，而在于得道与行道。他说："君子谋道不谋食。""君子忧道不忧贫。"在总结自己的成长历程时，孔子说："吾十有五而志于学，三十而立，四十而不惑，五十而知天命，六十而耳顺，七十而从心所欲，不逾矩。"

文化思想　孔子开宗明义，承前启后。公元前841年以前我国没有文字史料，孔子开修史之先河，编修《诗》《书》《礼》《乐》《易》《春秋》，也就是俗称的"六经"。"六经"是上下五千多年中华文明承上启下的文化巨典。其中，《诗经》是我国第一部诗歌总集，收入了从西周初期至春秋中叶五百多年的诗歌三百零五篇，揭开了中国文学史上的新篇章，对后世文学创作产生了极其广泛而又深远的影响。《春秋》则记载了上起鲁隐公元年，下至鲁哀公十四年，共二百四十二年的鲁国历史。《春秋》言简意丰、微言大义，为书写历史确立了原则和凡例，其褒善贬恶的"春秋笔法"，为我国史学的发展奠定了基础。《易》原本是一部筮占之书，孔子是改造《易》使《易》转向哲学，引发易学革命的第一人。"穷则变，变则通，通则久""天行健，君子以自强不息；地势坤，君子以厚德载物"等观念已成为人类"求变向上"的思想基础和中国哲学的宝贵财富。由于对自然认识的局限性，人类信奉天命、鬼神。孔子泰山问翁、问礼老聃、访乐苌弘、学琴师襄、太庙问礼。孔子言"礼"学"礼"，而不言"天

"命"和"鬼神"。从这个角度说,是孔子引领了中国从"有神论"向"无神论"观念的转变。

教育思想 孔子是我国历史上第一位教育家,创办了我国历史上第一所私人学校。他的教育思想的核心是"礼"和"仁"。"礼"为道德规范,"仁"为道德准则。"礼"是"仁"的形式,"仁"是"礼"的内容。有了"仁"的精神,"礼"才真正充实。他提出"学而知之"。他在主张"不耻下问、虚心好学"的同时,强调"学而不思则罔,思而不学则殆",即学习与思考相结合。孔子重视"学以致用",将学到的知识运用于社会实践。孔子提出启发式教学方法:"不愤不启,不悱不发。"此外,孔子最早提出"性相近,习相远",即人的天赋素质相近,个性差异主要是因为后天教育与社会环境影响。他提倡"有教无类",创办私学,广招弟子,打破了奴隶主贵族对学校教育的垄断,把受教育的范围扩大到平民,顺应了当时社会发展的趋势。他主张"学而优则仕",学习后还有余力就去做官回报社会。教育的目的是要培养从政的君子,而君子必须具有较高的道德品质修养。所以,孔子强调学校教育必须将道德教育放在首位。

经济思想 孔子的经济思想最主要的是重义轻利、"见利思义"的义利观与"富民"思想。儒家经济思想的这一主要内涵流传至今,对后世有较大影响。孔子所谓的"义",就是一种社会道德规范,"利"就是指人们对物质财富的追求。在"义""利"两者关系上,孔子把"义"摆在首位,要求人们在物质利益面前,首先考虑"义"。孔子甚至在《论语·子罕》中主张"罕言利",即要少说"利",但并非不要"利"。

美学思想 孔子的美学思想核心为"美"和"善"的统一,也是形式与内容的统一。孔子提倡"诗教",既把文学艺术和政治道德结合起来,也把文学艺术当作改变社会和政治的手段、陶冶情操的重要方式。并且,孔子认为,一个完人应该在诗、礼、乐方面修身成性。从这一点可以看出,孔子的美学思想对后世的文艺理论影响深远。

社会影响

孔子对后世影响深远。在古代,小孩子进学堂第一个躬就是给孔子鞠的,第一个礼也是给孔圣人施的。孔子不但是儒家学派的创始人,也是道德政治的倡导者、中华文化的奠基人。孔子的学术文化思想博大精深,照耀古今。几千年来,我国封建社会的历代帝王、古往今来的文人学子,对孔子无不推崇备至。在科技飞速发展的今天,国际交流日益频繁、深入,中西方文化也在交流中不断碰撞。作为东方文化的象征,孔子思想正在得到越来越广泛的关注和认同。1984年美国出版的《人民年鉴手册》将孔子列为世界十大思想家之首,而柏拉图、亚里士多德、哥白尼、培根、达尔文等人则位居其后。1986年,中国孔子基金会名誉会长谷牧在《孔子研究》创刊号的发刊词中称孔子是"中国历史上伟大的思想家、政治家和教育家,是世界文化史上的巨人之一"。

孔子所处的东周王朝春秋时代，西周社会以血缘氏族为基础的政治制度崩溃瓦解，而基于文化认同的汉民族共同体正在形成。这是中国人的文化自觉最初发生的年代，古典成为时尚，一些人开始思考天道、人生和世界秩序等方面的问题，原先由贵族所垄断的文化教育也正逐渐普及民间。孔子正是这时代精神的代表人物与集大成者，并开战国诸子百家之先河。

古代，孔子被尊奉为"天纵之圣""天之木铎"，是当时社会上的最博学者之一。随着孔子影响力的扩大，祭祀孔子也一度成为与祭祀上帝、君主的祖先同等级别的"大祀"。这种殊荣，除老子外，只有孔子。孔子的弟子多达3000人，其中贤人有72个，著名的"七十二贤士"成为儒家学派的骄傲与辉煌。颜回是孔子最爱的弟子，孔子去世后，其弟子及再传弟子把孔子及其弟子的精辟言语和思想整理成儒家的经典《论语》。自孔子始，逐渐形成了"儒家四圣"和儒家代表。儒家四圣：孔子、孟子、颜回、曾子。儒家代表：孔子、孟子、颜回、曾子、荀子、董仲舒、韩愈、李翱、朱熹、王阳明、刘宗周等。

几千年来，为了纪念孔子这位圣人，传播他的学说，弘扬他的道德和精神，全国各地建造了孔子庙（简称孔庙），又称文圣庙。每年孔子诞辰日（阴历八月二十七），全国各地都要开展各种形式的纪念活动，对孔子的尊崇和纪念成为一种特有的文化现象，两千多年来一直为社会和谐、民族融合、社会进步、国家统一发挥着积极作用。

在国外，早在1687年，巴黎就出现了拉丁文本的《论语》。到了近代，《论语》已经被翻译成多国语言，并广为流传。《论语》中蕴涵的人文文化、社交文化、礼仪文化、教育文化、音乐文化、体育文化、卫生文化、养生文化、企业文化、管理文化、营销文化，对我国乃至整个世界产生了重大而又深远的影响。

全球第一所孔子学院2004年11月21日在韩国汉城（现在的首尔市）正式揭牌。如今，孔子学院和孔子课堂在全世界方兴未艾。截至2017年12月10日，中国已在134个国家和地区建立了525所孔子学院和1113个孔子课堂，各类学员总数达232万人。孔子学院以语言为媒、文化为桥，让世界各国更加全面而深刻地认识了解中国的过去、现在和未来，为实现世界和平、推动人类文明进步发挥了积极作用。

孔子一生漂泊的历程，磨砺着圣人，也成就了圣人。今天，我们在关注他的同时，还有一个挥之不去的遐想：从人文始祖伏羲、人皇始祖黄帝，从德圣、道圣老子，到师圣、儒圣孔子，这些创造了华夏文明、影响现代文明的伟大人物，都与中原有着深厚的渊源。这是巧合还是必然？

商圣：范蠡

本名：范蠡
字号：少伯
所处时代：春秋末期
出生地：宛地三户邑（今河南淅川）
逝世日期：约公元前448年

评价：政治家、商业巨子
主要成就：帮助勾践灭吴
代表作品：《范蠡兵法》《计然篇》《陶朱公生意经》
尊称：商圣

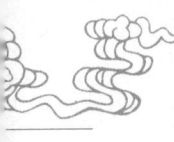

人物生平

范蠡，字少伯，春秋末期楚国宛地三户邑人，大约出生于公元前536年，约于公元前448年无疾而终。范蠡为春秋末著名的政治家、军事家、谋士和实业家。范蠡一生三次经商成巨富，三散家财，自号陶朱公，世人誉之"忠以为国，智以保身，商以致富，名以天下"，后人尊称他为"商圣"。

范蠡出身贫寒，但他聪敏睿智、胸藏韬略，年轻时就学富五车，上晓天文、下识地理，文韬武略，无所不精。然纵有圣人之资，在当时贵胄专权、政治紊乱的楚国，范蠡却不为世人所知。他虽然出身贫贱，但博学多才，与楚宛令文种相识、相交甚深。两人因不满当时楚国政治黑暗、非贵族不得入仕而一起投奔越国，辅佐越国勾践。传说范蠡帮助勾践兴越国灭吴国，一雪会稽之耻，功成名就之后急流勇退，化名鸱夷子皮，变官服为一袭白衣与西施西出姑苏，泛一叶扁舟于五湖之中，遨游于七十二峰之间。

范蠡从政是他人生的转折。他的行为举止放荡不羁，任性率真，颇有道家风范。但他并不悲观。在内心，范蠡是有治国平天下的宏大志向的。他的思想特征，可称儒道互补或外道内儒。

公元前496年，吴王阖闾攻打越国，在槜李（今浙江嘉兴）之战中大败，被击中脚趾，因伤势过重，不久死去。吴王阖闾将死，告其子夫差曰："必毋忘越！"（《史记·越王勾践世家》）公元前494年，勾践听说吴国日夜演练士兵，准备向越国报仇，打算先发制人，再来个槜李大捷。范蠡力谏："臣闻兵者凶器也，战者逆德也，争者事之末也。阴谋逆德，好用凶器，试身于所末，上帝禁之，行者不利。"勾践不听范蠡劝谏，执意出兵。范蠡预料此战凶多吉少。果然，越国遭遇会稽山大败。范蠡劝勾践答应吴国的任何条件以求保全性命，"卑辞厚礼以遗之，不许，而身与之市"。而吴王没有听伍子胥"今不灭越，后必悔之"的进言，罢兵而归。

按照吴越双方议和的条件，越国战败两年，越王勾践将要带着妻子到吴国当奴仆。他想带文种。范蠡愿随勾践同行，说："四封之内，百姓之事，蠡不如种也。四封之外，敌国之制，立断之事，种亦不如蠡也。"由此可以看出，范蠡对自己有清醒的认识，且具有敢于担当的高贵品格。吴王夫差想劝范蠡离开勾践，到吴国帮助自己，范蠡毫不动摇，很坦然地说道："臣闻亡国之臣，不敢语政，败军之将，不敢语勇。臣在越不忠不信，今越王不奉大王命号，用兵与大王相持，至令获罪，君臣俱降。蒙大王鸿恩，得君臣相保，愿得入备扫除，出给趋走，臣之愿也！"

这是由范蠡导演、勾践出演的一出荒诞剧，它的成功演出对勾践的前途起了至关重要的作用。经过此事，吴王被深深地感动，对勾践动了恻隐之心，在政治中掺入了个人私情，从而注定夫差的结局是悲惨的。

战争之后，越国几乎跌到谷底，且在复兴之时要慎之又慎，切不能让吴国有所察觉。范蠡建议勾践劝农桑、务积谷，不乱民功，不逆天时；先抓经济，继而亲民，稳定社会；施民所善，去民所恶；协调内部关系，内亲群臣，下抚百姓。有人生病，勾践亲自去慰问。有人去世，勾践就亲自去办丧事。对家里有变故的免除徭役。这一系列措施，使百姓得到休养生息。

为了增强军事力量，范蠡主持重建国都。在建城的过程中，范蠡建了两座城，一座小城，一座大城。小城是建给吴国看的，而大城建得残缺不全，面对吴国的方向，不筑城墙。这样就迷惑了夫差。他还重视军队训练，注重提高士气，增强战斗力，并组织了敢死队，以最高金额奖励敢死队成员。为了进一步迷惑夫差，范蠡又投其所好，派人送给他最喜欢的东西，以讨夫差的欢心；向夫差进献美女，消磨夫差的意志。

公元前476年，伐吴的条件终于成熟了。此时，夫差倾全国之力，北上中原争霸，使国力严重消耗，后方空虚，唯独老弱与太子留守。越国经过近20年的精心准备，国力强大，范蠡建议勾践立即兴兵伐吴。公元前473年，吴军全线崩溃，吴王夫差逃到姑苏台上固守，同时派出使者向勾践乞和，祈望勾践也能像20年前自己对他那样宽容，允许保留吴国社稷，而自己也会像当年的勾践一样倒过来为之服役。勾践动摇了。这时，范蠡站出来，陈述利弊，平复了勾践动摇的心态。夫差想起伍子胥，认为自己愧对伍子胥，以至于造成如今的结果，遂自杀。

"吴王亡身余杭山，越王摆宴姑苏台。"在举国欢庆之时，范蠡急流勇退，与西施隐姓埋名、泛舟五湖。不过，与西施泛舟五湖只是民间传说。事实上，范蠡隐退时已经68岁高龄，而西施要比范蠡小得多，人们总愿编织出英雄美人的佳话，但史实未必是这样。

"三聚三散"

范蠡是越王勾践的大臣，足智多谋，帮助越王打败了吴王，成就了霸业。然而庆功会上独少范蠡。原来，他隐姓埋名，逃到齐国去了。临行前，他给另一个功臣文种写了一封信说："高鸟已散，良弓将藏；狡兔已尽，良犬就烹。夫越王为人，长颈鸟喙，鹰视狼步，可与共患难而不可共处乐。子若不去，将害于子。"文种不信，终成剑下之鬼。范蠡知道勾践为人可共患难不能共富贵，于是修书一封，放弃高官厚禄，只装少量珠宝，乘舟远行，一去不返。这是"一聚一散"。

范蠡辞去上将军后到了齐国，更名改姓，耕于海畔，没有几年就积产数十万。齐国人仰慕他的贤能，请他做宰相。范蠡感叹道："居家则致千金，居官则至卿相，此布衣之极也。久受尊名，不祥。"于是，他就归还宰相印，将家财分给乡邻，再次隐去。这是"二聚二散"。

行至陶，范蠡看到此地为贸易的要道，可以据此致富。于是，他自称陶朱公，留在此地，根据时机进行物品交易，时间不长就"致赀累巨万"。后来，范蠡次子因杀人而被囚禁在楚国。

范蠡说:"杀人偿命,该是如此。但我的儿子不该死于大庭广众之下。"于是,他就派少子前去探视,并带上一牛车的黄金。可是,长子坚持要替少子去,并以自杀相威胁。没办法,范蠡只好同意。过了一段时间,长子带着次子的死讯回到家。家人都感到悲哀,唯有范蠡笑笑说:"我早就知道次子会被杀,不是长子不爱弟弟,是有所不能忍也!他从小与我在一起,知道为生的艰难,不忍舍弃钱财。而少子生在家道富裕之时,不知财富来之不易,很易弃财。我先前决定派少子去,就是因为他能舍弃钱财,而长子不能。次子被杀是情理中的事,无足悲哀。"这可谓"三聚三散"。

以史为据,或许正是因为范蠡有这"三聚三散"的故事,后人才把他尊为财神。范蠡在齐国经营农业和商业发了大财。他把金钱看得很淡薄,把钱财都分散给穷朋友和疏远的亲戚。范蠡能发家致富,又能散财,在人们心目中是难得的活财神,也是今天我们为人处世的楷模。

爱情故事

专记越史的《国语·越语》《越绝书》《史记·越王勾践世家》以及《吴越春秋》《史记·货殖列传》均不见范蠡与西施的恋爱关系。从史实考察,范蠡故里在楚国三户(今河南南阳境内),西施家住越国诸暨苎罗村。年轻时,范蠡与西施都没离开过家乡,不可能有见面的机会,更不可能成为情侣。范蠡入越后,身居高官,也不可能去诸暨见浣沙女西施。勾践为了腐化吴王夫差献美女西施、郑旦于吴。此时,范蠡有见到西施的机会,但范蠡也不会从中插上一脚去和西施谈恋爱。

关于是谁把西施献给夫差,史书记载不一。《越绝书》说是文种送去的,范蠡就成了局外人。《吴越春秋》说是范蠡送去的。在此国难当头之际,范蠡只会敬佩西施为国献身的精神,哪里会有心思去和西施谈恋爱?但小说、戏剧为什么把范蠡与西施的关系描绘得那样情意绵绵、温情脉脉、难舍难分,甚至还说范蠡离越后偕西施遨游四海?这主要是文学家们出于对西施的同情,想给西施找一个理想的归宿;而这个理想的归宿,则非范蠡莫属。但这只能是个美好的愿望而已。据史书记载,范蠡确实有一位夫人,生了三个男孩。但这位夫人绝不是西施,尽管人们在感情上希望她就是西施。基于同样感情,人们都希望戏剧中范蠡与西施的情侣关系永远演绎下去、小说中范蠡与西施的爱情永远流传下去。

臧励龢的《中国人名大辞典》设有"西施"条目,说"越王勾践败于会稽,范蠡取西施献于吴王夫差。吴亡,复归范蠡,从游五湖,或云吴亡,沉西施于江,以报鸱夷,未知孰是"。这是根据传说而采取存疑态度。其实,由于史书没有明确记载,西施的归宿也只好千古存疑了。

范蠡与西施的爱情故事千古流传，也千古存疑

故里之争

大凡历史名人，其故里在今天已成为响当当的金字招牌。古人治学严谨，惜墨如金，再加上地名的不断变革，导致一些原本很清晰的问题，在今天成了所谓的历史悬案。范蠡故里也是如此，我们有必要从历史记载的蛛丝马迹中寻找历史的真相。关于范蠡故里有以下几种说法：

一为徐人说。《列仙传》云："范蠡，字少伯，徐人也。"言范蠡是徐人，是因为吴灭徐而仇吴，为灭吴而投越，在楚国只是隐居。但公元前512年吴国方灭徐，文种在楚平王时为宛令，其间访到范蠡。而楚平王在公元前516年已经去世。可见，范蠡早在楚国，与那段史实无关。何况《列仙传》乃小说家言，属后人伪托之说，又是孤证，不足采信。

二为吴人说。最早见于明朝嘉靖年间的《浙江通志》："范蠡，吴人。"范蠡长期在吴越一带活动不假，但说他为吴人却缺乏历史根据。一则《浙江通志》只是地方志书，非全国性著作，且成书较晚，去范蠡之时非常遥远，不可考者甚多；二者从常理上推断，虽然"春秋无义战"，但范蠡作为一代名人，借外族之手，灭自己的家邦，是无论如何说不过去的。

三为楚宛三户人说。楚，即楚国，春秋南方大国。宛，地名，最早出现在春秋楚国，今南阳市区，古代是申吕之国。楚灭申后遂为楚邑，名曰宛邑，是著名的冶铁中心。百里奚即宛人。宛邑的名称早于今南阳的得名。历史根据：（1）《〈史记〉正义》引《吴越春秋》："范蠡，字少伯，楚宛三户人也。"（2）《会稽典录》云："范蠡，字少伯，越之上将军也。本楚宛三户人。"（3）《史记·越王勾践世家》云："范蠡本宛三户人，与文种俱入越……"（4）在由唐司马贞索引、张守节正义及南朝宋人裴骃集解的《史记》中有五处说到范蠡故里，统一的说法是"楚宛三户人"。可见，范蠡是"楚宛三户人"比较接近史实。

历史贡献

范蠡一生贡献卓著，主要表现在以下几方面。

军事方面。范蠡提出"强则戒骄逸，处安有备；弱则暗图强，待机而动；用兵善乘虚蹈隙，出奇制胜"，为后世称道并沿用。

经济方面。范蠡是春秋末年杰出的政治家、商人。他还有一些值得注意的思想，如农末两利的经济管理思想值得注意。范蠡提出的"农末俱利"的思想有重要意义。这表现在：首先，他提出了谷贱伤民、谷贵伤末的问题，通过把价格调整到一定范围内而做到"农末俱利"。其次，范蠡试图通过调整价格促进生产和流通，这都是通过经济手段而不是通过行政命令。这也是值得注意的。再次，怎样把物价控制在一定范围内呢？范蠡主张用"平粜"的办法，这就需要国家在丰收年把粮食收购储藏起来，在歉收年缺粮时国家再把粮食平价粜出。这样才能起到平定粮食和其他商品物价的作用，这就叫作"平粜齐物"。众人所知，史学家司马迁非常严谨，他不把"农末俱利"的思想归于管仲、孔子、子产等人名下，而记载在范蠡名下，说明他必有所根据。同时，也反映出范蠡不愧是我国古代治国理财的杰出人物。

哲学方面。《国语·越语下》所述范蠡之言明显地具有后世黄老之学的色彩。所以，不少学者都提出了范蠡同战国的黄老之学有着渊源关系的观点，认为是范蠡开启了后世黄老之学的先河。

范蠡既然下开黄老之先河，就一定是上承老子之学。虽然从《国语·越语下》的材料来看，范蠡的思想同老子之学确有密切的关系，但从老子到范蠡，道家思想是如何传承的？这个问题至今没有人做过专门的研究。根据传世文献提供的线索，范蠡之学乃受之于计然，并通过师承计然而与老子思想接续。

社会影响

范蠡注意选择经商环境、把握有利时机、运用市场规律，做事有准备而不盲目。据时而动，得失均衡。范蠡关于把握时机的全面论述很有现代价值。他的待乏原则实际上是要求经营者站在时机的面前，超时以待，就像以网张鱼须迎之方能获猎。

"知斗则修备，时用则知物，二者形则万货之情可得而观已。"知道要打仗，所以要从各方面做好准备；知道货物何时需用，才懂得货物的价值。只有把"时"和"用"这两者的关系搞清楚了，才能看清楚各种货物的供需情况和行情。

抓住现时得时无怠，因为时不再来。天予不取，反为之灾。销售理论，贵出贱取。贵出如粪土，当商品价格涨到高点时要果断出手，贵上极则反贱。贱取如珠玉，当商品价格跌落到低点，要像珠玉一样买进，贱下极则反贵。

三八价格，农末俱利。范蠡认为："夫粜，二十病农，九十病末，末病则财不出，农病则草不辟矣。上不过八十，下不减三十，则农末俱利。"商人的利益受到损害，就不会经营粮食商品；农民的利益受到损害，就不会去发展农业生产。商人与农民同时受害，就会影响国家的财政收入。最好的办法就是由政府把粮食价格控制在八十和三十之间，这样农民和商人就可以同时获利。

积著理论。"积着之理，务完物，无息币。以物相贸易，腐败而食之货勿留，无敢居贵。"即要合理地贮存商品，加速资金周转，保证货物质量。

薄利多销。范蠡主张逐十一之利，薄利多销，不求暴利。这种非常人性化的主张，符合中国传统思想中经商求诚信、求义的原则。

《老子》有云："圣人不积，既以为人己愈有，既以与人己愈多。"范蠡从人有盛衰、泰终必否的道理中隐约感觉到久受尊名不祥的道理。可以说，这种认识与老子的思想有异曲同工之妙。范蠡"富好行其德"，是因为他意识到物聚必散，天道使然。

兵圣：孙子

本名：孙武

字号：长卿

所处时代：春秋末期

出生地：山东广饶

出生日期：约齐景公十三年（公元前535年）

逝世日期：约越王勾践二十七年（公元前470年）

主要作品：军事理论著作《孙子兵法》

尊称：孙子、兵圣

人物生平

孙子，名武，春末时期齐国乐安（今山东广饶）人。齐国发生战乱时，他流浪到吴国。《孙子兵法》是他根据春秋时期中国社会由奴隶制开始向封建制转变，奴隶起义、平民暴动、诸侯争霸、兼并称雄战争频频的现实，总结概括而撰著的。《孙子兵法》是中国现存最早的一部完整兵书，也是兵家的经典著作。孙子因此被后人尊称为"兵圣"。

孙子是齐国贵族和名将的后裔。孙子的祖先叫妫满，被周朝天子册封为陈国国君（陈国在今河南东部及安徽一带，建都宛丘，今河南淮阳）。后来，由于陈国内部发生政变，孙子的直系远祖妫完便携家带口逃到齐国，投奔齐桓公。齐桓公早就了解陈公子妫完年轻有为，任命他为负责管理百工之事的工正。妫完在齐国定居以后，由姓妫改姓田，故他又被称为田完。

公元前512年，孙子由吴国大将伍子胥引见晋见吴王阖闾，献兵法十三篇。阖闾问："你的十三篇兵法我都看过了，可以小试一下摆一摆阵吗？"孙子答："可以。"阖闾又问："可以用妇女吗？"孙子答："可以。"孙子提出用军队常规来操练，阖闾同意了。于是，阖闾列出宫中美女180人。孙子把她们分为两队，以吴王的两位宠姬为两队队长，所有的人都拿着戟。孙子问："你们知道自己左右手的手心手背吗？"妇人们回答："知道。"孙子说："向前就看我的手心，后退就看我的手背。向左看左手方向，向右看右手方向。"妇女们说："好，知道了！"约好记号、规定动作、宣布纪律后，孙子开始带领妇女们排练，并三令五申宣告军法。妇女们却嘻嘻哈哈不当回事。孙子说："规定不明确、号令不熟悉，是将帅之过。如兵士明白却不服从，则是兵士之过。"于是，他又三令五申，再次击鼓发令，妇女们仍然哈哈大笑，不当回事。孙子生气地说："刚才已讲，规定不明确、号令不熟悉，是将帅之过。规定明确、号令熟悉而仍然不守法，那就是兵士之过。如今，大家依然这样，就要斩左右队长。"吴王从坛上看见要斩宠姬，大为惊骇，急忙派人传令说："不要斩，我知道将军善于用兵了。没有这两位美人，我吃饭都不香。"孙子说："我既已受命为将，将在军，君命有所不受。"于是，孙子斩了两个队长并示众。这下，众人大惊。两队都换上新的队长，然后再击鼓发令。妇女们向左向右、向前向后、跪下起立都中规中矩，符合要求，没有一个敢出声的。孙子派人报告吴王："队伍已经很整齐，大王可以下来视察了。只要是大王下令，赴汤蹈火都可以。"吴王说："将军回去休息吧，我不愿往下看了。"孙子说："大王只是喜欢兵法的语言，不能真正实在地运用。"从此，阖闾切实知道了孙子善于用兵，封其为将军。孙子运用自己的兵法，率领吴国军队西破强大的楚国，攻入楚国国都郢城，朝北威震齐、晋两个大国，吴国威名远扬，成为军事强国。

孙子所著的《孙子兵法》为后世兵法家所推崇，被誉为"兵学圣典"，置于"武经七书"之首。

《孙子兵法》及其内容

《孙子兵法》又称《孙武兵法》《吴孙子兵法》《孙子兵书》《孙武兵书》等，是中国现存最早的兵书，也是世界现存最早的军事著作，处处表现了道家与兵家的哲学。此书共十三篇，六千字左右，被誉为"古代第一兵书"。在我国古代军事学术和战争实践中，《孙子兵法》起到了极其重要的指导作用。它构建了一个完整严密、博大精深的军事思想体系，整体思维、唯物观点、辩证方法、知战者胜四个主要思想贯穿全书。

《孙子兵法》被称为镇国之宝，在中国被奉为兵家经典，是中国古代汉族军事文化遗产中的璀璨瑰宝，是汉族优秀传统文化的重要组成部分，其内容博大精深、思想深邃富赡、逻辑缜密严谨，是古代汉族军事思想精华的集中体现。

《孙子兵法》第一至第三篇的内容为战略运筹，第四至第六篇的内容为作战指挥，第七至第九篇的内容为战场机变，第十、第十一篇的内容为军事地理，第十二、第十三篇的内容为特殊战法。

第一篇《始计篇》。此篇又称《庙算》，即出兵前在庙堂上比较敌我各种条件，估算战事胜负的可能性并制订作战计划。

第二篇《作战篇》。此篇讲的是庙算后的战争动员及取用于敌，胜敌益强。"作"是"制造""兴起"之意。

第三篇《谋攻篇》。此篇讲的是以智谋攻城，即不专用武力，而是采用各种手段使守敌投降。

第四篇《军形篇》。此篇讲的是具有客观、稳定、易见等性质的因素，如战斗力的强弱、战争的物质准备等。

第五篇《兵势篇》。此篇讲的是主观、易变、带有偶然性的因素，如兵力的配置、士气

《孙子兵法》是中国现存最早的兵书

的勇怯。

第六篇《虚实篇》。此篇讲的是如何通过分散集结、包围迂回，造成预定会战地点上的我强敌劣之势，以多胜少。

第七篇《军争篇》。此篇讲的是如何以迂为直、以患为利，夺取会战的先机之利。

第八篇《九变篇》。此篇讲的是将军根据不同情况，采取不同的战略战术。

第九篇《行军篇》。此篇讲的是如何在行军中宿营和观察敌情。

第十篇《地形篇》。此篇讲的是六种不同的作战地形及相应的战术要求。

第十一篇《九地篇》。此篇讲的是依"主客"形势和深入敌方的程度等划分的九种作战环境及相应的战术要求。

第十二篇《火攻篇》。此篇讲的是以火助攻与"慎战"思想。

第十三篇《用间篇》。此篇讲的是五种间谍的配合使用。

书中的语言叙述简洁，内容富有哲理性，后世很多将领用兵都受到了该书的影响。

历史贡献

孙子对后世的贡献表现在其著作《孙子兵法》上。《孙子兵法》的历史贡献主要有以下四点：

一是整体思维的战争论。战争是由多种因素组成的综合体，是有诸种条件起作用的实践过程；战争又是关系着国家、民族生死存亡的大事。孙子把重兵与重整体的思想有机地结合起来加以思考，从而构建了他的战争理论。孙子十分明确地指出，"兵"是关系人民生存、国家存亡的"大事"。对于这件"大事"，不可不察。孙子在整体思考战争的思想指导下，建立了他的战略策略原则和军事谋略思想。孙子论兵，重战略，尤重谋略。他认为，战争打起来要做到"兵贵胜，不贵久"。但是，最好是以"谋"取胜，要"不战而胜"。为此，孙子极力提倡"谋攻"，从而建立了他的军事谋略思想。孙子的全知、全谋、求全胜的谋略，是其整体思维战争思想的运用，也是中国古代兵家谋略军事、策划战争的特点、优点，对中国兵学乃至世界兵学的发展产生了很大影响。

二是唯物主义的战争观。孙子的军事谋略思想和战争指挥艺术，是建立在重人不重神的唯物主义思想基础上的。孙子认为，在战争中，人在遵守客观规律的同时，要发挥自己的主观能动性。因此，他主张"取于人"，反对"取于鬼神"。孙子重人轻神的唯物主义战争观点中所重的人，虽然包括将帅和士兵，但主要是就将帅而言的。据此，他对将帅的品质、能力、职责提出了明确的要求。《史记·孙子列传》载，孙子深刻地认识到战争瞬息多变的复杂性、特殊性，将帅要随时掌握敌我态势变化的多端性、时间性以及采取措施的灵活性、适时性。所以，他一再强调"将在军，君命有所不受"。

三是对立统一的矛盾观。孙子认识到，战争本身就是敌我双方的激烈斗争。这种斗争涉及政治、地理、天候等各个方面的矛盾以及这些矛盾相互依存、相互渗透、相互转化的关系。因此，战争中反映敌我活动规律的范畴，都处在对立与统一的关系之中。孙子的军事辩证法思想是建立在哲学辩证法思维方法基础上的。孙子认为，宇宙中的任何事物都不是一成不变、僵死不化的，而是经常运动变化、不断发展的。孙子由观察宇宙万物之流动而联想到战争中敌我态势之变化。孙子指出，不仅要因敌而胜之，而且要调动指挥敌人，使敌我矛盾向着有利于我方的方面转化。掌握了战争的转化规律，就能掌握战争的主动权。如此，便"能为胜败之政"，"能为敌之司令"。所以说，"胜可为"。

四是知彼知己的知战论。孙子指出，要打赢战争，必须认识战争。只有认识战争的客观条件和战争的发展规律，做到"知彼知己"，才能"百战不殆"。孙子强调，对战争要详察、悉知、深知；对道、天、地、将、法这"五事"，要进行反复研究、分析、衡量、对比，以求知彼知己。知而谋，谋而战，战而胜。孙子重视"谋略""谋攻"。"谋"就是在全知、尽知、详知、深知的基础上，运用智慧，制定上策，以谋略取胜。孙子认为，知战而会战，会战而胜可为。"胜"离不开"知"，"知"为"胜"的基础和前提。

社会影响

表现孙子思想的《孙子兵法》自问世以来，对社会的影响是巨大的，主要表现在以下各个时期：

孕育产生时期 《孙子兵法》在产生以前，经历了一段较长时期的孕育过程。中国远古以来，特别是春秋时期频繁、激烈、多样的战争和此前已有的兵学理论成果是《孙子兵法》产生的源泉。另外，汉族在先秦时期就已形成的统体思维、辩证思维、象类思维等思维方式对《孙子兵法》理论体系的构建起了指导性作用。这是《孙子兵法》之所以产生于中国而不产生于外国、之所以产生于春秋时期而不产生于其他时期的主要原因。

增益和早期校理时期 《孙子兵法》于公元前512年在吴国问世后，并未迅速、广泛地传播开来。究其原因，大致由于吴国王廷对"十三篇"秘而不宣，当时传播媒介落后，其价值未被时人所发现。至战国时，此书才开始广泛传播，出现了中国历史上最早的"孙子热"，所谓"藏孙、吴之书者，家有之"。到了汉代，官方组织人力对《孙子兵法》进行了三次较大规模的整理。第一次是在汉高帝时，由张良、韩信"序次"。第二次是在武帝时，由军政杨仆"捃摭遗逸，纪奏兵录"。第三次是在成帝时，由任宏"论次兵书"，将其分为兵权谋、兵形势、兵阴阳、兵技巧四种，《孙子兵法》位在"兵权谋"之首。这三次整理对《孙子兵法》的定位、定型和流传具有重要意义。

削繁和注释时期 魏晋南北朝时期，除曹操的《孙子略解》之外，还有东吴沈友撰《孙子兵法》，贾诩《钞孙子兵法》，曹操、王凌集注《孙子兵法》，张子尚《孙武兵经》，南北朝梁《孟氏解诂》等。其注文大都比较简略，偏重文字训诂，表现了《孙子兵法》早期注解时期的特点。隋唐五代是《孙子兵法》注释的高峰时期。这一时期，注解《孙子兵法》之书主要有隋代的《萧吉注孙子》，唐代的《李筌注孙子》、《贾林注孙子》、杜佑《通典》中的训解《孙子》、《杜牧注孙子》、《陈暭注孙子》、《孙镐注孙子》、《孙燮集注孙子》，五代的《张昭制旨兵法》等。宋人辑的《十一家注孙子》中，唐人就占了五家。这一时期，在运用《孙子兵法》指导实践方面也卓有成效，人们注意总结新的经验教训，从而进一步丰富、发展了《孙子兵法》的军事思想。《孙子兵法》在唐朝时传入日本，开始了在国外的传播。

武经首位确立时期 宋朝自仁宗起，官方就重视兵学研究和整理；至神宗，诏令国子监司业朱服、武学教授何去非校定《孙子兵法》等七书，号"武经七书"，以官方名义颁行，同时重办武学，以"七书"试士。至此，在一定意义上说，以《孙子兵法》为首的七部兵书取得了与儒家经典同等重要的地位。此后，各代率相尊奉，其武经之首的地位一直得到官方的肯定，"武经"本《孙子兵法》成为后世流传的最主要的版本。另外，此时还出现了西夏文《孙子兵法》，这是迄今所见最早的国内少数民族文字译本。

阐发和考据时期 如果说宋代施子美的《七书讲义》开疏解阐发《孙子兵法》之先的话，那么，明清就是《孙子兵法》疏解、阐发和考据的大丰收时期。李贽主张"以'七书'与'六经'合而为一，以教天下万世"（《孙子参同序》），王阳明融心学、兵学于一体，戚继光熔兵、儒于一炉并注重应用理论研究，将《孙子兵法》高深的理论具体化为一系列切实可行的方法；清代的顾福棠、黄巩等开始将《孙子兵法》和西方的军事理论相结合，在《孙子兵法》研究史上具有开拓性意义。明、清两代的许多将领和学者将《孙子兵法》的理论用于海防建设、火器战法等，提出了一些新的理论和观点，在《孙子兵法》研究史上闪耀着特有的光辉。

近代中西军事融合时期 民国时期的孙子研究与古代孙子研究相比发生了重大变化：一是《孙子兵法》与火器条件下的战争实践结合紧密，在战役战术乃至战略思想上均有新的重大发展，与冷兵器时代诸注家阐发的理论相比有了质的飞跃；二是《孙子兵法》的理论与西方军事理论在碰撞中相融合，使孙子研究因获得新生而表现出某种生机勃勃的气象；三是注重对《孙子兵法》的军事理论进行系统阐发，而不只是训字、注词、解句、讲章，已初步将《孙子兵法》的军事理论概括为战争问题、战争指导、战略战术、治军思想等几个方面，进行比较系统的论述，为现代人更科学地概括《孙子兵法》的军事理论框架打下了基础。这一时期是《孙子兵法》研究史上一个极为重要的转折时期，标志着中国古代孙子学的终结及孙子研究新时代的开始。

孙子学确立与大发展时期 中华人民共和国成立后，《孙子兵法》研究在继承近代研究成果和方法的基础上进入一个新的时代。毛泽东、刘伯承等老一辈革命家首开以马克思主义为指导研究《孙子兵法》之端，其后遂成一代新风，出现了一批批闪耀着历史唯物主义和辩证唯物主义光辉的研究《孙子兵法》的力作。这一时期的论文更如雨后春笋般层出不穷。这些论文大多不拘成说，不但在《孙子兵法》版本流传、文字校勘、注释训解、军事思想阐发、哲学思想研究等方面颇多建树，而且开辟了多学科、多领域研究的新局面：有的从系统论入手，有的从决策学着眼，有的从管理学探讨，还有的从经济学、预测学、谈判学、语言学、心理学、逻辑学、地理学、数学、医学等不同角度进行研究。《孙子兵法》的非军事运用研究逐渐成为《孙子兵法》研究中的一个重要分支，从而使孙子研究逐步成为一门专门的学问——孙子学。孙子学的确立，进一步促进并规范了《孙子兵法》的研究，使之更加繁荣而有序地蓬蓬勃勃地发展起来。

《孙子兵法》诞生至今已有2500年历史，历代都有研究著述传世。李世民说："观诸兵书，无出孙武。"兵法是谋略。谋略不是小花招，而是大战略、大智慧。孙子"知彼知己，百战不殆"的指导思想是精辟而独到的，对后世兵家产生了重大的思想影响。如今，《孙子兵法》已经走向世界，被译为英文、法文、德文、日文等多种语言，在世界军事史上也具有重要的地位，成为国际著名的兵学典范作品之一。

复圣：颜回

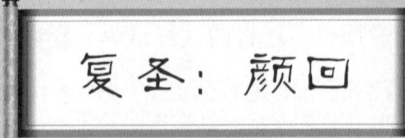

本名：颜回
别称：颜渊、子渊
所处时代：春秋末期
出生地：山东曲阜
出生日期：公元前521年
逝世日期：公元前490年
主要作品：《论语》（编辑者之一）
主要成就：孔门十哲之一，孔门"七十二贤"之首
尊称：颜子、复圣

人物生平

颜回（前521—前490），字子渊，春秋末期鲁国曲阜（今山东曲阜）人。14岁时拜孔子为师，此后终生师事之，是孔子最得意的门生，被列为"七十二贤"之首。历代统治者不断追加他的谥号：唐太宗尊之为"先师"，唐玄宗尊之为"兖公"，宋真宗加封为"兖国公"，元文宗又尊为"兖国复圣公"。明嘉靖九年改称"复圣"，山东曲阜有"复圣庙"。

颜回刚入孔门时，在弟子中年龄最小，性格又内向，沉默寡言，才智较少外露，有人便觉得他有些愚。颜回的忠厚与内向掩盖了他的聪颖善思，就连孔子一时也难以断定颜回的天资究竟属于哪个层次。经过一段时间的深入观察、了解，孔子才指出颜回并不愚。《论语·为政》记载："子曰：'吾与回言终日，不违，如愚。退而省其私，亦足以发，回也不愚。'"颜回天资极聪慧，就连能言善辩的子贡也坦率地说不敢与颜回相比。《论语·公冶长》记载："子谓子贡曰：'女与回也孰愈？'对曰：'赐也何敢望回？回也闻一以知十，赐也闻一以知二。'子曰：'弗如也；吾与女弗如也。'"

颜回求学期间，曾于鲁定公八年（前502）19岁时向宋戴氏求婚，20岁时与戴氏完婚，21岁生子颜歆。关于颜回婚配的年龄，学术界尚有不同的说法。有的说颜回是30岁娶戴氏。《周礼·地官》："媒氏掌万民之判。凡男女自成名以上皆书年、月、日，名焉，令男三十而娶，女二十而嫁。"意思是说，媒人掌管天下万民男女结合为夫妇的事。如果男满30岁、女满20岁还没婚配，则由官媒做主令其嫁、娶某人，个人与家长便失去了选择的自由。春秋时期战乱频繁，为争霸天下，各诸侯国大都把《周礼》规定的最高嫁娶年龄界限向前提，以便迅速繁衍人口。到颜回所处的春秋末期，越国已下令："凡男二十，女十七不婚者，有罪及父母。"孔子是19岁时娶亓官氏的。颜回晚一年，应是20岁时婚配，而不是30岁。颜回随师周游列国时，其子颜歆已5岁。

鲁定公七年（前503），颜回西游至卫，由卫至宋。《孔子家语》《庄子》两书对颜回西游也有记载，只是文字略有不同。据颜景琴、张宗舜著《颜子评传》考证，颜回途经卫国，是因为其本家颜浊邹在卫国。颜子的同宗颜浊邹为卫国贤大夫，而且家资丰厚，在卫国有一定的社会地位和影响。后来，孔子周游列国，初到卫国时，就住在他家中。卫国并不是颜子最终的目的地。按《孔子家语》说，应是经卫而到宋国去。若颜子直接由鲁国到宋国去，便不能说"颜子将西游"，因为宋国在鲁国的西南方，而不是在西方。颜子到宋国去，很可能与其婚姻有关。颜子之所以先到卫国而后到宋国，可能是因为颜浊邹在其间充当了月老的角色，故颜子到卫国表面上是去游学，实际上是请颜浊邹一同前往宋国。

颜回跟随孔子周游列国，过匡地（今河南长垣县境）遇乱及在陈、蔡间遇险时，子路等人对孔子的学说都产生了怀疑；而颜回始终不渝，并解释道："老师的理想很高，学问很深，所以才不被一般世人所理解、采用,这正是他们的耻辱。"孔子听了很高兴。

颜回在学习和弘扬孔子所创立的儒家学说的过程中,总是殚精竭虑,倾注全部心血,再加上"箪食瓢饮"的困苦生活严重地损害了他的健康,29岁时头发就全白了。鲁哀公五年(前490)夏历八月二十三日,一代儒学宗师颜子不幸病逝,给世人留下了永久的遗憾。他家境十分困难,以至无力按照当时的有关礼仪殡葬。最后,经他的父亲颜路四处筹措,并在其弟子及同门好友的帮助下,才勉强完成了葬礼。

孔子哭得哀痛之至,说:"自从我有了颜回这个学生,学生们就更加亲近我。"鲁国国君问孔子:"你的学生中谁最好学?"孔子回答说:"颜回,他从不把脾气发到别人的身上,也不重犯同样的错误。不幸年纪轻轻就死了,之后再没有发现比他好学的人了。"颜回一生没有做过官,也没有留下传世之作。他的只言片语收集在《论语》等书中,其思想与孔子的思想基本是一致的。

名字诠释

颜回,名回,字子渊。《说文解字》:"渊,回水也。"《管子》曰:"(水)出地而不流者,命曰渊水。"《庄子》曰:"鲵桓之审为渊,止水之审为渊,流水之审为渊。"

"回"与"渊"互训,意思是"回水",即漩涡激流中的水,甲骨文像渊水回旋之形。本义:回旋,旋转。

有人说,颜回的名字寄寓了"急流勇进"的处世态度;也有人说,反映了当时动荡不安的社会现实。

尊师之情

颜回聪敏过人、虚心好学,较早地体认到孔子学说的博大精深。他对孔子的尊敬已超出一般弟子。他以尊崇千古圣哲之情尊崇孔子,其亲若父与子。《论语·子罕》记载,颜回曾感叹地说:"老师之道越抬头看,越觉得它高明;越用力钻研,越觉得它深奥。看着它似乎在前面,等我们向前面寻找时,它又忽然出现在后面。老师的道虽然这样高深和不易捉摸,可是老师善于有步骤地诱导我们,用各种文献知识来丰富我们、提高我们,又用一定的礼来约束我们,使我们想停止学习都不可能。我已经用尽我的才力,似乎已能独立工作。要想再向前迈一步,又不知怎样着手了。"所以,少正卯与孔子争夺弟子时,"孔子之门三盈三虚",唯有颜回未离孔门半步。因而后人评价说:"颜渊独知孔子圣也。"(《论衡·讲瑞》)

随孔子周游列国

颜回与子路随孔子进入卫国后，两人先至卫都帝丘（今河南濮阳西南）颜浊邹家。颜回与颜浊邹同为小邾子颜友的后人，子路则是颜浊邹的妹夫，彼此一向有往来。颜回与子路告知孔子到卫国来的真实情况，希望颜浊邹能把孔子一行推荐给卫君。

颜浊邹答应两人的请求，把孔子一行安排在自己家中，以便早晚求教于夫子。经颜浊邹、蘧伯玉（孔子朋友）等人的推荐，卫灵公接见了孔子及颜回一行，并按孔子在鲁国的年俸给粟六万。于是，他们从颜浊邹家搬出自立馆舍居住。颜回随孔子在卫国住了十个月。有人向卫灵公进言说，如果他们是为鲁国图谋卫国而来，该怎么办？卫灵公遂派公孙余假暗中监视孔子师徒。孔子恐受其害，便匆忙离开卫国，准备到陈国去。不料，途经匡地时，被误认作曾侵犯匡地的阳虎而被匡人围困。

孔子等匆忙离开卫都帝丘时，颜回暂时留在颜浊邹家，以便观察卫国的动向。卫灵公调查清楚孔子一行到卫国来并不是鲁国派来的，于是再次接受颜浊邹、蘧伯玉等人的劝谏，请颜回传话恳请孔子回帝丘。颜回至匡，见到了被围困的孔子等人。孔子动情地说："吾以汝为死矣。"颜回恭敬地回答道："子在，回何敢死。"颜回汇报了卫国无意加害夫子的实情，并转达了卫灵公恳请夫子回帝丘以及卫灵公将在城外恭候夫子以谢不恭之罪的话。

颜回随孔子重回帝丘，途经蒲邑，又遭到蒲人的拦截。当时，卫国人公叔戍被卫灵公驱逐后，逃到蒲地策动叛乱。他试图胁迫孔子一行参加，利用孔子及其弟子们的声望壮大自己的声势。经孔门弟子子路、公良孺等的拼杀，蒲人感到靠武力留不住孔子一行，建议和谈，答应放行，但不能回帝丘。孔子同意，双方举行了盟誓。但一离开蒲地，孔子就吩咐大家赶回帝丘去。子贡不解地问：方才的盟誓难道可以违反吗？孔子说：那是强迫我们盟誓，神灵不会听信的。孔子一行重返帝丘，卫灵公果然出城恭迎。

孔子重返帝丘，卫灵公仍给其丰厚的待遇，但不给孔子具体的事做。颜回等人有了较多的时间向孔子请教学问，有时也一同外出考察古迹名胜，研究卫国文化，或登山临水，饱览卫国风光。但在卫国没有实践孔子之道、用孔子之道治理国家的机会，这使孔子一行不得不离开卫国，继续寻找能用其道的君主。

鲁定公十五年（前495）春，颜回随孔子离开卫国，向东南行数百里到达曹国，在曹国稍作逗留，于夏天到达宋国。孔子夫人亓官氏是宋国人，颜回的夫人也是宋国人，且宋国又是孔子的祖籍地，他们在感情上觉得比其他国家亲近些。所以，到达宋国后，他们便去求见宋君。宋君向孔子讨教治国之策，孔子借机向宋君宣扬自己的治国之道。宋君听后却表示："你的主张是对的，但我不能，我做不到。"宋君的态度使孔子一行十分失望，他们便离开宋国赴郑国。

颜回随孔子在郑国考察了大夫子产的政绩，考察了乡校，拜祭了子产。在位的郑国君臣无意留用孔子，孔子一行只好离开郑国赴陈国。陈国是南方妫姓小国，相传是舜的后裔，国都宛丘（在今河南淮阳）。不久，颜回又随孔子赴晋国。晋国是春秋时颇有影响的大国。能在晋国从政，推行孔子的治国之道，其影响所及远非他国所比。行至黄河东岸，听说赵鞅杀害了贤臣窦鸣犊及舜华，孔子一行不能西行，再回到卫国。此时，颜回已是而立之年。按周礼，颜回应独立讲学或从事其他社会工作，只是他在孔门中处于首要地位，不得不以"回不愿仕"的借口放弃了出仕做官的机会。

孔子在陈国和蔡国之间的地方受困，饭菜全无，七天没吃上米饭了。白天睡在那里，颜回去讨米，讨回来后煮饭。饭快要熟了，孔子看见颜回用手抓锅里的饭吃。一会儿饭熟了，颜回请孔子吃饭，孔子说："刚才梦见我的先人，我自己先吃饭，然后才给他们吃。"颜回回答道："不是那样的，刚才炭灰飘进了锅里（弄脏了米饭），丢掉又不好，我就抓来吃了。"孔子叹息道："按说应该相信自己看见的，但看见的不一定可信；应该相信自己的心，但是，自己的心也难以相信。要真正了解一个人不容易啊！"

孔子见颜回抓锅里的饭吃不禁心生疑惑，了解真相后却感叹不已

历史贡献

颜回通过讲学授徒传授儒学六经，协助孔子整理古代典籍，逐渐扩大了自己的影响，形成了儒家的一个宗派——颜氏之儒。《韩非子·显学》指出，自孔子死后，儒分八派，"颜氏之儒"是其中的一派。后世儒学专家大多认为韩非子所说的颜氏之儒，是指颜回弟子在继承颜子思想的基础上发展起来的儒学支派。

颜回的一生，大多为追随孔子奔走于列国，归鲁后亦未入仕，而是穷居陋巷。他生活于天下大乱、礼崩乐坏的社会，儒家的仁义之志、王者之政常被斥为愚儒、讥为矫饰。在"世以混浊莫能用"（《史记·儒林列传》）的社会环境中，他丝毫不愿改其志，仍"尚三教（夏教忠、殷教敬、周教文)"，期于"承衰救弊，欲民反正道"(《白虎通·三教》)。

颜回留给了后世丰厚且不朽的文化遗产，受到历朝历代统治者和文人的尊崇。

社会影响

在孔门弟子中，颜回以突出的德行修养而著称。对于"仰之弥高"的孔门哲理，他坚守先生"不耻下问"的教诲，以其毕生精力"研之弥坚""欲罢不能"，深得孔子的赞赏。在孔门诸弟子中，孔子对他称赞最多，不仅赞其"好学"，而且还以"仁人"相许。

颜回严格按照孔子关于"仁""礼"的要求，"敏于事而慎于言"。故孔子常称赞颜回具有"君子四德"，即强于行义、弱于受谏、怵于待禄、慎于治身。他终生向往的就是出现一个"君臣一心，上下和睦，丰衣足食，老少康健，四方咸服，天下安宁"，无战争、无饥饿的理想社会。

颜回之德的核心是"仁"，他把孔子的"仁"落实于个人的行动中，而不是停留在口头上。颜回以其高尚的道德人格影响社会、启迪后世。颜回的言行体现了他善于领略天地造化的力量，尊重客观规律，顺应自然，但又重视人的能动性，守道而不移其志。颜回有入仕为相的愿望，希望通过人的努力，达到"无伐善，无施劳"。

颜回倡导在条件不成熟时，能主动退让，待时而行的策略一直被后人所借鉴。

木圣：鲁班

本名：鲁班
别称：公输盘、班输
所处时代：春秋末期战国初期
出生地：今山东滕州
出生日期：约公元前507年
逝世日期：公元前444年

评价：土木工匠祖师、建筑家、发明家
主要作品：曲尺、墨斗、刨子、云梯、鲁班锁等
主要成就：土木建筑鼻祖，木匠鼻祖
尊称：木圣、公输子

人物生平

鲁班（约前507—前444），姓公输，名盘（bān），鲁国（都城为今山东曲阜）人，鲁国公族之后，又称公输子、公输盘。"般"和"班"同音，古时通用。鲁班被人们尊称为建筑业的鼻祖。他发明的飞鸢是人类制造的最早上天的飞行器。在军事科学领域，鲁班发明了云梯、钩、拒（人们现在还在使用）及其他攻城的武器。在机械方面，鲁班很早就被称为机械圣人。此外，他还有很多民用、工艺等方面的成就。鲁班对人类的贡献很大，被后人称为"中国科技发明之父""木圣"。

鲁班生活在春秋末期至战国初期，出身于工匠世家，从小就跟随家人从事土木建筑工程，逐渐掌握了生产劳动的技能，积累了丰富的实践经验。他很注意对客观事物的观察、研究，受自然现象的启发，致力于创造发明。有一次，鲁班在攀山时，手指被一棵小草划破。他拔掉小草仔细察看，发现草叶两边全是排列均匀的小齿。他就模仿草叶制成伐木的锯。他看到各种小鸟在天空自由自在地飞翔，就用竹木削成飞鹞，借助风力在空中试飞。开始飞的时间较短，经过反复研究、不断改进，飞鹞竟能在空中飞行很长时间。

春秋战国之交，社会动荡，使工匠获得某些自由和施展才能的机会。在此情况下，鲁班在机械、土木、手工工艺等方面均有所发明。今天，木工师傅们用的手工工具，如锯、钻、刨子、铲子、曲尺、墨斗等，传说都是鲁班发明的。而每一件工具，都是鲁班在生产实践中得到启发，经过反复研究和试验才发明出来的。他一生注重实践、善于动脑，在建筑、机械等方面做出了很大贡献。

逸闻趣事

鲁班一生留下了很多有趣的故事，流传最广的有以下几个：

"师傅饭"的由来　六月十三是鲁班师傅诞辰，木艺工人最重视这个节日。昔日，木艺工人十分注重尊师重道精神，他们最尊崇的师傅就是鲁班。木艺这一行可说是最古老的行业之一，木工在建筑业中一直占有很重要的地位。每年祝贺师傅宴，都有一项很特别的传统活动，就是派"师傅饭"。所谓"师傅饭"，其实就是在师傅诞辰那天，用大铁锅煮的白饭，再加上一些粉丝、虾米、眉豆等。相传，吃了"师傅饭"的小孩子不仅能像鲁班那样聪明，而且能很快长高长大、健康伶俐。以前，在鲁班寿诞这一天，总要请一班艺人来唱八音，或者请一台木偶戏来演出，视当年的经济情形而定。总之要隆重庆祝祖师的寿诞。

班门弄斧　现代成语"班门弄斧"是与鲁班有关的一个成语。它的意思是：在行家面前卖弄本领，不自量力。这个成语有时也用作自谦之词，表示自己不敢在行家面前卖弄自己的本领。

有眼不识泰山 传说,春秋战国时,鲁班收了一名叫泰山的徒弟。泰山技艺欠佳,又不遵师训,因而被鲁班开除。后来,鲁班在市集上发现有精美的竹器家具出售,便希望通过卖竹器的人找到那个工匠,令人吃惊的是,那个工匠竟然是泰山,鲁班便说自己"有眼不识泰山"。

班母、班妻 鲁班的母亲和妻子对鲁班的发明创造有很大的帮助。例如,鲁班做木工活,用墨斗放线的时候,原来是由他母亲拉住墨线头的。后来,母亲在线头上拴一个小钩,这样,一个人就可以操作了。后世木工为纪念鲁班母亲的发明,便把这个小钩叫作"班母"。鲁班的妻子云氏也是一位出色的工匠。根据《玉屑》上的记述,伞是她发明的。直到今天,伞仍然是人们日常生活中不可缺少的用具。木工刨木料的时候,前面顶住木头的卡口叫作"班妻"。传说,鲁班刨木料,起初是由妻子扶住木料,后来才改用卡口。后世的木工便称卡口为"班妻"。

鲁班刨木料时,妻子常扶住木料

与墨子之争

传说鲁班为楚国的水军发明了"钩"和"拒"。当敌军处于劣势时,"钩"能把敌军的船钩住,不让它逃跑;当敌军处于优势时,"拒"能抵挡住敌军的船只,不让它追击。楚军有了钩、拒后,无往而不胜。一天,鲁班向墨子夸耀说:"我有舟战的钩和拒,你的义也有钩和拒吗?"墨子主张和平、反对战争,鼓励人们相敬、相爱,仁义至上。于是,他回答:"我是用爱来钩,用恭来拒。你用钩钩人,人家也会用钩钩你;你用拒拒人,人家也会用拒拒你。你说,'义'的钩拒难道不比'舟'的钩拒强吗?"鲁班无言以对。

鲁班又拿出他的发明——一只木鹊,它可以连飞三天而不落地。墨子却说:"这木鹊还不如一个普通工匠顷刻间削出来的一个车辖,车辖一装在车轴上,车子就可以负重五十石东西。而你的木鹊有何实际作用呢?木匠做的东西,有利于人的称为巧,无利于人的只能叫作拙。"鲁班听完,认为墨子的一番话富含深刻的哲理。

鲁班曾做云梯助楚国攻宋，墨子前来阻拦楚王出兵，在楚王宫中以衣带为城，以竹片为器，与鲁班相斗。鲁班的攻城器械都用尽了，墨子的守城办法还有余。最终，鲁班心服口服，而楚王也放弃了攻宋的打算。

历史贡献

鲁班对后世的贡献主要表现在他的发明创造上。他发明的生产工具和兵器流传下来的主要有以下几项：

木工工具 据《事物绀珠》《物原》《古史考》等古籍记载，木工使用的不少工具器械都是鲁班发明创造的，如曲尺（也叫矩或鲁班尺）、墨斗、刨子、钻、凿子、铲子、锯等。这些木工工具的发明使工匠们从原始繁重的劳动中解放出来，劳动效率成倍提高，土木工艺出现了崭新的面貌。人们为了纪念这位名师巨匠，把鲁班尊为中国土木工匠的始祖。

锁钥 在周穆王时已有简单的锁钥，形状如鱼。鲁班改进的锁钥，形如蠡状，内设机关，凭钥匙才能打开，能代替人看守。

古代兵器 钩和梯是春秋末期常用的兵器。《墨子·鲁问》记鲁班将钩改制成舟战用的"钩强"，楚国军队用此器与越国军队进行水战，越船后退就钩住它，越船进攻就推拒它。《墨子·公输》则记他将梯改制成可以凌空而立的云梯，用以攻城。《墨子·公输》记载："公输盘为楚造云梯之械，成，将以攻宋。"《战国策·公输盘为楚设机》写到墨子往见公输般时说："闻公为云梯。"

农业机具 据《世本》记载，石磨也是鲁班发明的。传说鲁班用两块比较坚硬的圆石，各凿成密布的浅槽，合在一起，用人力或畜力使它转动，就把米面磨成粉了。这就是我们所说的磨。在此之前，人们加工粮食是把谷物放在石臼里用杵来舂捣，而磨的发明把杵臼的上下运动改变成旋转运动，使杵臼的间歇工作变成连续工作，大大减轻了劳动强度，提高了生产效率。这是古代粮食加工工具的一大进步。鲁班发明磨的真实情况已经无从查考。但是，从考古发掘的情况来看，龙山文化时期（距今4000年左右）已经有了杵臼。因此，到鲁班的时代发明磨，是有可能的。另外，《古史考》记载鲁班发明创造了铲。

木鸢 据说是一种以竹木为材料的战事侦察工具。《墨子·鲁问》记载："公输子削竹木以为鹊，成而飞之，三日不下，公输子自以为至巧。"《渚宫旧事》记载："尝为木鸢，乘之以窥宋城。"

机封 《礼记·檀弓》记鲁班设计出机封，用机械的方法下葬季康子之母，其技巧令人信服。但当时盛行厚葬，这种方法未被采纳。

雕刻 《述异记》记鲁班曾在石头上刻制出九州图。这大概是最早的石刻地图。此外，古时还传说鲁班刻制过精巧绝伦的石头凤凰。

打井 "古者穿地取水，以瓶引汲，谓之为井。"据说，第一个在地下掘出水来的人是舜帝，第一个在山区打出深水井的人是"百工圣祖"鲁班。而今，位于趵突泉边的舜井，已作为五千年文明的源头供人膜拜；根植在鲁南山区的鲁班井，仍以甘洌的清流滋润着万千苍生。也许人们对"尧天舜日"的渴求胜过一切吧，至今传颂舜井的人多，留心鲁班井的人少。

拉水的滑轮 当年，鲁班看见乡亲们一头挑着瓦罐，一头挑着一团井绳走上井台，低头弯腰在几丈深的井里，一抽一抽地半天提不上一罐子水来。他觉得乡亲们太辛苦了，于是千思万想，制出了拉水的滑轮；后来，滑轮"转"成了辘轳，辘轳"转"成了风车，风车又"转"成了水车。

社会影响

中国古代的建筑技术，正史很少记载，多是历代匠师以口授和抄本形式薪火相传，由匠师自己编著的专书甚少。宋初木工喻皓曾作《木经》，但早已失传，只有少量片断保存在沈括的《梦溪笔谈》里。唯独明代的《鲁班经》是流传至今的一部民间木工行业的专用书，现有几种版本，具有重要的史料价值。这部书的前身，是宁波天一阁所藏的明中叶（约当成化、弘治间，1465—1505）的《鲁班营造法式》，现已残缺不全。

《鲁班经》的主要流布范围，大致在安徽、江苏、浙江、福建、广东一带。现存的《鲁班营造法式》和各种《鲁班经》的版本，多为这一地区刊印。这一地区的明清民间木构建筑以及木装修、家具，保存了许多与《鲁班经》的记载吻合或相近的实物，证明它流传范围之广以及在工程实践中的规范作用。另外，明清时期还有一些文人著作，书名冠以"鲁班"两个字。例如《匠家镜鲁班经》《新刻京板工师镂刻正式鲁班经匠家镜》《鲁班经》，这三本书其实是一本书，现存最早的版本为明末万历版《鲁班经匠家镜》，存放在北京故宫博物院。明代版本还有崇祯版，原来保存在北京图书馆和南京图书馆，不过南京图书馆的藏本最迟在2002年已经丢失，其他均为清代和民国的传本。

2400多年来，人们为了表达对鲁班的热爱和敬仰，把古代劳动人民的许多集体创造和发明都算到他的头上。因此，有关他的发明和创造的故事，也是中国古代劳动人民发明创造的故事。鲁班已经成为古代劳动人民勤劳智慧的象征。

以鲁班之名命名的鲁班奖全称为"建筑工程鲁班奖"，是1987年由中国建筑业联合会设立，主要目的是鼓励建筑施工企业加强管理，搞好工程质量，争创一流工程，推动中国工程质量水平的普遍提高。

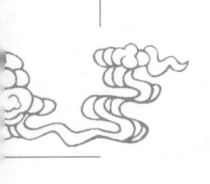

宗圣：曾子

本名：曾参
字号：子舆
所处时代：春秋末期战国初期
出生地：鲁国南武城（今山东平邑）
出生日期：公元前505年10月12日
逝世日期：公元前435年

评价：思想家、教育家
主要作品：《论语》《大学》《孝经》《曾子十篇》
主要成就：承上启下传播儒学思想
尊称：曾子、宗圣

人物生平

曾子（前505—前435），名参，字子舆，春秋末期著名思想家、教育家，鲁国南武城人。他修齐治平的政治观、省身慎独的修养观、以孝为本的孝道观影响中国2000多年，至今仍具有极其宝贵的社会意义和实用价值。曾子编《论语》、著《大学》、写《孝经》，以他的建树走进大儒殿堂，是配享孔庙的四配之一。曾子与孔子、孟子、颜子（颜回）、子思共称为儒家"五大圣人"。

曾子出身于没落贵族家庭，是黄帝的后代，也是夏禹王的后代，是鄫国（缯国）太子巫的第五代孙，其父亲曾点（曾皙），母亲上官氏。16岁时曾子拜孔子为师。他勤奋好学，颇得孔子真传，一生积极实践和推行以仁孝为核心的儒家主张，传播儒家思想。

曾子性情沉静，举止稳重，为人谨慎，待人谦恭，以孝著称。齐国欲聘他为卿，因在家孝敬父母，他辞而不就。他曾提出"慎终（慎重地办理父母的丧事），追远（虔诚地追念祖先），民德归厚（注重人民的道德修养）"的主张；又提出"吾日三省吾身"（《论语·学而》）的修养方法，即"为人谋而不忠乎？与朋友交而不信乎？传不习乎"。

孔子的孙子孔伋（字子思）师从曾参，又传授给孟子。因此，曾参上承孔子之道，下启思孟学派，对孔子的儒学学派思想既有继承，又有发展和建树。曾参是孔子学说的主要继承人和传播者，在儒家文化中具有承上启下的重要地位。

逸闻趣事

曾子一生留下了很多逸闻趣事，流传广的主要有以下几个：

啮指痛心 二十四孝记载了曾子啮指痛心的佳话：曾子少年时家贫，常入山打柴。一天，家里来了客人，母亲不知所措，就用牙咬自己的手指。曾参忽然觉得心痛，知道母亲在呼唤自己，便背着柴迅速返回家中跪问缘故。母亲说："有客人忽然到来，我咬手指盼你回来。"于是，曾参接见客人以礼相待。

曾子烹彘 曾子的夫人到集市上去，曾子的儿子哭闹着要跟着去。夫人对儿子说："你先回家待着，待会儿我回来杀猪给你吃。"她刚从集市上回来，曾子就要捉猪去杀。夫人就劝止说："只不过是跟孩子开个玩笑罢了。"曾子说："可不能跟他开玩笑啊！小孩子没有思考和判断能力，要向父母亲学习，听从父母亲给予的正确教导。现在你欺骗他，这是教孩子骗人啊！母亲欺骗儿子，儿子就不再相信自己的母亲了。"于是，曾子就杀猪煮肉给孩子吃。

曾子避席 曾子避席出自《孝经》，是一个非常著名的故事。曾子是孔子的弟子。有一次，他在孔子身边侍坐，孔子问他："以前的圣贤之王有至高无上的德行、精要奥妙的理论，用来教导天下之人，人们就能和睦相处，君王和臣下之间也没有不满。你知道它们是什么吗？"曾子听了，明白老师是要指点他最深刻的道理，他立刻从坐着的席子上站起来，走到席子外面，恭恭敬敬地回答道："我不够聪明，哪里能知道，还请老师把这些道理教给我。"在这里，"避席"是一种非常礼貌的行为。老师向他传授道理时，他站起身来，走到席子外向老师请教，是为了表示对老师的尊重。曾子懂礼貌的故事被后人传颂，很多人都向他学习。

不受君邑　曾子穿着很破旧的衣服在耕田，鲁国的国君派人要封给他一块采邑，曾子坚决不受。再送来，曾子还是不受。使者说："这又不是先生你向人要求的，是别人献给你的，你为什么不受？"曾子说："我听说，接受别人馈赠的人就会害怕得罪馈赠者；给了人家东西的人，就会对接受东西的人显露骄色。就算国君赏赐我采邑而不对我显露一点儿骄色，但我能不因此害怕得罪他吗？"孔子知道了这件事，说："曾参的话，是足以保全他的道德的。"

曾子多次拒绝鲁国国君的封邑，其品德令人赞叹

出生地争议

曾子生在春秋末年鲁国南武城，这一点没有异议，有分歧的是对南武城的诠释。有人说南武城就是济宁市嘉祥县，也有人说南武城是指山东平邑县。在明朝以前，曾子故里是平邑县魏庄乡南武城，本无异说。但随着明王朝对曾子后裔"照孟、颜二氏例，授翰林五经博士"之议的提出，平邑县曾子后裔与汉代流寓江南后来又迁居山东嘉祥的曾子后裔之间，为争夺封袭，夺取权势，相互攻讦。从此，宗圣曾子故里之争愈演愈烈。

古籍记载如此，近现代著作也如此。近代著名儒学大师钱穆《先秦诸子系年·先秦诸子系年考辨·曾参南武城人》称："子游之所宰，曾子之所居，即子羽之邑，为近吴之武城，亦曰南武城。"山东省地方史志办公室编纂的《山东各地概况》《山东风物大全》等都明确记载："曾子，今平邑县南武城人。"南武城曾属徐州郡，东汉经学大师郑玄曾在南武城北10公里处郑城注释《孝经》。对此，《山东省志·郑玄志》有明确记载。

自2011年开始,《中国历史地图集》《中国百科大辞典》《辞海》和中学课本等主流权威出版物对曾子故里的认识达成一致,将宗圣曾子故里由"山东嘉祥"纠正为"山东平邑",始于明成化年间的曾子故里之争终于有了定论。

历史贡献

曾子著述有《大学》《孝经》等儒家经典,在孔子弟子中地位仅次于"复圣"颜渊。

孔子是以政治为轴心,以伦理道德为本位,来构筑其"仁"学体系的。孔门弟子概莫能外。但也必须看到,即使同一派,不仅在性格、经历上有各自不同的特点,就是在思想上也有一定的差异性。曾参为孔子的后进弟子,入学时间上的延误、天资的鲁钝,使他在思想成熟的时间上落后于其他弟子。但他具有更深邃、更有耐力的特点。特别是孔子去世后,曾参在独立生活实践的几十年间,慢慢消化了夫子教诲,结合自己的经验所得,从而对孔子学说的某些方面予以推进。

(1)以伦理构筑"仁"学体系

《韩诗外传》卷一记,曾参为养活父母仕于莒,曾当过"得粟三秉"的小官。虽有从政经历,但综观其一生,仍然是一个孔子式的知识分子形象。其根源在于他那谨守礼约、躬守孝道、不苟同权贵的思想品格。他曾声言道:"士不可以不弘毅,任重而道远。仁以为己任,不亦重乎?死而后已,不亦远乎?""可以托六尺之孤,可以寄百里之命,临大节而不可夺也。君子人与,君子人也。"(《论语·泰伯》)

这种"仁以为己任""临大节而不可夺"的大丈夫气概,实际上并不亚于日后的孟子。这一点甚至可以预示孟子精神的出现。以这种精神气概为向导,便很难想象他会持有做官从政、苟合政治权势的贪婪要求。这与《庄子·让王》篇中所述见义忘利、安贫乐道的曾子形象是一致的:"曾子居卫,缊袍无表,颜色肿哙,手足胼胝。三日不举火,十年不制衣。正冠而缨绝,捉衿而肘见,纳履而踵决。曳纵而歌《商颂》,声满天地,若出金石。天子不得臣,诸侯不得友。故养志者忘形,养形者忘利,致道者忘心矣。"

(2)"修齐治平"的政治理想

被列为"四书"之首的《大学》,开宗明义地提出了三纲(明明德、新民、止于至善)、八目(格物、致知、正心、诚意、修身、齐家、治国、平天下)。"古之欲明明德于天下者,先治其国;欲治其国者,先齐其家;欲齐其家者,先修其身;欲修其身者,先正其心;欲正其心者,先诚其意;欲诚其意者,先致其知。致知在格物。物格而后知至,知至而后意诚,意诚而后心正,心正而后身修,身修而后家齐,家齐而后国治,国治而后天下平。"构成了一套完整的封建伦理道德的政治哲学体系。

（3）天人观中的"人为贵"思想

中国古代的宇宙观，"盖天说"出现最早。它从直观出发对天地进行描述，认为天是圆的，好像伞盖，地是方的，好似棋盘，即"天圆地方"说。曾参察觉到"天圆地方"说存在的矛盾，提出"如诚天圆而地方，则是四角之不揜也"（《曾子·天圆》）。就是说如果真是天圆地方，那么，半球形的天与方形的大地怎么能吻合呢？进而探索天地之规律、万物之本源。这就明显地突出人在万物天地中的地位，这正是儒家思想的特点。

在人们中应该注意发现、推举聪明睿智的人，尊重人才。《曾子·天圆》讲毛虫中最突出的是麟，羽虫中最突出的是凤，介虫中最突出的是龟，鳞虫中最突出的是龙，倮虫中最突出的是圣人。只有圣人，才能役使麟凤龟龙。所以，圣人是祭祀天地、山川、鬼神、宗庙的祭主，是人中之杰。以这种理论为基础，曾子倡导圣贤思想。

社会影响

曾子是儒家思想创始人之一，他生活在儒家学说最为兴盛的年代，前启孔子之道，后继孟子学派，在传承与发展儒家文化过程中起着关键的作用。曾子的思想质朴而丰富，对后人影响最大的是孝道思想。孝，是子女对父母、晚辈对长辈尊重、依从、感恩的心理。曾子的"孝道"思想与孔子的"仁"、孟子的"义"的思想一样，源远流长，影响深邃，在中国几千年文明史中起到了很大的推动作用，成为人类社会文明进步的重要标志。

"孝"是中国传统文化美德的根与本。人们常说"百善孝为先""孝为百行首""夫孝，德之本也"，足以看出它的重要性与意义。另外，曾子以孝道治家名于国。他的孝道思想又超出了孝道的范畴。他认为孝道不仅是个人行为和治理家庭的基本原则，也是治国安邦定天下的基石。正如曾子的弟子乐正子春所说："草木以时伐焉，禽兽以时杀焉。夫子曰：'伐一木，杀一兽，不以其时，非孝也。'"为了尊敬父母，曾子认为孝子应"不苟笑，不苟訾……恶言死焉，流言止焉，美言兴焉"，"慎行其身，不遗父母恶名，可谓能终也"，"君子之孝也，以正致谏；士之孝也，以德从命；庶人之孝也，以力恶食"。曾子说，真正的孝要使"国人皆称愿焉，曰'幸哉！有子如此'"。由此看出，曾子的言论与思想是他在生活中的顿悟、实践中的升华，因而朴实无华，传播久远。

两千多年来，随着曾子孝道文化的传播和发展，人们对孝道文化的认识日渐深入，从和谐家庭到和谐社会，从和谐社会到倡导良好的社会风气，树立积极向上的人生价值观已蔚然成风，曾子孝道文化的精华也在一代又一代人中传承发扬，成为中华民族薪火相传的传统美德和推动社会精神文明进步发展的重要源泉。

述圣：子思

本名：孔伋
别名：子思
所处时代：战国初期
出生地：鲁国陬邑（今山东曲阜）
出生日期：公元前483年

逝世日期：公元前402年
评价：教育家、思想家
主要成就："思孟学派"奠基人
代表作品：《子思》
尊称：子思子、述圣

人物生平

子思，又称子思子，名孔伋，字子思，孔子的嫡孙，孔鲤的儿子，约生于周敬王三十七年（前483），卒于周威烈王二十四年（前402），享年82岁。战国时期著名的思想家，受教于孔子的高徒曾参，孔子的思想学说由曾参传子思，子思的门人再传孟子。后人把以子思、孟子为代表的儒家学派称为思孟学派。因而，子思上承曾参、下启孟子，是孔孟"道统"传承中的重要代表人物，并由此对宋代理学产生了重要而积极的影响。北宋徽宗年间，子思被追封为"沂水侯"；元文宗至顺元年（1330），又被追封为"述圣公"，后人尊称他为"述圣"。

子思生卒，《史记·孔子世家》未有明确说明，只说"年六十二"，而这"年六十二"也是大有疑问。子思的父亲孔鲤生于周景王十三年（前532），活了50岁。若以20岁成婚计算，从成婚到卒尚有30年，子思生于这30年中的哪一年无法确定。又根据《孟子》《汉书·艺文志》，子思曾为鲁穆公师。有人说"年六十二"是困于宋作《中庸》时的年龄，又说"六十二"当为"八十二"之误。作《中庸》时六十二不可信，因《史记·孔子世家》下面还说"子思生白，字子上，年四十七。子上生求，字子家，年四十五。子家生箕，字子京，年四十六"。这里的"四十七""四十五""四十六"都是指实际年龄，为什么偏偏对子思例外呢？明显说不通。所以，合理的解释是六十二系八十二之误。但子思即使活了82岁，他也是在孔鲤晚年甚至卒年才出生的。因为既然为鲁穆公师，就不可能在鲁穆公一即位就去世，而应该有一个过程。由此推算，子思出生时孔鲤已届暮年。

子思约48岁时，于周考王五年、鲁悼公三十二年（前436）居于卫国，与卫君多有问答。他说卫国的政治是"无非"。但他的"无非"并不是说卫国的政治已完美无缺，没有可批评的，而是指卫君闻过则怒，喜欢阿谀之言，结果没有人敢提出批评。

据史书记载，子思推荐苟变给卫侯说："他的才能可以率领五百辆兵车。"卫侯说："我知道他可以当将领，但苟变在做小吏时曾向百姓征赋，还私下吃了他们的两只鸡蛋，所以不能用！"子思说："聪明仁智的国君选拔人才，拿官职授人，好像工匠用木材，利用它好的地方，丢舍它的不足之处。所以，像梓、杞两种围抱的优质木材，虽有几尺腐烂，能干的巧匠也不会抛弃。现在，你生活在战国时代，迫切需要选拔辅佐你的武将，怎么可以因为私吃两只鸡蛋而抛弃捍卫国家的良将？这话可万万不能让周围的国家知道啊！"

子思晚年，周威烈王十七年、鲁穆公元年（前409），居住于鲁国。鲁穆公经常派人问候，唯恐不能留住他。子思虽受到礼遇，却常常直言不讳，他认为能经常批评君主错误的人才能算作忠臣。

历史贡献

子思在历史上的贡献主要有以下几项：

一是天命之谓性，率性之谓道。子思所谓的"天命"，实质上是一个唯物主义的天道与其必然表现的统一。这是一个纯粹的天道，就其自身的整体性来说，是老子所谓不可再加规定的"一"；而子思则联系它主宰天地万物的作用，导入一个对它的普遍界说曰："天命之谓性，率性之谓道。"天命是天道的必然表现作用。这种表现作用作为规律，就是性。自天道以下的一切都在循其性而动之、而表现之，这就是道。在这里，道与天道有相对的区别，后者指天道的主体——物质本体与其表现作用之为规律的统一，前者指天道作为这个统一性必然循其固有的表现作用（规律）之为性而动。所以，性就是它的活动之道。天道循性而动的活动之道，同时也是人、物的活动之道；人、物循性而动，即天道在人、物中循性而动。天道作为"一"，不能不表现自己。由此散发而为多种规定，二者的统一便是一个性与其活动之道的统一体。天道的多种规定由此都包含其中了。子思的这个命题，从本体论上阐明了性道一体的普遍性。而这个性道一体的普遍性，内部也有其不同逻辑层次上的区别与联系。

二是中和之道。子思提出"修道之谓教"。这里所谓的"教"，就是实现人中和之道的根本途径。他认为，把礼法的规范系统化为一种制度系统，作为一种社会伦理制度，加以社会权威化，而成为一种人人必须遵守而不能有所违犯的普遍社会制约性。这就是人类最主要的"修道"。在此基础上随之而来的派生"修道"环节便是：第一，设立社会机制从政治上集中体现社会伦理制度；第二，辅之以各种形式的教育制度。所有这些以礼法的规范系统的制度化、社会权威化为基础的"修道"环节的总和，其作用是对社会成员进行礼仪上的社会制约和教化，这就是"修道之谓教"的"教"。人只有在这种社会制约和教化中，才能通过实践逐渐克服其情发而不中节的非和，达到情发而中节的达道一和，亦即达到中与和的对立统一。这是一个人在其社会属性中承受社会制约和教化的过程。同时，它对儒家哲学也是一个"致知格物"、修身正心的过程，是一个孔子所谓"克己复礼为仁"的自我完善过程。

三是至诚之道。子思说："诚者，天下之道也。""自诚明，谓之性。自明诚，谓之教。诚则明矣，明则诚矣。"如果人心全为其明德之性亦即真实无妄的人性所充溢，人性或理性通往真理的思维规律便能所向无碍、畅通无阻地起作用，这便是一个至诚的实在性。它能洞察人伦之道和一切事物的规律。这便是无须修身正心的"有为"而能无为无不为的一个实在性，这样的人便是孔子所说的"不思而得，从容中道"的天生圣人。子思认为，圣人之心，至诚如一，具有由诚而明，亦即由性而明的全德。

四是外内之道。子思说："诚者，非自成己而已也，所以成物也。成己，仁也；成物，知也。性之德也，合外内之道也。故时措之宜也。"合外内之道，是一个人性的理性规律与客观存在规律的主客统一性。二者在其统一性中是一个见之于人性的道。所以，人据此因时而发之，便无不中道而理当。天道是一个物质性与精神性的统一体，也必须是这样一个主客统一体。这种观点的展开，必然是一种具有客观真理意义的物质论和万物有灵论。

五是天人合一。"天人合一"是儒学的大一统，是中国传统哲学的基本原理。掌握了"天人合一"，也就掌握了子思的基本精神，也就掌握了中国儒学的精神。"天人合一"是天道与人道的合一。天道作为人世间的公理，它是由人去把握支配的。人可以并且应该在客观规律面前充分发挥主观能动性，做世界的主人。而"天人合一"从美学意义上讲，它追求的是一种和谐美。只有人与人和谐、人与物和谐，才能达到乾坤运转的整体和谐。反之，则是混沌无序，则是人妖颠倒，则是纷争、动荡，一团乱麻，社会不进步，人类不得安宁。失去安定和团结，也就失去了发展的机运，除了倒退，别无其他了。这是生活在这个地球上的平民百姓最不愿看到的。

社会影响

子思作为战国时期儒家的重要代表，对后世产生的较大影响，主要体现在他的思想方面，特别是他的中庸思想。"中庸"是指以不偏不倚、无过无不及的态度为人处世，"中"是"中和、中正"的意思，"庸"是常、用的意思。"中庸"一词最早出现在《论语》一书中。然而，它作为一种思想方法却有久远的历史渊源。据说，尧让位于舜时就强调治理社会要"允执其中"。周公也力倡"中德"，曾经强调折狱用刑时要做到"中正"。在总结古人认识的基础上，孔子进一步提出了"中庸"的概念，把它作为最高的道德准则。后来，子思作《中庸》一书，对孔子的中庸思想进行了系统阐述。该书全篇以"中庸"作为最高的道德和自然法则，讲述天道和人道的关系，把"中庸"从"执两用中"的方法论提到了世界观的高度。

子思认为，人喜、怒、哀、乐的情感还没有发泄出来的时候，心是平静的，无所偏倚，这就叫作"中"；如果情感发泄了出来且能合乎节度，没有过与不及，这就叫作"和"。"中"是天下万事万物的根本，"和"是天下共行的大道。人如果能把"中""和"的道理推而广之，那么，天地之间的一切都会各安其所，万物也都各遂其性了。例如，颜回做人能择取中庸的道理，得到一善就奉持固守而不再把它失掉。舜是个有大智的人，善于征求别人的意见，而且对那些很浅近的话也喜欢加以仔细审度，把别人错的和恶的意见隐藏起来，把别人对的和善的意见宣扬出来，并且把众论中过与不及的加以折中，取其中道施行于民众，这或许就是舜之所以成为舜的道理吧。

但是，中庸之道说起来容易做起来难，因为聪明的人过于明白，以为不足行，而笨拙的人又根本不懂，不知道怎样去行，有才智的人做过分了，而没有才智的人却又做不到。

处在上位的人不欺侮下位的人，处在下位的人不攀附上位的人，端正自己而对别人无所要求，自然没有什么怨恨。上不怨恨天，下不归咎他人。所以，君子安于平易的地位等待天

子思的中庸思想对后世影响深远

命的驱使，小人却要冒险去妄求非分的利益。

《中庸》又说："道不远人。人之为道而远人，不可以为道。""道不远人"，即所谓"率性之谓道"，道并不需他求。如果要"为"道，如务为高远之类，反而离道远了。在这里，《中庸》没有明文说性善，实际是说性善。这是《中庸》的理论基础，是主观唯心主义的论点。在思想史上，《中庸》是人性论的创始者，是孟子性善论的先行者。《中庸》的作者强调"素其位而行"。

孔子死后，儒家分裂为八派。据韩非说，它们是以子张、子思、颜氏、孟氏、漆雕氏、仲良氏、公孙氏（宋《太平御览》古本之《韩非》与今本异处和《史记》把荀卿作公孙卿同）、乐正氏为首的八派。其中，孟氏即孟子，他是子思的再传弟子；乐正氏即孟子的弟子乐正子。如此说来，子思、孟氏与乐正氏三派儒者当属一派，即思孟学派。这一学派在中国思想史上是客观存在的，而且有着相当重要的地位。《荀子·非十二子》把子思与孟子合在一起来评论，已经把子思与孟子作为一个学派来对待。荀子离孟子的时代那么近，他的话当是可以相信的。西汉的史学家司马迁也说，孟子"受业子思之门人"，与荀子之说是一致的。当然，在历史上，孟子的影响远远超过了子思。

不少人认为中国人缺少思辨精神，《子思》驳斥了这个观点。可惜，《子思》在秦代遭到禁毁的厄运，使之面目全非。如今，我们只能从零星的著录中寻求它的光芒。秦王朝统一六国，实行专制统治。为巩固政治专制，秦始皇采取臣下建议，进行"焚书坑儒"，下令除"医药卜筮种树之书"，"诸有文学诗书百家语者，蠲除去之"。《子思》作为儒家经典，其被焚命运在所难免。在五四时期，中国的建设者们高扬"民主"与"科学"两大旗帜，儒家学说再一次被打倒推翻。它不分青红皂白再次被扼杀的命运是现代人的悲哀。直到今天，《子思》书中民主和科学的精神与思想，依然值得我们借鉴与学习。

墨圣：墨子

本名：墨翟
所处时代：战国初期
出生地：山东滕州
出生日期：约公元前468年
逝世日期：公元前376年

主要作品：《墨子》
主要成就：墨家学派创始人
评价：思想家、教育家、科学家、军事家
尊称：墨子、墨圣

三　春秋战国时期

人物生平

墨子（约前468—前376），名翟（dí），华夏族，滕国人。他是战国时期著名的思想家、教育家、科学家、军事家。墨子的先祖是宋人。墨子创立了墨家学说，并著有《墨子》一书传世。墨子在先秦时期创立了以几何学、物理学、光学为突出成就的一整套科学理论。墨学在当时影响很大，与儒家并称"显学"，在当时的百家争鸣中有"非儒即墨"之称。墨子是历史上有重大影响力的名人，被后人尊称为"墨圣"。

墨子的先祖是宋国的贵族。顾颉刚《禅让说起源于墨家考》说："墨确是他的真姓氏，而且从这个姓氏上，可知道他是公子目夷之后，原是宋国的贵族。"作为一个平民，墨子在少年时代做过牧童、学过木工。作为没落的贵族后裔，他自然也受到必不可少的文化教育。在他的家乡，滔滔的黄河奔流东去，巍巍的黛眉山经年岚黛飘飘，这些山峦阻挡了墨子的视线。墨子决心走出大山去拜访天下名师，学习治国之道，恢复自己先祖曾经的荣光。于是，他开始去各地游学。

墨子精通手工技艺，可与当时的巧匠公输班（俗称"鲁班"）相比。墨子擅长防守城池，据说他制作守城器械的本领比公输班还要高明。他自称是"鄙人"，人称"布衣之士"。据《史记》记载，墨子曾做过宋国大夫，是一个有相当文化知识又比较接近工农小生产者的士人。他自诩"上无君上之事，下无耕农之难"，是一个同情"农与工肆之人"的士人。墨子曾经从师于儒者，学习孔子之术，称道尧舜大禹，学习《诗》《书》《春秋》等儒家典籍。但后来他逐渐对儒家的繁琐礼乐感到厌烦，最终舍掉了儒学，形成自己的墨家学派。墨家是一个宣扬"仁政"的学派。在代表新兴地主阶级利益的法家崛起以前，墨家是与儒家相对立的最大的一个学派，并称"显学"。《韩非子·显学》记载："世之显学，儒墨也。儒之所至，孔丘也；墨之所至，墨翟也。"

墨子一生的活动主要集中在两方面：一是广收弟子，积极宣传自己的学说；二是不遗余力地反对兼并战争。墨家是一个有着严密组织和纪律的团体，最高领袖被称为"巨子"（也作"矩子"），墨家的成员都称为"墨者"，必须服从"巨子"的指挥，可以"赴汤蹈火，死不旋踵"，意思是说至死也不掉转脚跟后退。为宣传自己的主张，墨子广收门徒，亲信弟子达到数百人之多，形成了声势浩大的墨家学派。墨子的行迹很广，东到齐、鲁，北到郑、卫，南到楚、越。

墨子在各地聚众讲学，以激烈的言辞抨击儒家和各诸侯国的暴政。大批的手工业者和下层士人开始追随墨子，墨子及其弟子组成了墨家游侠集团。他们穿短衣、草鞋，参加劳动，以吃苦为荣。如果谁违背了这些原则，轻则开除，重则处死。

墨子死后，墨家分裂为三派：相里氏一派、相夫氏一派、邓陵氏一派。《庄子·天下》所说的相里勤的弟子和邓陵子的弟子若获、已齿，即这三派中的两派。他们都传习《墨子》，但有所不同，互相攻击对方是"别墨"。在今存的《墨子》中，每篇都有上、中、下三篇，大约就是墨家分裂为三派的证据。据郭沫若研究，墨者集团到秦惠王时，有集中于秦的趋势。因此，从第四代"矩子"时起，墨学的中心已经转移到了秦国。此后还有记载，东方的墨者谢子，不远千里入秦而见秦惠王。这时，墨学还是兴盛的。但是到了汉代，墨家已经消亡。为什么墨家消亡如此之快呢？关于这个问题答案分歧很大，还需要进一步研究。从墨家内部来分析其原因，在方法论上是可取的。墨家与儒、法、道等家不同之处在于，它是由墨者组成的带有宗教色彩的集团，有严格的纪律，能赴汤蹈火、视死如归。这些，作为一般人是难以办到的。

名字由来

墨子名字的由来有两种说法：一种是说墨子姓墨名翟。《吕氏春秋》《淮南子》《史记·孟子荀卿列传》都如是称。《元和姓纂》明确地说墨子乃孤竹君之后，本墨胎民，改为墨氏。《新唐书·艺文志》也沿用这种说法。另外，在《孟子》中也提到墨子名墨翟（与杨朱并提），尊称为墨子。另一种是说墨子姓翟名乌。南齐孔稚圭所著的《北山移文》则称墨翟为"翟子"，元朝伊世珍所著的《琅嬛记》也附和此说，并认为墨子姓翟名乌。清朝周亮工所著的《固树屋书影》更具体地提出："以墨为道，今以姓为名。"认为他姓翟，并将姓转成名；而"墨"是一种学派。晚清学者江瑔所著的《读子卮言》承袭周亮工的说法，并进一步说明，因为古代确实有"翟"这姓氏，但无"墨"姓，而且战国诸子中儒、道、名、法、阴阳、纵横、杂、农、小说等，都没有以姓作为学派名的，因此，墨应该是学派的名称。

历史贡献

墨子对后世的贡献主要表现在以下几方面：

一是兼爱非攻。所谓"兼爱"，包含平等与博爱的意思，与儒家的"博爱"（"亲亲有术，尊贤有等"）相反。墨子要求君臣、父子、兄弟都要在平等的基础上相互友爱，"爱人若爱其身"，并提出"天下之人皆相爱，强不执弱，众不劫寡，富不侮贫，贵不敖贱，诈不欺愚"。他认为社会上出现强执弱、富侮贫、贵傲贱的现象，是因天下人不相爱。同时，墨子看到春秋战国时期最大的弊病就是战争，因此，他从兼爱的思想中引申出了非攻。兼爱、非攻是墨子最著名的思想。

二是天志明鬼。宣扬天志鬼神是墨子思想的一大特点。墨子认为天之有志——兼爱天下之百姓，因"人不分幼长贵贱，皆天之臣也"。"天之爱民之厚"，君主若违天意就要受天之罚；反之，则会得天之赏。墨子不仅坚信鬼神的存在，而且认为它们对于人间君主或贵族会赏善罚暴。墨子天赋人权与制约君主的思想，是墨子哲学中的一大亮点。

三是尚同尚贤。尚同是要求百姓与天子皆上同于天志，上下一心，实行义政；尚贤则包括选举贤者为官吏、选举贤者为天子国君。墨子认为，国君必须选举国中贤者，而百姓理应在公共行政上对国君有所服从。墨子要求上面了解下情，因为只有这样才能赏善罚暴。墨子要求君上能尚贤使能，即任用贤者而废抑不肖者。墨子把尚贤看得很重，以为是政事之本。他特别反对君主用骨肉之亲，对于贤者则不拘出身，提出"官无常贵，民无终贱"的主张。

四是节用节葬。节用是墨家非常强调的一种观点。他们抨击君主、贵族的奢侈浪费，尤其反对儒家看重的久丧厚葬之俗，认为久丧厚葬无益于社会，认为君主、贵族都应像古代三代圣王一样过着清廉俭朴的生活。墨子要求墨者在这方面能身体力行。

五是非乐主张。墨子反对音乐。有一次出行时，听说车是在向朝歌方向走，立马掉头。他认为音乐虽然动听，但是会影响农民耕种、妇女纺织、大臣处理政务，上不合圣王行事的原则，下不合人民的利益。所以，他反对音乐。

六是非命观点。墨子反对儒家所说的"生死有命，富贵在天"，认为这种说法"繁饰有命以教众愚朴人"。墨子看到这种思想对人的创造力的消磨与损伤，所以提出非命思想。

社会影响

墨家思想是中国古文化完整版的辩证唯物主义及辩证唯物论，对后世的影响很大。墨子的言行、思想由其弟子收集编成《墨子》一书传世。他提出了兼爱、非攻、尚贤、尚同、天志、明鬼、非命、非乐、节葬、节用等观点，以兼爱为核心，以节用、尚贤为支点。

《墨子》分两大部分：一部分是记载墨子言行、阐述墨子思想的，主要反映了前期墨家的思想；另一部分《经上》《经下》《经说上》《经说下》《大取》《小取》等六篇，一般称作墨辩或墨经，着重阐述墨家的认识论和逻辑思想，反映了后期墨家的思想，在逻辑史上被称为后期墨家逻辑或墨辩逻辑（古代世界三大逻辑体系之一。另两个为古希腊的逻辑体系

墨子的言行、思想由其弟子收集编成《墨子》一书，传世久远

和佛教中的因明学），其中还包含许多自然科学的内容，特别是天文学、几何光学和静力学。

　　《墨子》内容广博，包括政治、军事、哲学、伦理、逻辑、科技等方面，是研究墨子及其后学的重要史料。西晋鲁胜、乐壹都为《墨子》一书作过注释，可惜已经散失。现在的通行本有孙诒让的《墨子间诂》及《诸子集成》所收录的版本。

　　墨子的思想和言论集《墨子》是一部光彩夺目的巨著，是墨家学说的精华之作。墨子的基本主张是：反对剥削，崇尚劳动；反对以强欺弱，主张兼爱、非攻；反对儒家礼乐，主张节葬、节用；反对世卿世禄，主张尚贤、尚同。在墨子晚年，儒墨齐名。他去世后，墨家弟子仍"充满天下"，"不可胜数"。故战国时期虽有诸子百家，但"儒墨显学"则是百家之首。

卜圣：鬼谷子

本名：王诩
别名：鬼谷子、王禅、王利、刘务滋
所处时代：战国时期
出生地：一说卫国朝歌（今河南淇县），一说魏国邺（今河北临漳），一说楚国苦县（今河南郸城）
出生日期：公元前400年
逝世日期：公元前320年
评价：思想家、政治家、教育家、军事家、医学家、心理学家、语言学家等
主要成就：纵横家之鼻祖，兵家之著名代表
代表作品：《鬼谷子》《本经阴符七术》
尊称：卜圣、谋圣

人物生平

鬼谷子（前400—前320），姓王名诩（或利），又名王禅，号玄微子，战国时期人。鬼谷子额前有四颗肉痣，一说为鬼宿之象。关于他的出生地，一说是卫国朝歌，一说是魏国邺，还有一说是楚国苦县。鬼谷子是我国古代著名思想家、道家代表人物、兵法集大成者、纵横家创始人，精通百家学问。鬼谷子常入山采药修道。因隐居清溪鬼谷，故自称鬼谷先生。兵法家尊鬼谷子为圣人，纵横家尊他为始祖，算命占卜的尊他为祖师爷，谋略家尊他为谋圣，道教尊他为王禅老祖。鬼谷子被后人尊称为"卜圣""谋圣"。

民间传说鬼谷子是命理师的祖师爷。在道教中，鬼谷子尊号为"玄都仙长"。史书上有关鬼谷子本人的记载不多，但知名人物，如孙膑、庞涓、苏秦、张仪、毛遂等都是鬼谷子的弟子。

鬼谷子出生

据传，一个叫霞瑞的姑娘和一个叫小云的姑娘来到谷子村，见一村妇在村头迎接。村妇像接闺女似的把她们接入家中。从此，她们老少三个女性组成了一个家庭，朝朝暮暮，形影不离，勤快的小云把村妇和霞瑞照料得十分如意。转眼六个月过去了。冬去春来，夏天又到了。有一天，霞瑞正在院里给未来的孩子做衣服，顿觉腹内疼痛难忍。村妇和小云忙把霞瑞扶进屋，让她躺在床上。一眨眼，村妇变成了老母模样。她慈祥地说："霞瑞姑娘，我们该走了，不到云梦山，你的孩子不会出生的。"说话间，只听一声巨响，狂风骤起。老母忙让小云也上到床上，闭上眼睛。那床慢悠悠地飘了起来，不知不觉地来到了云梦山上空，左转三圈，右转三圈，悠然地落到地上。霞瑞睁眼一看，好像来到人间仙境。老母把她们带到水帘洞口，说："姑娘请进，这就是你的安身之处。"霞瑞正要向老母说声谢谢，却不见了她的踪影。洞的尽头有一水潭，清澈见底。小云舀了一瓢水递与霞瑞。这水甘甜可口，霞瑞一饮而尽，顿觉清爽。她对这个安身之地十分满意。正值暑日，知了声声，真所谓"蝉噪林逾静"。正在她俩欣赏这幽静的环境时，霞瑞又觉腹内疼痛。小云忙搀扶她回到洞内。霞瑞一阵头晕目眩，腹中的婴儿呱呱坠地了。一看是个白胖的男孩，霞瑞、小云喜出望外，激动得热泪盈眶。满月之后，霞瑞把小云叫到跟前甜甜地问道："云妹，这孩子该姓什么，叫什么呢？"小云说："就姓你的姓，孩子降生时知了叫得正欢，取名叫蝉如何？"霞瑞一听十分高兴："小云，你说到我心坎上了。不过，我因吞食奇谷而生子，就叫鬼谷子吧！"因此，后人有叫他鬼谷子的，他成年以后也有叫他王禅的。

"鬼谷井"的由来

据传，鬼谷子晚年归隐云梦山，一则聚徒讲学，二则孝敬老母。一日，霞瑞把鬼谷子叫到跟前，语重心长地说："娘为你饱受人间疾苦。如今，为娘两鬓斑白，风烛残年。娘无他求，我死后，只求你把我葬在九龙聚会的地方。儿若想娘，就在我墓旁挖一口井，从井水中可以看到为娘的身影。"话刚说完，霞瑞就谢世归天了。

鬼谷子悲痛不已，眼含热泪，在九龙聚会之处安葬了母亲。为早日再见慈母的尊容，鬼谷子便率弟子在母亲墓旁挖井不止。整整挖了九九八十一天，方才把井凿成。果然，井水中映出了他母亲的容颜。朝看母亲十八九，暮观老母鬓如霜。从此，鬼谷子每天都跑到井边瞻仰母亲的遗容。斗转星移，天长日久，鬼谷子发现了此井的一个奥秘——根据井中的水位升降，可以洞察天气阴晴变化：井水上升，天阴有雨；井水下降，则无雨天晴。因此，这口井又被称为"井中洞天"。

此井是鬼谷子为怀念其母而凿，故曰"鬼谷井"。

洞府真仙

传说鬼谷子本是道教的洞府真仙，位居第四座左位第十三人，被尊为玄微真人，又号玄微子。洞府就是洞天，是神仙住的名山圣境，又称洞天福地。传说有十大洞天、三十六小洞天和七十二福地。《道藏》中有一部专写洞天福地的书叫作《洞天福地岳渎名山记》。浙江余杭境内的"洞霄宫"就是三十六小洞天和七十二福地之一，被称为"大涤洞天"。元代的邓牧著有《洞霄图志》六卷，记叙该宫胜景。

真仙，又称真人，只有得道成仙后方可称为真人。庄子称老君为"博大真人"；唐玄宗称庄子为"南华真人"，称文子为"通玄真人"，称列子为"冲虚真人"，称庚桑子为"洞虚真人"；宋代道士张伯端被称为"紫阳真人"；元太祖封丘处机为"长春真人"。

玄微真人鬼谷子住在鬼谷洞天，是为了在凡间度几位仙人去洞天。无奈苏、张、孙、庞诸弟子皆尘缘未尽，凡心未了。鬼谷子只好在暗中关注弟子，不时助正抑邪。

相传鬼谷子有隐形藏体之术、混天移地之法，会投胎换骨、超脱生死，撒豆为兵、斩草为马，揣情度意、纵横捭阖。

夜识无字天书

相传，鬼谷子的师父升仙而去时，曾留下一卷竹简，简上书"天书"二字。打开看时，

鬼谷子的师父升仙时留下一卷竹简"天书"

从头至尾竟无一字，鬼谷子一时心中纳闷。鬼谷子与师父相依为命九年时光，感情日笃。今天，师父突然离去，他一时觉得无着无落，心中空荡荡的，无心茶饭，钻进自己的洞室倒头便睡。可他辗转反侧难以入眠，总是想着那卷无字天书。那竹简在眼前铺开卷起，卷起又铺开，鬼谷子百思不得其解。他索性爬将起来，点着松明火把，借着灯光一看，吓得他跳了起来，竹简上竟闪出道道金光，一行行蝌蚪文闪闪发光。鬼谷子叹道："莫非这就是世传'金书'？"

撒豆为兵，斩草为马

据说，鬼谷子在教授孙膑和庞涓兵法时，见二人的基本功已扎实，便将他们叫到身边说："你二人已经有了一些基础。今天，我教你们排兵布阵。"孙膑和庞涓相互对视了一下，面露难色。鬼谷子看出了他们的心思，说："你们是不是想说，没有兵将，如何排兵布阵？"孙膑、庞涓回答："正是。"鬼谷子指着桌上说："你们看，这不是兵将吗？"

孙膑和庞涓往桌上看去，见只有一碗绿豆，心里觉得好笑，可又不敢笑。鬼谷子知道二人的小心思，于是带着二人来到演兵岭上，手抓一把豆，口中念念有词，说了声"疾"，随手将豆撒了出去。说来也怪，这些绿豆一落地，都变成了兵将，并且分成了赤、皂两队人马。顿时，演兵岭上人声鼎沸，战马嘶鸣。三人站在高台上。孙膑和庞涓都看呆了，连先生叫他们都没有听见。鬼谷子命孙膑为赤军帅，庞涓为皂军帅，各领己军与对方交战，鬼谷子在一旁指导；有时，鬼谷子为赤方帅，孙膑、庞涓为皂方帅。经过多次演练，孙膑和庞涓的本领大长。稍事休息，鬼谷子又教起布阵来。鬼谷子说："布阵之要诀在于进可攻、退可守，攻守兼备。攻则摧枯拉朽，守则固若金汤。先看此阵。"说着，鬼谷子随手一挥，兵将排列出一阵，蜿蜒起伏，犹如长蛇一般。鬼谷子说："此阵以其象形而名，叫长蛇阵，如常山之蛇，击首则尾至，击尾则首至，击中则首尾俱至。其他阵法，大致如此。你二人可细心研读兵法，将书中所言与实际运用结合，融会贯通，方能得其真谛。"孙膑、庞涓二人大彻大悟："弟子记下了。"

从此，孙膑、庞涓在鬼谷子的指点下，在演兵岭摆开了各种阵法，有风后握奇阵、黄帝八卦阵、周易师卦阵、鬼谷子的颠倒八门阵。云梦山演兵岭成了孙膑、庞涓斗智斗勇的战场。

历史贡献

鬼谷子为纵横家之鼻祖，主要著作有《鬼谷子》及《本经阴符七术》。《鬼谷子》侧重于权谋策略及言谈辩论技巧；《本经阴符七术》论述养精蓄锐之道，用以修心修身。前三篇说明如何充实意志、涵养精神；后四篇讨论如何将内在的精神运用于外，如何以内在的心神处理外在的事物。

纵横家所崇尚的是权谋策略及言谈辩论技巧，其指导思想与儒家所推崇之仁义道德大相径庭。因此，历来学者对《鬼谷子》一书推崇者甚少，而讥诋者极多。其实，外交战术之得益与否，关系国家之安危兴衰；生意谈判与竞争之策略是否得当，则关系企业之成败得失。即使在日常生活中，言谈技巧也关系一人之处世、为人之得体与否。当年，苏秦凭其三寸不烂之舌，合纵六国，配六国相印，统领六国共同抗秦，显赫一时。而张仪又凭其谋略与游说技巧，令六国合纵土崩瓦解，为秦国立下不朽功劳。所谓"智用于众人之所不能知，而能用于众人之所不能"。潜谋于无形，常胜于不争不费，此为《鬼谷子》之精髓所在。《孙子兵法》侧重于总体战略，而《鬼谷子》则专于具体技巧，两者可说是相辅相成。

社会影响

《鬼谷子》作为纵横家游说经验的总结，其价值是不言自明的。《隋书》中说："从横者，所以明辩说、善辞令，以通上下之志者也……佞人为之，则便辞利口，倾危变诈，至于贼害忠信，覆邦乱家。"历代虽然存在着对纵横之学的偏见和歧视，但我们不能因为某种事物能用于坏的方面就否定其自身价值。

鬼谷子既有政治家的六韬三略，又擅长外交家的纵横之术，更兼有阴阳家的祖宗衣钵、预言家的江湖神算。所以，世人称鬼谷子是一位奇才、全才，道教认为鬼谷先生为"古之真仙"。

亚圣：孟子

本名： 孟轲
别名： 子舆、子车、子居
所处时代： 战国时期
出生地： 山东邹城
出生日期： 约公元前372年
逝世日期： 公元前289年

评价： 思想家、教育家
主要成就： 其思想与孔子思想合称孔孟之道，发扬、完善并推广孔子思想和儒学
代表作品：《孟子》
尊称： 孟子、亚圣、亚圣公

人物生平

孟子（约前372—前289），名轲，字子舆，邹（今山东邹城）人。

孟子是战国时期伟大的思想家、教育家、儒家学派代表人物，与孔子并称"孔孟"。代表作《鱼我所欲也》《得道多助，失道寡助》和《生于忧患，死于安乐》已编入初中语文教科书，《寡人之于国也》已编入高中语文教科书。后世追封孟子为"亚圣公"，因而孟子被后人尊称为"亚圣"。

孟子是孔子之孙孔伋的再传弟子，也是鲁国姬姓贵族公子庆父的后裔，父名激，母仉（zhǎng）氏。孟子出生之时距孔子之死（前479年）大约百年左右。孟子的生平和孔子很相似，都是贵族后裔、平民出身、幼年丧父，一生所走的道路都是求学、教书、周游列国。孟子的字号在汉代以前的古书中没有记载，但魏、晋之后却传出子车、子居、子舆等多个不同的字号，这可能是后人的附会，未必可信。孟子学成以后以士的身份游说诸侯，想推行自己的政治主张，曾到过梁（魏）国、齐国、宋国、滕国、鲁国。当时，几个大国都致力于富国强兵，争取通过暴力手段实现统一；孟子的仁政学说被认为"迂远而阔于事情"，没有得到施行的机会。最后，他退居讲学，和他的学生一起"序《诗》《书》，述仲尼之意，作《孟子》七篇"。据《史记·孟子荀卿列传》说，他"受业子思之门人"。还有一种说法是，孟子在十五六岁时到达鲁国，拜入孔子之孙孔伋的门下。但根据考证，孟子出生时孔伋已逝世三十载。所以，还是《史记》记载的受业于孔伋的门人的说法可信。就连孟子自己也曾说"予未得为孔子之徒也，予私淑诸人也"（《孟子·离娄下》）。无论是否受业于孔伋，孟子的学说的确受到了孔伋的影响。所以，荀子把孔伋和孟子列为一派，这就是后世所称儒家中的思孟学派。

孟母三迁

孟子小时候，父亲早早去世，母亲守节没有改嫁。孟子的母亲对孟子的教育很重视，管束甚严，希望有一天孟子能成为贤才。一开始，他们住在墓地旁边。孟子就和邻居的小孩一起学着大人跪拜、哭号的样子，玩起办理丧事的游戏。孟子的母亲看到就皱起眉头，说："不行！我不能让我的孩子住在这里了！"于是，母亲就带着孟子搬到市集上居住。到了市集上，孟子又和邻居的小孩学起商人做生意吆喝的样子。孟子的母亲说："这个地方也不适合我的孩子居住！"她又带着孟子来到一处杀猪宰羊的地方居住，孟子便学起了买卖、屠宰猪羊的事。孟子的母亲知道了，说："这个地方依然不适合我的孩子居住！"于是，她带着孟子又搬家了。这一次，他们搬到了一所学校附近。每月夏历初一这个日子，就有官员到文庙行礼跪拜，互相之间礼貌相待。孟子见了，都一一学习，并记在心上。孟子的母亲很满意地点点头说："这

孟母三迁，为孟子的成长提供了良好的环境

才是我儿子应该住的地方呀！"于是，他们在此安居了。

后来，大家就用"孟母三迁"表示人应该接近好人才能学习到好的习惯。这也说明"近朱者赤，近墨者黑"的道理，表明环境能改变一个人的爱好和习惯。

孟母三迁虽然为儿子的成长创造了良好的环境，但孟母并没有因此放松对儿子的管教。她认为，如果主观上不勤奋努力，还是难成大器的。所以，她抓紧对儿子的教育，督促他勤奋学习。

孟子受教

孟子的妻子独自一人在屋里的地上蹲着。孟子进屋看见妻子这个样子，就向母亲说："这个妇人不讲礼仪，请准许我把她休了。"孟母说："什么原因？"孟子说："她蹲在地上。"孟母问："你怎么知道的？"孟子说："我亲眼看见的。"孟母说："这是你不讲礼仪，不是你妻子不讲礼仪。《礼经》上不是这样说嘛：将要进门的时候，必须先问谁在屋里；将要进入厅堂的时候，必须先高声传扬，让里面的人知道；将进屋的时候，必须眼往下看。《礼经》这样讲，为的是不让人措手不及，无所防备。而今，你到妻子闲居休息的地方去，进屋没有声响，人家不知道，因而让你看到了她蹲在地上的样子。这是你不讲礼仪，而不是你的妻子不讲礼仪。"孟子听了孟母的教导后，认识到自己错了，再也不敢提休妻的事了。

五十步笑百步

战国时代，诸侯国都采取合纵连横之计，远交近攻，战争连年不断，苦了各国的老百姓。孟子反对战争，决定周游列国去劝说那些好战的君主。孟子来到梁国，见到好战的梁惠王。梁惠王问孟子："我费心尽力治国，又爱护百姓，却不见百姓增多，这是什么原因呢？"

孟子回答说:"让我拿打仗作个比喻吧。双方军队在战场上相遇,免不了要进行一场厮杀。厮杀的结果是,打败的一方免不了会丢盔弃甲、飞奔逃命。假如一个兵士跑得慢,只跑了五十步,却去嘲笑跑了一百步的兵士贪生怕死,这对不对?"梁惠王立即说:"当然不对!"孟子说:"你虽然爱百姓,可你喜欢打仗,一打仗百姓就要遭殃。这与五十步笑百步是同样道理。"

这个成语比喻那些小败的人不应嘲笑大败的人,还比喻程度不同但本质相同的做法。

杀豕不欺子

孟家还在庙户营村集市旁居住时,孟子看到邻居杀猪,不解地问母亲:"邻家杀猪干什么?"当时,孟母正忙,便随口应道:"煮肉给你吃!"孟子十分高兴,等待食肉。孟母深知做人要诚实,所谓"言必信,行必果",而且她深深地知道身教重于言传。为了不失信于儿子,尽管家中十分困难,孟母还是拿钱到东边邻居家买了一块猪肉,让儿子吃了个痛快。

断织喻学

孟子最初对学习很感兴趣,可时间一长就厌烦了,经常逃学。孟母知道后非常生气,拿起剪刀来,把织布机上的线割断,说道:"你逃学,就像我割断织布机上的线。这布是一丝一线织起来的。现在,割断了线,布就无法织成。君子求学是为了成就功名,博学多闻才能增加智慧。你经常逃学,怎么能成为有用之才呢?今天你不刻苦读书,惰于修身养德,今后你就不可以远离祸患,将来不做强盗,也会沦为厮役!"孟母用"断织"警喻"辍学",指出做事必须有恒心,一旦认准目标,就不为外界所干扰。半途而废,后果是十分严重的。"断织喻学"的一幕在孟子小小的心灵中留下了既惊且惧的鲜明印象。从此,孟子旦夕勤学,终于成为我国历史上的儒学大师。

历史贡献

政治上,孟子主张法先王,行仁政;学说上,他推崇孔子,反对杨朱、墨翟。孟子继承并发展了孔子的思想。但较之孔子的思想,他又加入自己对儒术的理解。他主张"仁政",提出"民贵君轻"的民本思想,游历于齐、宋、滕、魏、鲁等诸国,希望效法孔子推行自己的政治主张,前后历时二十多年。孟子的主要思想为仁、义、善。孟子的经历和孔子差不多,都是周游列国,宣传自己的思想。但是,"民为贵,社稷次之,君为轻"这条建议却不被大多数君王所接受。

谈儒家必谈"孔孟"。孔子在儒家的"圣人"身份已确立。孔子逝后"儒分八派",如果视孔子为儒家第一代，那么，"孟子则在第五代"。孟子的政治主张不被当时各国所接受，随后他退隐与弟子一起著书。孟子与其弟子的言论汇编于《孟子》一书。此书是儒家学说的经典著作之一，南宋时被奉为经书。

"孔子是易学的真正开创者，是孔子真正把数术的易和义理的易（或者叫哲学的易）完全区分开来。于是，才有我们所说的真正的易学。"其实，孟子也是一位深谙易道的易学家。关于这一点，清末大儒杭辛斋认为：懂得易学并不在于口道乾坤坎离，关键在于心法天道德义："孟子继孔子之后，七篇之首，即揭明仁义大旨，而归体于性善及经正。不仅如此，孟子对孔子的易学（集儒学之大成）有继承还有创新。我们知道，大易有医国、医人、医病功能。医国的问题已由《易经》解决，医病的问题也由《黄帝内经》解决，医人的问题则是在思孟学派创立了德性论五行学说后获得了解决。德性论五行比照元素论五行的五项，提出仁、义、礼、智、圣范畴，认为仁、义、礼、智四行全为'善道'，仁、义、礼、智、圣五行全为'德道'。义、礼分别是对仁和智的节制。而'圣'端即指会通天道、地道、人道的本事。孟子曾言'五百年必有王者兴'，其间隐含着终始交替的意蕴。由此看来，应是思孟学派开'五德始终说'之先河。"

孟子的教育思想，也是孔子"有教无类"（《论语·卫灵公》）教育思想的继承和发挥。他们都把全民教育当作实行仁政的手段和目的：一方面，主张"设为庠序学校以教之"（《孟子·滕文公章句上》），加强学校教育；另一方面，要求当政者要身体力行，率先垂范。

孟子在饮食上提出了较多的见解，多被后人视为经典。他从仁爱的角度出发，说道："君子之于禽兽也，见其生，不忍见其死；闻其声，不忍食其肉。是以君子远庖厨也。"后人将"君子远庖厨"解为不近厨房，并作为孟子鄙视烹饪的理论依据，这是不可取的。

所谓"君子远庖厨"，不过说的是一种不忍杀生的心理状态罢了，也就是齐宣王"以羊易牛"的心理，因为他亲眼看到了牛即将被杀的样子而没有亲眼看到羊即将被杀的样子，"眼不见为净"。所以，君子要远离宰鸡杀鸭的厨房。

孟子把道德规范概括为四种，即仁、义、礼、智。他认为"仁、义、礼、智"是人们与生俱来的东西，不是从客观存在着的外部世界所取得的。同时，他把人伦关系概括为五种，即"父子有亲，君臣有义，夫妇有别，长幼有序，朋友有信"。孟子认为，仁、义、礼、智四者之中，仁义最为重要。"仁义"是孟子道德论的核心思想。孟子所说的"仁义"是有阶级性的，是建立在封建等级社会基础之上的。但是，他反对统治者对庶民的剥削，反对国与国之间的战争。仁义的基础是孝、悌，而孝、悌是处理父子和兄弟血缘关系的基本道德规范。他认为如果每个社会成员都用仁义来处理各种人与人的关系，封建秩序的稳定和天下的统一就有了可靠保证。

孟子哲学思想的最高范畴是天。孟子继承了孔子的天命思想，剔除了其中残留的人格神的含义，把天想象成为具有道德属性的精神实体。孟子的思想体系，包括政治思想和伦理思想，都是以天这个范畴为基石的。其思想以唯物主义成分居多：《孟子》一书所反映的关于认识论的见解，包含着许多朴素的唯物主义思想。他指出有许多知能必须经历困难，经过挫折、失败，不断取得教训、受到锻炼，然后才能得之。客观世界有自己的规律，是人所不能违背的。

孟子认识到，一切事物发展和变化都有自己一定的进程。他在书中讲了一个故事作为比喻："宋人有闵其苗之不长而揠之者，芒芒然归，谓其人曰：'今日病矣！予助苗长矣！'其子趋而往视之，苗则槁矣。天下之不助苗长者寡矣！以为无益而舍之者不耘苗者也。助之长者揠苗者也，非徒无益，而又害之。"（《孟子·公孙丑上》）

社会影响

认识世界是为了改造世界，改造世界最重要的一环在于掌握客观规律。孟子拿夏禹治水根据水势就下、可导而不可遏的规律，说明人认识世界、改造世界必须如此。孟子不仅继承和发展了孔子教育方法中的"因材施教"，肯定在进行教育时必须采取因人而异的多种方法，而且对孔子的"因材施教"有了发展，认为教育学生必须有一定的标准，使学生有一个明确的奋斗目标。孟子所倡导的学习方法和教育方法是中国古代教育学的结晶，对我们今天的学习和教育仍然有一定的参考价值。

孟子的天道观认为天是最高的有意志的，人世间的朝代更替、君王易位以及兴衰存亡、富贵穷达，均是由天命决定。人对于天必须百依百顺，"顺天者昌，逆天者亡"，天意是不可抗拒的。

孟子的主要哲学思想是"性善论"，与荀子的"性恶论"相对。他站在唯物主义反映论的对立面，否认人的思想是社会存在的反映，认为人生下来就具有与生俱来的、先天的善性的萌芽。

孟子的"性善论"只说性善，南宋朱熹补充为"人之初，性本善"，明代王阳明继承这一思想并发展出"良知学说"，当代学者傅佩荣提出"性向善"。孟子以"性善论"作为人们修养品德和行王道仁政的理论根据，认为仁、义、礼、智等伦理道德的要求源于人的本性本心，有伦理学意义。同时，"性善论"说明，通过学习，人人可以成为尧舜那样的君子，又强调了教育的可能性和必要性，具有很大的教育意义。

孟子非常重视修养。在心性修养方面，孟子从"性善论"这一根本思想出发，认为实行"仁政"的最重要动力完全仰仗于君子大发"仁心"。所谓"良知""良能""操之所存，舍之所亡"，贵在一个"养"字。孟子以子思的"思诚之道"为依据，提出了"尽心""知性""知天"等观点，从而形成了一套含有主观唯心主义成分的思想体系。

法圣：韩非子

本名：韩非
所处时代：战国末期
出生地：河南新郑
出生日期：约公元前280年
逝世日期：公元前233年

评价：思想家、哲学家、政论家
主要成就：法家思想的集大成者、君主专制主义理论
代表作品：《韩非子》《孤愤》《说难》
尊称：韩非子、韩子、法圣

人物生平

韩非（约前280—前233），韩国都城新郑（今河南新郑）人，战国末期杰出的思想家、哲学家和散文家。韩非被誉为最得老子思想精髓的两个人之一（另一人为庄周）。韩非将老子的辩证法、朴素唯物主义与法融为一体，重视唯物主义与效益主义思想，积极倡导君主专制主义理论，目的是为专制君主提供富国强兵的思想，被后人尊称为"法圣"。

韩非为韩国公子（国君韩桓惠王之子），后世称"韩子"或"韩非子"，是荀子的学生。韩非师从荀卿，但思想观念却与荀卿大不相同。他没有承袭儒家的思想，却"喜刑名法术之学"（申不害主张君主当执术无刑，因循以督责臣下，其责深刻，所以申不害的理论被称为"术"。商鞅的理论被称为"法"。这两种理论统称"刑名"，所以称为"刑名法术之学"），"归本于黄老"（指韩非的理论与黄老之法相似，都不尚繁华，清简无为，君臣自正），继承并发展了法家思想，成为战国末年法家之集大成者。

韩国是战国七雄中最弱小的国家。身为韩国公子，韩非不忍目睹韩国日趋衰弱的国运，曾多次向韩王上书进谏，希望韩王励精图治、变法图强。但韩王置若罔闻，始终都未采纳韩非的建议。这使他非常悲愤和失望。他从"观往者得失之变"之中探索变弱为强的道路，写了《孤愤》《五蠹》《内外储》《说林》《说难》等十余万言的著作，全面、系统地阐述了他的法治思想，抒发了忧愤孤直而不容于时的愤懑。这些著作流传到秦国，秦王嬴政读了《孤愤》《五蠹》，大加赞赏，发出"嗟乎！寡人得见此人与之游，死不恨矣"的感叹，可谓对其推崇备至，仰慕至极。秦王嬴政不知这两篇文章是谁所写，便问李斯。李斯告诉他这是韩非的著作。秦王为了见到韩非，马上下令攻打韩国。韩王原本不重用韩非，但此时形势紧迫，便派韩非出使秦国。

韩非被韩王派遣出使秦国，于是，文采斐然的韩非为秦王嬴政所赏识而备受重用。李斯提出灭六国一统天下的通天大计，其首要目标就是韩国。作为韩国公子，韩非与李斯政见相左（韩非主张存韩灭赵，曾上书劝秦王先伐赵缓伐韩），李斯认为韩非妨碍秦国统一大计。因此韩非遭到李斯和姚贾的谗害。秦王嬴政认可了他们的说法，下令将韩非逮捕入狱审讯。李斯派人给韩非送去毒药，让他自杀。韩非想向秦王自陈心迹，却又不能觐见。韩非入狱之后，秦王后悔了，下令赦免韩非，但为时已晚。（见《史记·老子韩非列传》）

韩非死于秦国，终年47岁。有记载说韩非的尸体被运回了韩国，葬在故土，即孤坟滩处，还有一说葬于九女山古墓群。

《韩非子》

《韩非子》是韩非主要著作辑录，有文章54篇，10万余字，在先秦诸子散文中独树一帜。其书重点宣扬了韩非法、术、势相结合的法治理论。韩非的朴素辩证法思想也比较突出，他首先提出了矛盾学说，用矛和盾的寓言故事说明"不可陷之盾与无不陷之矛不可同世而立"的道理。全书说理缜密、文锋犀利、议论透辟，推证事理切中要害，文章构思精巧、描写大胆、语言幽默，于平实中见奇妙，具有耐人寻味、警策世人的艺术效果。他还善于用大量浅显的寓言故事和丰富的历史知识作为论证资料，说明抽象的道理，形象化地体现他的法家思想和他对社会、人生的深刻认识。另外，《韩非子》还记载了大量脍炙人口的寓言故事，最著名的有《自相矛盾》《守株待兔》《讳疾忌医》《滥竽充数》《老马识途》等。这些生动的寓言故事蕴含着深隽的哲理，凭其思想性和艺术性的完美结合给人们以智慧的启迪，具有较高的文学价值。

《韩非子》记载了许多脍炙人口的寓言故事

有关韩非之死的争议

关于韩非之死，史籍有两种说法。一种是司马迁的《史记·老子韩非列传》，这是迄今为止有关韩非之死的主流说法："李斯、姚贾害之，毁之曰：'韩非，韩之诸公子也。今王欲并诸侯，非终为韩不为秦，此人之情也。今王不用，久留而归之，此自遗患也。不如以过法诛之。'秦王以为然，下吏治非。李斯使人遗非药，使自杀。"另一种说法较少为人提及，见于《战国策·秦五》，原文较长，兹概述其意。四国联兵进攻秦国，姚贾毛遂自荐，出使四国，消除了这次兵灾。"秦王大悦，贾封千户，以为上卿。"韩非得知此事，到秦王面前说了一通，意思是姚贾这人怎么有问题。秦王责问姚贾，姚贾对答如流，一番话说得比韩非漂亮多了。结果，"秦王曰：'然。'乃可复使姚贾而诛韩非"。——姚贾没事，韩非被杀。（在先秦，"诛"并非只有杀死的意思，还有责问、谴责、惩罚之意，在此都通，但有人认为"诛韩非"就是把韩非杀了。）

有关韩非之死这两种说法都跟李斯、姚贾有关，也跟秦王有关。不同之处是，司马迁笔下的韩非是个无辜受害者，而《战国策·秦五》里的韩非则有引火上身、咎由自取的味道。这两种说法都有让人无法释疑的地方。

历史贡献

韩非对后世的贡献主要有以下几点：

一是反对礼制。法家重视法律，反对儒家的"礼"。他们认为，当时的新兴地主阶级反对贵族垄断经济和政治利益的世袭特权，要求土地私有和按功劳与才干授予官职，这是很公平、正确的主张。而维护贵族特权的礼制则是落后的、不公平的。法律的作用，第一就是"定分止争"，也就是明确物的所有权。法家之一的慎到就做了很浅显的比喻："一兔走，百人追之。积兔于市，过而不顾。非不欲兔，分定不可争也。"意思是说，一只兔子跑了，很多人去追。但对于集市上那么多的兔子，却看也不看。这不是不想要兔子，而是所有权已经确定，不能再争夺了，否则就是违犯法律，要受到制裁。第二是"兴功惧暴"，即鼓励人们立战功，而使那些不法之徒感到恐惧。兴功的最终目的还是富国强兵，取得兼并战争的胜利。

二是"好利恶害"的人性论。法家认为人都有"好利恶害"或者"就利避害"的本性。管子就说过，商人日夜兼程，赶千里路也不觉得远，是因为利益在前边吸引着他；打鱼的人不怕危险，逆流航行，百里之远也不在意，也是追求打鱼的利益。基于这种思想，商鞅得出结论："人生有好恶，故民可治也。"

三是"不法古，不循今"的历史观。法家反对保守的复古思想，主张锐意改革。他们认为历史是向前发展的，一切法律和制度都要随历史的发展而发展，既不能复古倒退，也不能因循守旧。商鞅明确提出了"不法古，不循今"的主张。韩非则更进一步发展了商鞅的主张，提出"时移而治不易者乱"，把守旧的儒家讽刺为守株待兔的愚蠢之人。

四是"法""术""势"的治国谋略。商鞅、申不害、慎到三人分别提倡重法、重术、重势，各有特点。到了法家思想的集大成者韩非时，韩非提出了将三者紧密结合的思想。"法"指健全法制。"势"指君主权势，要独掌军政大权。"术"指驾驭群臣、掌握政权、推行法令的策略和手段，主要是察觉、防止犯上作乱，维护君主地位。法家思想和我们所提倡的民主形式的法治有根本的区别：法家极力主张君主集权，而且是绝对的。

五是两个"第一次提出"。韩非第一次明确提出了"法不阿贵"的思想，主张"刑过不避大臣，赏善不遗匹夫"。这是对中国法制思想的重大贡献，对于清除贵族特权、维护法律尊严产生了积极的影响。韩非认为，仅有"法"和"术"还不行，还必须有"势"做保证。"势"，即权势、政权。他赞赏慎到所说的"尧为匹夫不能治三人，而桀为天子能乱天下"，提出了"抱法处势则治，背法去势则乱"（《韩非子·难势》）的论点。在中国哲学史上，他还第一次明确提出"矛盾"的概念。他所讲的矛与盾的故事，至今对人们分析问题、表达思想仍有着深刻的启发作用。韩非思想中有不少辩证法的因素，他看到事物不断地变化着，指出"定理有存亡，有死生，有盛衰"，"物之一存一亡，乍死乍生，初盛而后衰者，不可谓常"（《韩非子·解老》）。另外，韩非用进化的历史观分析了人类历史。他把人类历史分为上古、中古、近古、当今几个阶段，进而说明不同时代有不同时代的问题和解决问题的方法，用老一套办法治理当世之民的人都是"守株"之徒。韩非的进化历史观在当时是进步的，他看到了人类历史的发展，并用这种发展的观点分析人类社会。

社会影响

韩非之学出于荀子，源本于儒家，而成为法家，又归本于道家。韩非是荀子的弟子，但其思想主张却与荀子大相径庭。孔子的中心思想为"仁"，孟子的中心思想为"义"，荀子继二人后提出"礼""法"，重视社会上人们行为的规范。韩非没有承袭荀子的儒家思想，却"喜刑名法术之学"，整理并发展法家思想，成为法家之集大成者。韩非反对政治治理的原则建构在私人情感联系与当代社会道德水平的提升上，主张将人的自利本性作为社会秩序建立的前提，强调君主统制权为一切事物的决策核心，君权是神圣不可侵犯的，君主应当运用苛刑峻法、重赏御臣治民，以建立一个君主集权的封建国家。

韩非"法""术""势"相结合的理论，达到了先秦法家理论的最高峰，为秦统一六国提供了理论武器，也为以后的封建专制制度提供了理论根据。法家是先秦诸子中对法律最为重视的一派。他们以主张"以法治国"的"法治"而闻名，而且提出了一整套的理论和方法。这为后来秦朝建立中央集权制度提供了有效的理论依据。汉朝继承了秦朝的集权体制以及法律体制。这就是我国封建社会的政治与法制主体。

韩非死后，当时的各国国君与大臣竞相研究其著作《韩非子》。他的思想在秦始皇、李斯手上得到了实施。秦始皇在他的思想指引下，完成了统一六国的帝业。韩非吸收了儒、墨、道诸家的一些观点，以法治思想为中心，总结了前期法家的经验，形成了以法为中心的法、术、势相结合的政治思想体系，被称为法家之集大成者。韩非着重总结了商鞅、申不害和慎到的思想，把商鞅的"法"、申不害的"术"和慎到的"势"融为一体。他推崇商鞅和申不害，首先指出，申商学说的最大缺点是没有把法与术结合起来；其次，申商学说的第二大缺点在于"未尽"，"申子未尽于法也""二子之于法术，皆未尽善也"（《韩非子·定法》）。韩非按照自己的观点论述了术、法的内容以及二者的关系，他认为国家图治，君主就要善用权术，同时臣下必须遵法。同申不害相比，韩非的"术"主要在"术以知奸"方面有了发展。他认为，国君对臣下不能太信任，要"审合刑名"。在"法"的方面，韩非特别强调了"以刑止刑"思想，强调"严刑""重罚"。

韩非也是毛泽东最佩服的中国古代思想家。毛泽东曾经说："中国古代有作为的政治家，基本都是法家。"毛泽东在读《史记·老子韩非列传》时批注道："韩非，师从于荀子，战国时期法家的代表人物，他提出的法治、术治、势治三者合一的封建君王统治术，对后世影响很大。"

(四) 汉、三国时期

史圣：司马迁

本名：司马迁
别名：司马子长
所处时代：西汉时期
出生地：夏阳（今陕西韩城南）
出生日期：约公元前145年或公元前135年
逝世日期：？

评价：史学家、文学家、思想家
主要成就：编著《史记》，首创纪传体史书形式
代表作品：《史记》《报任安书》
尊称：太史公、史圣

人物生平

司马迁（约前145或前135—？），字子长，夏阳（今陕西韩城南）人，西汉伟大的史学家、文学家、思想家，司马谈之子。曾任太史令，因替李陵败降匈奴一事辩解而受宫刑；后任中书令，发奋继续完成所著史籍，被后人尊称为"史迁""太史公""历史之父""史圣"。

司马迁诞生在汉景帝或汉武帝年间黄河龙门的一个小康之家。据说，司马迁家族自唐虞至周都是世代相传的历史学家和天文学家。其祖父司马喜在汉文帝诏入粟米受爵位以充实边卒的政策下，用四千石粟米换取了九等五大夫的爵位，全家才得以免于徭役；司马迁的父亲司马谈为汉武帝的太史令，恢复了祖传的史官恒业。司马迁在这"山环水带，嵌镶蜿蜒"（《韩城县志序》）的自然环境里成长，既被山川的清淑之气陶冶，又对民间生活有了一定体会。

司马迁10岁时随父亲至京师长安，向老博士伏生、大儒孔安国学习；家学渊源既深，复从名师受业，启发诱导，获益不浅。这时候，正当汉王朝国势强大、经济繁荣、文化兴盛的时候，张骞奉使通西域，卫青、霍去病大破匈奴，汉武帝设立乐府，也是司马迁在京城里丰富见闻、热情迸发的时候。

司马迁20岁时开始外出游历。后来，他的父亲司马谈到长安做了太史令，司马迁随父亲到了长安。在父亲的指导下，他拜了很多名师做老师，刻苦读书，打下了深厚的文化基础。

汉室建立之初，诸事草创，大部分制度都沿袭了秦朝的旧制，历法则采用了较为贴近的《颛顼历》，而《颛顼历》对朔、晦的计算与实际情况存在差异。太史令司马迁和大中大夫公孙卿以及壶遂等人向汉武帝进言说："《颛顼历》已经不适合现在的情况了，应该重新定制历法。"御史大夫儿宽恰好懂得经学，汉武帝便命令儿宽与众博士商议修改历法等事情。后来，汉武帝命令公孙卿、壶遂、司马迁、侍郎尊、大典星射姓等人讨论定制历法。太初元年（前104），他们与唐都、落下闳等人共同定制了《太初历》，以代替由秦沿袭下来的《颛顼历》。新历适应了当时社会的需要。

司马迁的家族，世代都是史官；而作为史官，就有责任记载帝王圣贤的言行，也有责任搜集整理天下的遗文古事，更有责任通过叙事论人而为当时的统治者提供借鉴。司马谈就立志整理中华民族数千年历史，试图撰写一部规模空前的史著，但他感到自己年事已高，要独立修成一部史著，无论是时间还是精力都不够，就寄厚望于他的儿子司马迁。

司马迁撰写《史记》并流传于世，过程很艰辛。

《史记》背景。汉武帝天汉二年（前99），武帝想让李陵为出酒泉击匈奴右贤王的贰师将军李广利护送辎重，李陵谢绝并自请步兵五千涉单于庭以寡击众，武帝赞赏李陵的勇气并答应了他。然而，李陵行至浚稽山时遭遇匈奴单于之兵，路博德援兵不到，匈奴之兵却越聚越多,后粮尽矢绝,李陵降敌。武帝愤怒,群臣皆声讨李陵的罪过。唯有司马迁说:"李陵侍奉亲人孝敬,与士人有信,一向怀着报国之心。他只领了五千步兵,便吸引了匈奴全部的力量,杀敌一万多,虽然战败降敌,其功可以抵过。我看李陵并非真心降敌,他是想活下来找机会回报汉朝的。"武帝听了,认为司马迁这样为李陵辩护,是有意贬低李广利(李广利是汉武帝宠妃李夫人的哥哥),便勃然大怒:"你这样替投降敌人的叛徒强辩,是不是存心反对朝廷?"武帝把司马迁下了监狱交给廷尉处理。司马迁被关进监狱以后,案子落到了当时臭名昭著的酷吏杜周手中。杜周严刑审讯司马迁,司马迁忍受了各种肉体和精神上的残酷折磨。面对酷吏,他始终不屈服,也不认罪。司马迁在狱中反复不停地问自己:"这是我的罪吗?一个做臣子的就不能发表点儿意见?"不久,有传闻说李陵曾带匈奴兵攻打汉朝。汉武帝信以为真,便草率地处死了李陵的母亲、妻子和儿子。司马迁也因此事被判了死刑。汉朝法律规定被判处死刑的人要免死的话,有两种办法:一是交50万银两;二是接受宫刑,当时遭宫刑被认为是奇耻大辱,污及先人,见笑亲友。当时,司马迁因下狱家业早已破败,哪儿来银两?选择接受宫刑则是一件很丢脸的事,如何面对世俗的唾弃?司马迁想道:老子风烛残年写《道德经》,以"道"解释宇宙万物的演变,阐述了大量的朴素辩证法观点;孔子困厄之时著《春秋》,其思想对我国两千多年文化的发展产生了深远影响;屈原被流放赋《离骚》,虽有爱国心,却无回天术,面对国破家亡,以身殉国,以死明志;左丘双目失明,厥有《国语》,在生活极其困难的条件下,仍矢志不渝地完成自己的夙愿;孙子膑足修《兵法》,结果《孙子兵法》成为最著名的兵学宝典;韩非子被囚秦国作《说难》和《孤愤》,其影响深远;《诗经》三百篇大概都是贤士圣人发泄愤懑而作。他也想到父亲的遗愿与嘱托,自己还有一件极其重要的大业没有完成,面对极刑而无怯色,他毅然选择了以宫刑赎身死。

《史记》问世。太始元年(前96),汉武帝改元大赦天下。司马迁出狱后当了中书令。在别人看来,这也许是"尊宠任职"。但是,他还是专心致志地写他的书。征和二年(前91),司马迁以其"究天人之际,通古今之变,成一家之言"的史识创作,在坚忍与屈辱中呕心沥血,终于写出我国古代最伟大的历史著作、中国第一部纪传体通史《史记》。《史记》原名《太史公书》,被公认为中国史书的典范。《史记》全书130篇,52万余字,包括十二本纪、三十世家、七十列传、十表、八书,对后世影响巨大。该书记载了从上古传说中的黄帝时期到汉武帝太初年间长达3000多年的历史,被称为"实录、信史",列为"二十四史"之首,与《资治通鉴》并称为"史学双璧"。

《史记》得传。司马迁的一个女儿嫁给杨敞。杨敞在汉昭帝刘弗陵时期曾官至宰相。司马迁的女儿给杨家生了两个儿子,大儿子杨忠,小儿子杨恽。杨恽自幼聪颖好学,深受外祖母的宠爱。有一天,外祖母把自己珍藏多年并且深爱的《史记》拿出来给他阅读。杨恽初读此书,便被书中的内容吸引住了,爱不释手,一字字、一篇篇,非常用心地把它读完。成年之后,杨恽还把它读了好几遍,每读一遍他总是热泪盈眶、扼腕叹息。在汉宣帝的时候,杨恽被封为平通侯。这时候，他看到朝政清明，想到他的外祖父司马迁这部巨著正是重见天日的时候。于是，他上书汉宣帝，把《史记》献了出来。从此，《史记》得传，天下人得以共读这部伟大史著。

生卒年份之争

司马迁的生卒年代，史无明文。近人王国维在《太史公行年考》中认为司马迁生于汉景帝中元五年（前145），卒于汉武帝征和三年（前90）；另一说，他生于汉武帝建元六年（前135），卒于汉昭帝始元元年（前86）；还有一说，他卒于汉武帝后元二年（前87）。

"读万卷书，行万里路"

司马迁从20岁开始漫游国内名山大川，不仅饱览了祖国山河的壮美，陶冶了性情，而且提高了文学表现力。这是非常典型的"读万卷书，行万里路"，获得的许多第一手材料为以后写《史记》打下了坚实的基础，是司马迁走向成功极为坚实的一步。

司马迁来到汨罗江畔，在当年屈原投江自沉的地方高声朗诵屈原的诗，痛哭流涕……他写《屈原列传》写得那么有感情，就是因为他亲自去考察过，是在理解屈原的基础上写屈原。

在韩信的故乡淮阴，司马迁搜集了许多有关韩信的故事。他亲自去问别人当年韩信受胯下之辱的情况，了解韩信为什么能受胯下之辱而不发怒。后来，韩信帮助刘邦推翻秦王朝、打败项羽，建立了西汉，被封为王，回到故乡。韩信说："如果当初我不能忍而把他杀了，就没有后来的建功立业，小不忍则乱大谋。"

在曲阜，司马迁去瞻仰孔子墓时，还和孔子故乡的一些儒生在一起揽衣挽袖、一步一揖，并学骑马、学射击、学行古礼，以此表达他对孔子的纪念。

司马迁"读万卷书，行万里路"，方写出千古流芳的《史记》

在孟尝君的故乡薛城，司马迁走乡串巷，考察这个地方的民风跟当年孟尝君好客养士有什么关系。他走一路，考察一路。司马迁在漫游的旅程中，不放过任何一个了解历史的人，不放过任何一个存留于人们口碑中的故事，获得了许许多多从古籍当中得不到的历史材料。同时，他深入民间，广泛地接触人民群众，对社会、对人生的观察、认识逐渐深入。

因为父亲司马谈的缘故，司马迁回京后入仕为郎中。汉武帝元封元年（前110）春天，汉武帝东巡渤海返回的路上在泰山举行封禅大典。作为参与制定封禅礼仪的官员，司马谈因病滞留在周南（今河南洛阳）未能继续前行，因此心中愤懑以致病情加重。奉使西征的司马迁在完成任务后立即赶往泰山参加封禅大典，行到洛阳时见到了命垂旦夕的父亲。弥留之际的司马谈对司马迁说："我们的祖先是周朝的太史，远在上古虞舜夏禹时就取得过显赫的功名，主管天文工作，后来衰落了，难道要断送在我这里吗？你继为太史，就可以接续我们祖先的事业。我死后，你如做了太史，一定不要忘记把我编写历史的任务继承下去。"司马迁流着泪说："我一定牢记父亲的谆谆教诲。"

历史贡献

司马迁对后世的贡献很大，主要有以下几方面：

一是思想核心。司马迁借老子之口说出了被他改造过和发展了的至治理想。司马迁的至治理想，其核心是天道自然，要旨是人民的足欲。司马迁的至治理想堪与孔子"天下为公，选贤与能，讲信修睦"（《礼记·礼运》）的大同理想相提并论，区别在于后者重秩序安排，而前者重自然演进。司马迁的至治理想保留了道法自然的内核，有意识地剔除了反映原始社会"小国寡人"和奴隶社会"使民"如何的思想，体现了深得道家精髓的"与时迁移"思想。

二是天文新说。司马迁不仅是伟大的史学家，而且是一位对天文星象有精到造诣的专家。其实，只要仔细阅读《史记》的《天官书》《律书》《历书》，就可明白称他为天文学专家绝非虚誉。司马迁继承父亲遗志遗业，完成《史记》及"推古天变"之任务，并明确表述为"通古今之变，究天人之际"，其结论表述在《天官书》中，即据春秋242年之间日食三十六、彗星三见等星象，联系天子衰微、诸侯力政、五伯代兴及战国、秦汉之际的社会动荡，而总结出天运30年一小变、100年一中变、500年一大变，三大变为一纪，三纪为大备的"大数"，最后才认为"天人之际续备"。这是司马迁天文学之应用的最重要范例，在天文学历史上占有极高地位。

此外，司马迁总结了战国以来天文学的基本原则，表述如下："我仔细检查史书的记载，考察历史上的事变，发现在一百年之中，五星皆有逆行现象。五星在逆行时，往往变得特别明亮。日月的蚀食及其向南向北的运行，都有一定的速度和周期，这是星象学所要依据的最基本的数据。而星空中的紫宫星垣和东西南北四宫星宿及其所属的众多星辰，都是位置不变的,它们的大小程度和相互间的距离也是不变的,它们的分布排列象征着天上五官的位置。这是星象学中的'经',亦即不变的依据。而水、火、金、木、土星则是上天的五位辅佐,它们的出现隐伏也有一定的时间和周期,但其运行速度快慢不均。这是天文学中的'纬',亦即经常变动的部分。把这些固定的和变动的两种星象结合起来,就可以预测人事的变化了。"

社会影响

汉代,扬雄在《法言》中说:"太史迁,曰实录","子长多爱,爱奇也"。扬雄是赞扬司马迁"实录"精神的第一人。他提出的"实录"与"爱奇",为历代所赞同,直到现在仍被人们传用。班固是汉代系统评论司马迁的第一人。他在《汉书·司马迁传》的赞语中说司马迁"不虚美,不隐恶",可谓一语中的,世称其当,后人皆服。司马迁的"实录"精神已成为中国史学的优良传统。

唐代,韩愈十分推崇司马迁的文学才华。他说:"汉朝人莫不能文,独司马相如、太史公、刘向、扬雄之为最。"他认为司马迁作品的风格是"雄深雅健"。《史记》成为韩愈作文的样本。柳宗元认为《史记》文章写得朴素凝练、简洁利落,无枝蔓之疾;浑然天成,滴水不漏,增一字不容;遣词造句,煞费苦心,减一字不能。

宋人赞司马迁,其著名者为马存赞司马迁的壮游和郑樵赞司马迁的五体结构。马存认为司马迁壮游不是一般的旅游,而是尽天下大观以助吾气,然后吐而为书。所以,他的文章或为狂澜惊涛,奔放浩荡;或为洞庭之波,深沉含蓄;或春妆如浓,靡蔓绰约;或龙腾虎跃,千军万马。

南宋史学家郑樵认为:诸子百家,空言著书,历代实迹,无所纪系。而司马迁父子世司典籍,工于制作,上自黄帝,下迄秦汉,勒成一书,分为五体:本纪纪年,世家传代,表以正历,书以类事,传以著人,使百代而下,史家不能易其法,学者不能易其书。"六经"之后,惟有此书。可见郑樵对《史记》评价之高。

明清时期,金圣叹把《史记》作为"六才子书"之一,评论《史记》序赞九十多篇。他在评《水浒传》《西厢记》中多次赞扬司马迁,发表了不少真知灼见。他说:"隐忍以就功名,为史公一生之心。"在评《屈原贾生列传》中说司马迁"借他二人生平,作我一片眼泪"。金圣叹可谓司马迁的知音。他对《史记》与小说关系的探讨独树一帜:"《水浒传》方法即从《史记》出来","《水浒传》一个人出来,分明是一篇列传"。清人张竹波更直言:"《金瓶梅》是一部《史记》。"由此可见《史记》对后世小说写作技巧的广泛影响。梁启超对《史记》评价颇高,认为《史记》实为中国通史之创始者,是一部博谨严著作:《史记》之列传,借人以明史;《史记》之行文,叙一人能将其面目活现;《史记》之叙事,能剖析条理,缜密而清晰。因此，他主张对于《史记》，"凡属学人，必须一读"。

现代，鲁迅在《汉文学史纲要》一书中专篇介绍司马迁。鲁迅认为："武帝时文人，赋莫若司马相如，文莫若司马迁。"司马迁写文章"不拘于史法，不囿于字句，发于情，肆于心而为文"，因而《史记》不失为"史家之绝唱，无韵之《离骚》"。毛泽东对司马迁也很敬佩，认为"司马迁览潇湘、泛西湖、历昆仑，周览名山大川，而其襟怀乃益广"。毛泽东在《为人民服务》中说："人总是要死的，但死的意义有不同。中国古时候有个文学家叫做司马迁的说过：'人固有一死，或重于泰山，或轻于鸿毛。'"郭沫若特别赞赏司马迁的文学才华。他说："司马迁的一部《史记》不啻是我们中国的一部古代史诗，或者说它是一部历史小说集也可以。"1958年，郭沫若在为司马祠题写的碑文中对司马迁有"文章旷代雄""功业追尼父"的赞语。

诠圣：许慎

汉、三国时期

本名：许慎
别名：许叔重、许君
所处时代：东汉
出生地：汝南召陵（今河南省漯河市）
出生日期：约公元58年

逝世日期：约公元147年
评价：经学家、文字学家
主要成就：中国文字学开拓者
代表作品：《说文解字》
尊称：字圣、诠圣

人物生平

许慎（约58—约147），东汉汝南召陵（今河南省漯河市召陵区）人。许慎是我国历史上最杰出的汉文字学家和经学家。他广泛地吸收了两汉古文经学有关文字训诂的研究成果，毕生致力于古汉字的全面整理和阐释，创造性地撰写了我国第一部系统说解文字的经典——《说文解字》。许慎曾担任太尉府祭酒，师从经学大师贾逵，于东汉和帝永元十二年（100）开始编著《说文解字》，历经21年著成，归纳了汉字540个部首。另著有《五经异义》《淮南鸿烈解诂》等书，现已失传。他所著的《说文解字》闻名世界。他被后人尊称为"五经无双""字学宗师""字圣""诠圣"。

许慎8岁时开始入学读书。据史料记载，汉代学生入小学，以识字为主，兼学"六书"。当时，许慎读到的书应该是李斯的《仓颉篇》、赵高的《爰历篇》、胡毋敬的《博学篇》、司马相如的《凡将篇》，可识字五千余；读完这些书，10~12岁这几年，他又接着读《论语》《孝经》，从13岁开始读"五经"、周秦诸子百家学说和天文、数学、医学、史学等书。《后汉书·许慎传》上说许慎"少博学经籍"。这里的经籍，即指"五经"和诸子百家、医药、天文、历算等书。当时，不少人专致力于一经，而许慎却兼学"五经"，并且有较深的研究。所以，当时的人们就称许慎为"五经无双许叔重"。许慎的少年博学为他将来的著述打下了坚实的基础。20岁那年加冠礼，许慎取字叔重。公元75年，由于才学过人，他被汝南郡守选拔为郡功曹，协助郡守办理全郡公务。许慎任职功曹，其工作是相当严肃认真的。据《汝南先贤传》记载："许慎任职功曹，勤于政事，廉洁奉公，严以律己，宽以待人。因此，公元79年，许慎便因为品德高尚又被推举为孝廉之士。许慎举孝廉之年，正值朝廷下诏，严加考核，选取贤能之时。许慎能被察举，证明他有智能干，品学兼优。公元83年，许慎被召入京城，分配到太尉府，任职南阁祭酒，从事文书一类的工作。东汉时期，太尉、司徒、司空并称三公，三公是天子之股肱（比喻辅助得力的人），许慎身居太尉府南阁祭酒要职，就足以说明他的才干和品德在当时都是非常过人的。许慎入京后，就从当时著名的经学大师贾逵为师，受读古文经，从此学业大进。他在公事和学业之间，就开始研究学问了。"

汉和帝永元十二年，许慎开始编著《说文解字》。《说文解字》草成后，许慎就誉满京都。由于他通达诸子百家著作、精通天文地理，几年后，就以太尉南阁祭酒校书东观。许慎在校书期间，涉猎更广，而且精深。当时，虽然《说文解字》已经草成，但是为了补充得更加完善，一直都没有定稿。公元119年，全国有42处发生了大地震，还伴有大风、冰雹、干旱。朝廷为了安抚百姓、稳定民心，就挑选三府属下有能力的官员出补州官县令。在东观校书十余年的许慎被选中，受命任洨县（今安徽省固镇县）令。

由于一生都致力于学问，仕途陌生，不愿做官，许慎最终以年老体弱多病为由回归故乡。

他所惦念的仍是竭尽全力把《说文解字》一书审定告罄。功夫不负有心人。公元121年，许慎耗费了20余年心血，终于在家中将《说文解字》一书撰就，经过反复推敲、校正，遣子许冲献于朝廷。此后，他就在家乡授经教书。

许慎的一生，虽然说仕途平平，但著述颇丰。除《说文解字》外，他还著有《孝经孔氏古文说》《淮南子注》《五经通义》《五经异义》等。《说文解字》则是许慎一生最经心用意之作，从完成初稿到修改补充定稿，前后花费了半生的心血。由此不难看出他治学的苦心和严谨。

《说文解字》

许慎的《说文解字》简称《说文》，是中国第一部系统地分析汉字字形和考究字源的字书，也是世界上最早的字典之一，首次对"六书"做出具体解释。

《说文解字》的诞生不是偶然的，是东汉的客观条件与许慎的主观条件相碰撞的结果。东汉是我国古文经学与今文经学争论激烈的时代。今文指隶书，古文指先秦六国的古文。当时的书籍因为记载文字的不同而分为古文经典和今文经典。这本来只是字体的不同，但是，研究它们的人却将其分成了不同的学术派别，很自然地就形成了今文经学派和古文经学派。今文经学派总是曲解文字，认为经书就是圣人之言，字字句句都蕴含着微言大义，大可经世致用，常常是断章取义，任意地引申比附；而古文经学派则认为解说经书就应该根据字的意思，应该重视语言文字之学，树立它在经学上的崇高地位。为了纠正今文经学家的妄说，提高古文经的地位，就必须弄懂文字的结构、读音及意义。许慎认为，先有文字，而后才有"五经"，文字是经艺之本、王政之始，前人所以垂后，后人所以识古。尽管文字没有阶级性，但是在有阶级性的社会里，文字却是统治者维护他们统治的最重要的工具之一。所以说，今文经学家曲解文字，必然篡改经艺，这样不利于王政。为了驳斥今文经学家曲解文字、篡改经艺的说法，更为了系统地研究、整理、阐释中华古汉字，留予后世子孙，许慎立志写作《说文解字》。

《说文解字》是首部按部首编排的汉语字典

《说文解字》是首部按部首编排的汉语字典。原书作于汉和帝永元十二年至安帝建光元年（121）间，现已失传。传至今日的大多是宋朝版本，或是清朝的段玉裁注释本。原文以小篆书写，逐字解释字体来源。全书共分540个部首，收字9353个，另有"重文"（即异体字）1163个，共10516个字，其内容十分丰富，包罗万象。《说文解字》的价值不仅限于解说汉字、研究汉字本身，可以说，《说文解字》是东汉末以前的百科全书。正如许慎的儿子在《上说文解字表》里面所说："慎博问通人，考之于逵（贾逵），作《说文解字》，六艺群书之诂皆训其意，而天地、鬼神、山川、草木、鸟兽、昆虫、杂物、奇怪、王制、礼仪、世间人事，莫不毕载。"

《说文解字》不仅在体例上与过去的启蒙识字字书不同，在所收字数上也比这些字书都多，如：汉初把《仓颉》《爱历》《博学》三书合编为《仓颉篇》，共3300字；西汉末，扬雄的《训纂篇》共5340字；东汉贾鲂的《谤喜篇》共7380字。《说文解字》比《谤喜篇》还多了1973字。不论是《尔雅》对于汉字的训诂、《方言》对于汉语方言的研究，或是《释名》的音训、《切韵》《广韵》的声韵，无一不在《说文解字》范围之内。可以说，《说文解字》是科学文字学和文献语言学的奠基之作，在中国语言学史上有极其重要的地位。

"诠圣"的由来

众所周知，仓颉是造字鼻祖。仓颉开始造文字时，大概是按照万物的形状临摹。这种图画似的符号叫作"文"。这以后，形与形、形与声结合的符号便叫"字"。"文"，是描绘事物本来的形状；"字"，含义是滋生、繁衍。许慎的《说文解字》正如他自己的解释：《说文解字》之名包括两层意思，一是"说文"，一是"解字"。"文"与"字"不是同一概念，"字"是后起的。秦代以前，文字只称"文"或"书"，不叫"字"。"文"和"字"反映了汉字发展的两个阶段，即图画符号阶段和标音符号阶段。古文字学家称独体的字为"文"，称合体的字为"字"。独体的"文"因为不能再分解，故说明之，即"说文"之义；合体的"字"由两三个不同的"文"构成，故剖解之，即"解字"之义。上述两层意思合在一起，可作《说文解字》之名的含义。这也是后人尊称他为"诠圣"的由来。

许慎与说文"六书"

六书定义：关于汉字的结构，传统有"六书"的说法。"书"，古代指写字，也指写下的字。故"六书"从字面上讲就是六种字的意思，"六书"说就是关于六种汉字的学说。"六书"之称，最早见于《周礼·地官·保氏》："保氏掌谏王恶，而养国子以道。乃教之六艺：一曰五礼，二曰六乐，三曰五射，四曰五驭，五曰六书，六曰九数。"至于六书的细目，到汉代才有记载。

"六书"的细目：

一是象形。许慎《说文解字·叙》说:"象形者,画成其物,随体诘诎,日月是也。"意思是说,象形字就是字形画成字义所表示事物的形状,随着物体的外形而曲折字的笔画,"日"字、"月"字就是这种字。"日"字篆文像太阳形,中间一短横是填空隙的饰画,无实义;"月"字篆文像弦月形,中间两短横,也是饰画。

二是指事。许慎《说文解字·叙》说:"指事者,视而可识,察而见意,上下是也。"意思是说,指事字一看就可以认识,仔细观察就能发现它的意义,"上"字和"下"字就是这种字。由于许慎定义的说解含蓄,"视而可识"可作为对"六书"每一书文字乃至世界上一切文字的要求,"察而见意"适合假借字以外的各书文字,因而后世学者对指事的认识难免有异。今人于省吾、梁东汉对指事的阐释,应最接近许慎指事说原意,在众说中最为合理。他们认为,指事字是一种用抽象符号指示字义所要表达事物的字。

三是会意。许慎《说文解字·叙》说:"会意者,比类合谊,以见指㧑,武信是也。"意思是说,会意字是并列字即两个以上的字,会合它们的意义,表现该字义所指向的事物,"武"字、"信"字就是这种字。"武"字篆文由止、戈二字组成,许慎引《左传·宣公十二年》中"止戈为武",把"武"的本义解释为制止干戈(即战争)。"信"字篆文由人、言二字会合成意,许慎释其本义为诚实,人言必须诚实。而按现代学者研究,"止"本像人的脚,在别的会意字中多表示人的行走前进,所以,止戈会意是持戈前进,即征伐用兵的军事行动之意;"信"字是以"言"作形符、以"人"作声符的形声字,而非会意字。

四是形声。许慎《说文解字·叙》说:"形声者,以事为名,取譬相成,江河是也。"意思是说,形声字是用与字义所表示事物有关的字作形符造字,取比拟新字读音的字即读音与新字相同或相近的字跟它合成新字,"江"字、"河"字就是这种字。"江"字,许慎认为其本义是长江,"从水、工声";"河"字,许慎认为其义是黄河,"从水,可声"。二字是用与其字义所表示事物有关的"水"字作形符,分别取音同或音近字"工"和"可"作声符配合成的。

五是转注。许慎《说文解字·叙》说:"转注者,建类一首,同意相受,考老是也。"由于除"考"和"老"二字外,《说文解字》在释九千多字中没有用文字指出哪些是转注字,许慎的定义又过于简略,可以从不同角度去理解,因此,从古到今,对转注的不同解释非常多,争论了一千多年,至今仍无定论。裘锡圭先生在《文字学概要》中指出:"在今天,要想确定许慎或创立六书者的原意,恐怕是不可能,我们应该把转注问题看作文字学史上的事。"

六是假借。许慎《说文解字·叙》说:"假借者,本无其事,依声托事,令长是也。"意思是说,假借字是语言中一个表达某事物的词义,本来没有表示它的字,就依据读音去找一个音同或音近的现成字寄托这个词义所要表达的事物,"令"字、"长"字就是这种字。

说文"六书"三家争

历史上,针对"六书",曾有三家发表不同见解。

一为郑众:《周礼·地官·保氏》注中引郑众的话,对"六书"作如下解释:"六书:象形、会意、转注、处事、假借、谐声。"

二为班固:《汉书·艺文志》云:"周官保氏,掌养国子,教之六书,谓象形、象事、象意、象声、转注、假借,造字之本也。"

三为许慎:《说文解字·叙》云:"周礼八岁入小学,保氏教国子,先以六书。一曰指事,指事者,视而可识,察而见意,上下是也;二曰象形,象形者,画成其物,随体诘诎,日月是也;三曰形声,形声者,以事为名,取譬相成,江河是也;四曰会意,会意者,比类合谊,以见指㧑,武信是也;五曰转注,转注者,建类一首,同意相受,考老是也;六曰假借,假借者,本无其事,依声托事,令长是也。"这段释义不仅指出了"六书"各书的名称,而且为每一书下了定义、举了例子。

历史贡献

文字是经艺之本,是王政之始,前人赖以垂后,后人借以识古。许慎立志要通过对文字全面而系统的整理和研究"以究万源"。秦始皇用武力统一了中国,而许慎用一部书统一了中国的文字,规范了汉字的形、音、义,也规范了一种文化的框架。

许慎的《说文解字》是我国第一部以"六书"理论系统分析字形、解释字义的字典,保存了大部分先秦字体和汉代及汉代之前的不少文字训诂,反映了上古汉语词汇的面貌,比较系统地提出了分析文字的理论,是研究汉字的经典著作,是今天我们研究古文字和古汉语必不可少的材料。如果没有这部书的流传,我们将不能认识秦、汉以来的篆书,更不要说商代甲骨文以及商、周的金文和战国时的古文了。归纳起来,《说文解字》对历史的贡献有以下几点:

第一,《说文解字》创造了字典式的体例,被称为字典的鼻祖,也是我国现存的第一部研究汉字的著作。《说文解字》的"分别部居,不相杂厕",以偏旁分中的编制方法,成为编字典的一种主要体例。

第二,《说文解字》总结小篆线条的规律,同时保存古文、籀文和小篆的原来面貌,并创造了"六书"的定义,把"六书"具体化,因而,保存了研究汉字发展历史和规律的资料。

第三,《说文解字》通过小篆形体的分析,说明造字的本义,不但成为古汉语语音和词汇的宝库,而且保存了有关古代历史、文献、社会文化、经济的原始资料。两千年来,《说文解字》是文字学上的首创之书，也是最有权威之书，成为后人阅读古籍、探讨古代文化、研究古文必不可少的桥梁和钥匙。每一个中国人的日常生活都离不开汉字，而许慎首开研究汉字之先河，功莫大焉。

第四，《说文解字》吸取前辈的研究成果，成为一部研究汉民族语言文字的系统专著，不但是后人研究语言文字学、文献学的唯一的经典著作，而且就文化遗产而言，也是不可或缺的阶段性成果。

社会影响

汉字是世界上最古老的文字之一，也是历史最长的象形文字之一。今天，汉字输入计算机的方便程度，是世界上任何其他文字所无法比拟的。人们开始热衷于研究汉字时，首先会想到许慎。

许慎在学术上的成就，有着广泛而深远的影响，一部《说文解字》，使汉字研究被纳入了科学轨道。其巨大影响在我国历史上延续了将近两千年，今后仍将继续发挥其作用与影响，对汉字研究具有永久的意义。《说文解字》成绩之大、影响之深，是其他语言学著作所不能相比的，在汉语发展史和中国古代语言学史上占有非常重要的地位。其影响主要在以下几个方面：

第一，《说文解字》总结并发展了先秦以来关于汉字构造的"六书"理论，为中国文字学的创建和发展奠定了坚实的基础。可以这样说，到许慎撰写《说文解字》的时候，"六书"理论才算成熟。因此，胡朴安在《中国文学史》中说："六书之学说，当自《说文解字》始。"钱大昕在《说文解字·跋》中说："所赖以考见六书之源者，独有许叔重《说文解字》一书。"《说文解字》的问世，标志着中国文字学的正式创立。

第二，《说文解字》研究并吸取了先秦以来文字研究和字书编纂的成果和经验，第一次全面而系统地研究了汉字的形、音、义，首创了符合汉字特点的部首编纂法，编出了古代第一部字典，是我国语言学史上的一部辉煌巨著。

第三，《说文解字》保存了大量小篆及其以前的古文字资料，成为后来人们研究先秦古文字的重要依据和纽带。

第四，《说文解字》集中保存了汉代及汉代以前的音韵训诂资料，为后人了解上古汉语的词汇面貌、研究古代的语音系统提供了极大的帮助。

第五，《说文解字》分析并完善了小篆的标准形体，对小篆的保存和流传，对促进当时和后世汉字的规范与统一起了重要作用。

第六，《说文解字》掌握并抓住了汉字作为表意文字的根本特点，创造了结合字义和字音分析汉字字形的科学方法，是我国第一部分析字形、解说字义、辨识声韵的字典，是文献语言的奠基之作，也是书面语言、文字、音韵、训诂等方面研究的一部集大成之作。

　　许慎对中国文字学研究方面所做的贡献，不仅在于保存了先秦的字体和东汉以前的文字训诂，反映了我国汉语词汇的面貌，总结了我国古文字学的发展历史，而且在于第一次系统地提出了文字学的"文字说理论"。许慎是一位伟大的探索者，在当时非常有限的条件下能全力以赴地探求整个文字体系以及每个文字形体结构的奥秘，并坚持几十年，难能可贵，为促进我国历史学、语言学、文献学的进一步发展，为推动世界了解、研究中国的文字学、语言学和文化遗产做出了不可磨灭的贡献。

科圣：张衡

本名：张衡
别名：张平子
所处时代：东汉
出生地：南阳西鄂（今河南省南阳市石桥镇）
出生日期：公元78年
逝世日期：公元139年

评价：科学家、文学家
主要成就：开创中国天文、地理研究之先河，发明地动仪、浑天仪
代表作品：《灵宪》《归田赋》《二京赋》《张河间集》等
尊称：科圣

人物生平

张衡（78－139），字平子，南阳西鄂（今河南省南阳市石桥镇）人，我国东汉时期伟大的天文学家、数学家、发明家、地理学家、制图学家、文学家、学者，为我国天文学、机械技术、地震学的发展做出了不可磨灭的贡献。宋徽宗大观三年（1109），张衡因算学方面的成就被追封为西鄂伯，后人尊称他为"科圣"。

张衡家族世代为当地的大姓，他的祖父张堪自小志高力行，被人称为"圣童"，曾把数百万家传余财让给他的侄子。光武帝刘秀登基后，张堪被任命为蜀郡太守，随大司马吴汉讨伐割据益州的公孙述，立有大功。其后又领兵抗击匈奴有功，被拜为渔阳太守。

张衡幼年的时候，家境开始渐渐衰落，有时还要靠亲友接济。正是这种贫困的生活使他能接触社会下层的劳动群众和一些生产、生活实际，从而为他后来的科学创造带来了积极的影响。汉和帝永元年间（89—105），张衡被推举为孝廉，但他并没有接受，公府几次征召他也不去。张衡仿照班固的《两都赋》，殚精竭虑十年，做成《二京赋》，用以讽谏朝廷。大将军邓骘欣赏张衡的才华，多次征召他，张衡都不应命。永元十二年（100），张衡应南阳太守鲍德之请，做了他的主簿，掌管文书工作。八年后，鲍德调任京师，张衡即辞官居家。

阳嘉二年（133），张衡升任侍中，顺帝任用他对国家的政事提出意见。顺帝曾询问张衡有无所痛恨的人。宦官们害怕他说自己的坏话，都用眼睛瞪着他，张衡便用一些不易捉摸的话回答。宦官还是担心张衡以后会成为他们的祸害，于是群起毁谤张衡。张衡常想着如何立身行事，认为吉凶祸福幽暗深微，不易明白，于是作《思玄赋》，以表达和寄托自己的情志。永和元年（136），张衡被外调任河间王刘政的国相。刘政骄奢淫逸，不遵法纪；又有不少豪强之徒纠集一起捣乱。张衡到任后，严整法纪，打击豪强，暗中探得奸党名姓，一时收捕，上下肃然，他为政以清廉著称。任职三年后，张衡上书请求辞职归家，被征召拜为尚书。

张衡是东汉中期浑天说代表人物之一，他指出月球本身并不发光，月光其实是日光的反射。他还正确地解释了月食的成因，并且认识到宇宙的无限性和行星运动的快慢与距离地球远近的关系。他观测并记录了2500颗恒星，创制了世界上第一架能比较准确地表演天象的漏水转浑天仪，还制造出指南车、自动记里鼓车、飞行数里的木鸟等。永和四年（139），张衡逝世，享年62岁。

张衡墓

张衡墓位于南阳市北25公里石桥镇南小石桥村西20米处，墓地坐落在一处四周平坦、中间略高的台地上。墓北约250米处，有平子读书台，墓东为鲁南（鲁山至南阳）老公路，古代洱河旧道跨其北，鄂城寺塔耸立其东。据有关史料记载，汉时陵园建造宏伟，翁仲、石兽对立，祠庙巍峨壮观。汉代崔瑗曾有张平子碑，晋代夏侯湛也曾为之撰刻碑碣，唐代诗人骆宾王、郑谷曾为之讴歌吟诗。后经战乱，以往胜迹荡然无存。中华人民共和国成立后，重修了张衡墓园与平子读书台。墓园面积12000多平方米，墓室封土高8米，周长79米，在高大的古墓周围遍植松柏。墓前的明、清石碑加盖了碑楼，并于墓前立方碑一座，碑文为原中国科学院院长郭沫若撰写。

历史贡献

张衡一生所做贡献很多，主要有以下几方面：

一是天文新说。张衡认为宇宙是无限的，天体的运行是有规律的；月光是日光的反射，月食起因于地遮日光，月绕地行且有升降。他认识到太阳运行（应是地球公转）的某些规律，正确解释了冬季夜长、夏季夜短和春分、秋分昼夜等时的起因。他指出在中原可以见到的星有2500颗，与今人所知略近。他经过对某些天体运转情况的观测，得出一周天为365度又四分度之一的结论，与近世所测地球绕日一周历时365天5小时48分46秒的数值相差无几。

二是科技发明。张衡的科技发明主要有以下几项：

候风地动仪。东汉阳嘉元年（132），张衡在太史令任上发明了最早的地动仪，称为候风地动仪。据《后汉书·张衡传》记载：地动仪用精铜铸成，圆径八尺，顶盖突起，形如酒樽，用篆文山龟鸟兽的形象装饰。中有大柱，傍行八道，安关闭发动之机。它有八个方位，每个方位上均有一条口含铜珠的龙，在每条龙的下方都有一只蟾蜍与其对应。任何一方如有地震发生，该方向龙口所含铜珠即落入蟾蜍口中，由此便可测出发生地震的方向。经过试验，与所设制，符合如神，自从有书籍记载以来，是没有过的。曾经一龙机发，地不觉动，洛阳的学者都责怪其不足信。几天之后，有人送信来，陇西地区发生地震，众人于是都服其神妙。

东汉杰出的科学家、文学家张衡发明了世界上最早的地动仪

自此之后，朝廷就令史官记载地动发生的地方。候风地动仪是世界上的地震仪之祖。虽然它的功能尚只限于测知震中的大概方位，但它比西方类似发明早了1700多年。

漏水转浑天仪。这是一种水运浑象，用一个直径4尺多的铜球，球上刻有二十八宿、中外星官以及黄赤道、南北极、二十四节气、恒显圈、恒隐圈等，成一浑象；再用一套转动机械把浑象和漏壶结合起来，以漏壶流水控制浑象，使它与天球同步转动，以显示星空的周日视运动，如恒星的出没和中天等。它还有一个附属机构即瑞轮蓂荚，是一种机械日历，由传动装置和浑象相连，从每月初一起，每天生一叶片；月半后，每天落一叶片。它所用的两级漏壶是现今所知最早的关于两级漏壶的记载。

瑞轮荚。这是张衡别出心裁创造的自动日历。它模仿神话中奇树蓂荚的特征，靠流水作用，从每月初一开始，一天出一片叶子，到满月出齐15片，然后每天再收起一片，到月末为止，循环开合。这个神话曲折地反映了尧帝时天文历法的进步。张衡的机械装置就是在这个神话的启发下发明的。所谓"随月虚盈，依历开落"，其作用就相当于现今钟表中的日期显示。

指南车。张衡制造的指南车利用机械原理和齿轮的传动作用，由一辆双轮独辕车组成。车厢内有一种能自动离合的齿轮系统，车厢外壳上层置一木刻仙人，无论车子朝哪个方向转动，木人伸出的臂都指向南方。

计里鼓车。张衡创造的计里鼓车是用以计算里程的机械。据《古今注》记载："记里车，车为二层，皆有木人，行一里下层击鼓，行十里上层击镯。"记里鼓车与指南车的制造方法相同，所利用的差速齿轮原理早于西方1800多年。

此外，据传张衡曾制作过两件神奇的器物：一件是有三个轮子的机械，可以自转；另一件是"木雕"，能在天上飞翔。关于木雕，北宋类书《太平御览·工艺部九》引《文士传》中一段记载说："张衡尝作木鸟，假以羽翮，腹中施机，能飞数里。"这里说到"腹中施机"，而且"能飞数里"。因此，过去有人认为它是一种飞机类的飞行器。但装在飞行器上的动力机必须重量足够轻而马力足够大，并且还要求飞行器本身具有一定的适宜起飞上升的形状等。这些条件在张衡所处的时代是没有一条能达到的。所以，张衡的木雕即使真的是"腹中施机"，这种机也不会是动力机，而是一种装在风筝上用线控制飞行的操纵机关而已。

三是修改历法。张衡曾参加汉安帝延光二年（123）的一次历法大讨论，张衡、周兴两人在讨论中还研究了多年的天文观测记录，把它们和各种历法的理论推算进行比较，并提出鉴定，认为《九道法》最精密，建议采用。的确，《九道法》的回归年长度和朔望月长度数值比《太初历》和东汉《四分历》都精密。而且《九道法》承认月亮运行的速度是不均匀的，而当时其他的历法都是按月亮速度均匀来计算。所以，《九道法》所推算的合朔比当时其他历法更符合天文实际。但《九道法》未能在这场大讨论中获得通过。月行不均匀性被采入历法又被推迟了半个多世纪，直到刘洪的《乾象历》才第一次正式采用。

四是文学成就。张衡共著有科学、哲学和文学著作32篇。其中，天文著作有《灵宪》和《灵宪图》等。《灵宪》是张衡有关天文学的一篇代表作，全面体现了张衡在天文学上的成就和发展。原文被《██书·天文志》刘昭注所征引而传世。张衡在汉赋发展史上具有巨大贡献。他在作赋生涯中，较全面地继承了前代赋家的赋心与表现手法。《文心雕龙》称："自扬（扬雄）马（司马相如）张（张衡）蔡（蔡邕），崇盛丽辞，如宋画吴冶，刻形镂法，丽句与深采并流，偶意共逸韵俱发。"又称："张衡通赡，蔡邕精雅，文史彬彬，隔世相望。是则竹柏异心而同贞，金玉殊质而皆宝也。"《隋书·经籍志》有《张衡集》14卷，久佚。明人张溥编有《张河间集》，收入《汉魏六朝百三家集》。《全后汉文》卷52～55辑录有张衡的诗赋奏疏。上海古籍出版社出版有今人张震泽注《张衡诗文集校注》。

五是数学成就。《后汉书》提到，张衡曾写过一部《算罔论》。此书至迟到唐代已经失传，以至唐代的章怀太子李贤怀疑张衡没写过这部书，而是因为《灵宪》是"网络天地而算之"，故称《灵宪算罔论》。我们从《九章算术·少广》第二十四题的刘徽注文中得知有所谓"张衡算"。因此，张衡写过一部数学著作是肯定的。从刘徽的这篇注文中可以知道，张衡给立方体定名为质，给球体定名为浑。他研究过球的外切立方体积和内接立方体积，研究过球的体积，其中还定圆周率值为10的开方。这个值比较粗略，但却是中国人第一次从理论上求得π的值。另外，如果按照钱宝琮对《灵宪》的校勘，"（日月）其径当天周七百三十分之一，地广二百三十二分之一"，则π值等于730/232≈3.1466，较10的开方又精密了。但钱宝琮所作的校勘未必都符合张衡的原意。

社会影响

在地震学方面，张衡发明创造了地动仪，这是世界上第一架测定地震及其方位的仪器，比欧洲早1700多年。在天文学方面，他发明创造了浑天仪，这是世界上第一台用水力推动的观察星象的大型天文仪器；他著有《浑天仪图注》和《灵宪》等书，画出了完备的星象图，提出了"月光生于日之所照"的科学论断。在文学方面，他是我国文学史上一颗光辉灿烂的明星，为"汉赋四大家"之一（"汉赋四大家"为司马相如、扬雄、班固、张衡）。

为了纪念张衡的功绩，联合国天文组织于1970年将月球背面的一个环形山命名为"张衡环形山"，又于1977年将小行星1802命名为"张衡星"。2003年，国际小行星中心为纪念张衡及其诞生地河南南阳，将小行星9092命名为"南阳星"。20世纪中国著名文学家、历史学家郭沫若对张衡的评价是："如此全面发展之人物，在世界史中亦所罕见，万祀千龄，令人景仰！"

算圣：刘洪

本名：刘洪
别名：刘元卓
所处时代：东汉时期
出生地：泰山郡蒙阴县（今山东省蒙阴县）
出生日期：约公元129年
逝世日期：公元210年
主要作品：《乾象历》《七曜术》
尊称：算圣

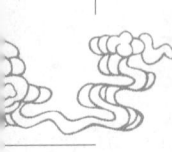

人物生平

刘洪（约129—210），字元卓，东汉泰山郡蒙阴县（今山东省临沂市蒙阴县）人，东汉鲁王刘兴后裔，我国古代杰出的天文学家、数学家、珠算发明者。对《九章算术》进行注释，撰成《七曜术》和《九章算术注》；发明了"正负数珠算"，被后人称为珠算的早期奠基人、"珠算之父"、"算圣"。临沂人将"算圣"刘洪同"智圣"诸葛亮、"书圣"王羲之并称为"琅邪三圣"。

刘洪自幼得到了良好的教育，具有渊博的知识。由于他是汉光武帝刘秀的侄子、鲁王刘兴的后代，所以，刘洪年轻时就成为宫廷内臣。这为他施展政治抱负和潜心研究天文历算提供了得天独厚的条件。

刘洪的政治生涯始终与天文历算活动联系在一起。他步入仕途之后，先是任校尉之职。汉桓帝延熹年间（158—167），他因天文历算方面的特长被调往太史部（执掌天文历法的机构）任职，官迁郎中。

非凡的计算天赋，为刘洪潜心研究天文历法打下了坚实的基础。也正因此，他在40岁左右时即被委任为执掌天时、星历的太史官。

在此后的10余年中，他与蔡邕等人一起测定了二十四节气时太阳所在恒星间的位置、太阳距天球赤极的度数、午中日影的长度、昼夜时间的长度以及昏旦时二十八宿的度值等5种不同的天文数值，并罗列成表格收录在《四分历》中。从此，这类天文数据表的计算便成为中国古代历法的传统内容之一。这是刘洪对天文历法研究的最初贡献。

约公元174年，刘洪被调离洛阳，出任常山国（今河北元氏）长史，协助王国相处理政务。同年，他献上多年研究的心得之作《七曜术》，引起了朝廷的重视，汉灵帝特下诏委派太史部官员对该术作实际校验。依据校验的结果，刘洪对《七曜术》进行了修订，又撰成了《八

刘洪撰写了《七曜术》和《九章算术注》

元术》。二术的具体内容已无法查考，但从书名知，它们应是研究日、月、五星运动的专著，是刘洪关于历法的早期著作。这一年，刘洪曾依此预报公元179年的一次月食，可是并不准确，这说明它们还存在不少欠缺。

公元175—177年，因其父去世，刘洪辞官在家守孝3年。大约就在此期间，刘洪完成了他的《九章算术注》。它应是对经典数学名著进行注释并融入研究心得的数学著作。因此，刘洪又以通晓算术而闻名。也许正由于这个缘故，在守孝期满后，刘洪即被任命为主管财政事务的上计掾。

公元178年，刘洪又为郎中。由于在天文历算上有很高造诣，经蔡邕推举，他到东观和蔡邕一同续补《汉书·律历志》。蔡邕善著文、通音律，刘洪精通历理又密于用算，二人优势互补、密切合作，出色地完成了这项任务。据刘洪的学生徐岳说，这一年，刘洪还提出过改革当时正行用的东汉《四分历》的设想。为此，刘洪"先上验日蚀：日蚀在晏，加时在辰，蚀从下上，三分侵二。事御之后如（刘）洪言"（《晋书·律历志中》）。虽然刘洪的改历之议未获实现，但他却因此声名大振，成为当时颇孚众望的天文学家。

公元179年，刘洪已年届五十。由于他曾被举为孝廉，且仪容庄重、处事严谨、善于交际，遂被任命为谒者。不久，他又迁任谷城门侯。谷城门是当时洛阳的12座城门之一，位于正北方，刘洪为该城门的主管人。这一年，他主持评议王汉提出的交食周期的工作。公元180年，刘洪又参与评议冯恂和宗诚关于月食预报和交食周期的论争，刘洪以其渊博的学识和精到的见解公正地加以评判。

约公元184年，刘洪又一次被调离洛阳，出任会稽郡（今浙江绍兴）东部都尉，为郡太守的副手。在此任内，刘洪初步完成并向朝廷献上了他的《乾象历》，时间约在公元187年至188年间。

约公元189年，汉灵帝特召刘洪返回洛阳，很可能是因为《乾象历》得到了朝廷的重视，征刘洪商议历法改革事宜。但由于当年四月汉灵帝驾崩，接着又有董卓等人为乱，时局骤变，朝廷无暇顾及改革历法，而这时刘洪正在返京的途中，于是朝廷改变初衷，改任刘洪为山阳郡（今山东金乡）太守。在此后大约十多年的时间里，他一方面努力料理繁重的政务，一方面继续为改良和完善《乾象历》而勤奋工作。刘洪注意培养学生，努力使他对天文历法研究的最新成果为人们所了解，力图使之后继有人。当时的著名学者郑玄（汉献帝建安元年，郑玄从刘洪处得《乾象历》，以为穷幽极微，并加注释）以及徐岳、杨伟、韩翊等人都曾先后得到刘洪的指点。后来，他们为普及、发展《乾象历》做出了各自的贡献。

公元206年，刘洪最后审定了《乾象历》。刘洪在公元210年去世。可惜的是，在生前，他没有看到他为之付出数十年心力的《乾象历》正式颁用。但他的心血没有白费，经徐岳的学生阚泽等人的努力，《乾象历》在公元232—280年间正式在东吴行用。更重要的是，《乾象历》以它的众多创造，使传统历法面貌一新，对后世历法产生了巨大的影响，在中国古代历法史上写下了光辉的篇章。

历史贡献

刘洪的贡献，一是发明了珠算，二是在天文历算方面成就突出。

珠算，是用算盘进行的运算。珠算的发明，使人们的计算能力产生了一次飞跃。"珠算"这个名词，最早见于东汉徐岳所著的《数术记遗》一书。徐岳在书中说："刘会稽，博学多闻，偏于数学……隶首注术，仍有多种，其一珠算。"徐岳所说的"刘会稽"就是刘洪。

刘洪在天文历算方面的成就大都载于《乾象历》，其中，以对月亮运动和交食的计算研究最为突出。刘洪之前，人们对于朔望月和回归年长度值已经进行了长期的测算工作，取得过较好的数据。但刘洪发现，依据前人所取用的这两个数值推得的朔望弦晦以及节气的平均时刻，长期以来普遍存在滞后于实际的朔望等时刻的现象。经过数十年的潜心思索，刘洪大胆地提出前人所取用的朔望月和回归年长度值均偏大的正确结论。在《乾象历》中，刘洪取一朔望月长度为 $29+773/1457$ 日，误差从东汉《四分历》的 20 余秒降至 4 秒左右；取回归年长度为 $365+145/589$ 日，误差从东汉《四分历》的 660 余秒降至 330 秒左右。刘洪大约是从考察前代交食记录与他自己对交食的实测结果入手，即从古今朔或望时刻的厘定入手，先得到较准确的朔望月长度值，然后依据十九年七闰的法则，推演出回归年长度值。刘洪是在这两个数据的精度处于长达 600 余年停滞徘徊状态的背景下提出他的新数据的，不但具有提高准确度的科学意义，而且还含有突破传统观念的束缚、打破僵局、为后世研究开拓道路的历史意义。

月亮的运动有迟有疾，月亮的近地点在不断向前移动。这两个重要的天文现象在东汉早期就引起了人们的热烈讨论。对此，刘洪在《乾象历》中作了十分出色的总结，给出了独特的定量描述的方法。他由测算得知，月亮每经一个近点月（月亮中心连续两次经过近地点的时间间隔），近地点总向前推进 $1825+7/47$ 分（$\approx 3.1°$，称"过周分"）。该值较东汉早期李梵、苏统所得结果要准确得多。在此基础上，刘洪进一步建立了计算近点月长度的公式，并明确给出了具体的数值：已知 1 周天为 215130 分，加上 $1825+7/47$ 分，即为经一近点月后近地点所在位置与这一近点月前近地点位置之间相距的分值，再除以月亮每日的平均行度 7874 分，可得 1 近点月长度为 $27+3303/5969$ 日，其误差为 104 秒。中国古代的近点月概念和它的长度的计算方法从此得以确立。这是刘洪关于月亮运动研究的一大贡献。

刘洪还确立了中国古代计算月亮运动不均匀性改正值的传统方法。刘洪每日昏旦观测月亮相对于恒星背景的位置，在坚持长期观测取得大量第一手资料之后，他推算出月亮从近地点开始在一个近点月内每日实际行度值。由此，刘洪给出了月亮每日实行度、相邻两日月亮

实行度之差、每日月亮实行度与平行度之差和该差数的累积值等的数据表格。这是中国古代第一份月亮运动不均匀性改正数值表（月离表），欲求任一时刻月亮相对于平均运动的改正值，可依此表用一次差内插法加以计算。这是一种独特的月亮运动不均匀性改正的定量表述法和计算法，后世莫不遵从之。在《乾象历》中，该法仅用于交食问题的计算，而实际上该法已经解决了后世历法定朔计算的关键问题之一。对刘洪月离表的初步研究表明，刘洪所测每日月亮实行度的误差为11.7′，月亮过近地点时刻的误差为0.18日。这两者的精度在中国古代都属上乘，只有元代《授时历》（1281年）的精度稍高于它。也就是说，刘洪不但是这一新颖方法的首创者，而且是对此作了高水准定量描述的代表人物。这是特别令人赞叹的。

刘洪的贡献还在于，他确立了黄白交点退行的新概念。他大约是从食年长度小于回归年长度这一人们早已熟知的事实出发，经抽象的思维而推演出这一概念。刘洪明确给出黄白交点每经1日退行1488/47分（≈0.054°，称"退分"）的具体数值。已知回归年长度（A）和食年长度（B）以及1度=589分，那么，退分应等于$\frac{A-B}{B} \times 589$。将有关数值代入计算，正得1488/47分。可见，刘洪当年的思路和退分值的计算正是如此。

刘洪对月亮运动研究的另一重大成就是关于月亮运行轨道——白道概念的建立，它标志着自战国时期以来对月亮运动轨迹含混不清定性描述局面的结束。在《乾象历》中，刘洪明确给出黄白交角为六度一分（≈6°）。必须指出的是，该值是沿赤经圈量度的极黄纬值，与现代所说的沿黄经圈量度的黄纬值小有不同，该值与理论极黄纬值之差为0.62°。刘洪还给出了月亮从黄白交点出发，每经1日月亮距黄道南或北的极黄纬度值（称"兼数"）表格，其中"兼数"大值也就是黄白交角的度值是刘洪经长期的观测与计算而得的。欲求任一时刻的月亮极黄纬（M），可由该表格依一次差内插法推算。这样，刘洪便较好地解决了月亮沿白道运动的一个坐标量的计算问题。研究表明，依刘洪的这一方法所推算的月亮极黄纬值的误差为0.44°。前已述及，刘洪和蔡邕已经解决了计算任一时刻太阳距天球赤极的度距（N）的课题。于是，刘洪也就给出了月亮距赤极的度距（P）的计算法：$P=N \pm M$。

刘洪关于白道的概念、黄白交角值的测定、月亮极黄纬数值表以及M、P的计算方法，从表述的形式到内涵都对后世历法产生了深远的影响。其实，以上所述各项创新又直接或间接地与关于交食的研究有关，应该说提高交食预报的精确度和扩展交食预报的内容，是刘洪天文历法工作的核心部分。《乾象历》还记载了刘洪对于交食研究的其他重要成果。

关于交食周期的探索，在刘洪所处的时代是一个热门课题，有不少人提出了各自的新数据。刘洪一方面积极参与或主持关于交食周期的热烈争论，另一方面自己也进行了缜密的思考和深入的研究。在《乾象历》中，他提出了11045个朔望月正好同941个食年相当的新交食周期值，由此推得1食年长度等于346.6151日，误差为370余秒。这一成果所达到的精度水平不但大大超过前人，而且也使他同代人的同类工作成果显得大为逊色。此外，在《乾象历》中，刘洪还正确地建立了一个交食周期内如下三个天文量之间的数量关系：交点月个数 = 朔望月个数+食年个数。这说明刘洪对这些天文量的关系有极明晰、透彻的认识。

在刘洪之前，人们已经知道只有在朔（或望）时以及太阳和月亮正处在黄白交点附近的特定条件下，才可能发生交食现象，但还没有人对"附近"这一关键词作定量化的说明。刘洪则最先对此作了明确的阐述：在朔（或望）时，只有当太阳与黄白交点的度距小于14°33′时，才可能发生交食现象。也就是说，刘洪明确规定，当朔（或望）时，以太阳离开黄白交点前或后14°33′作为判别是否可能发生交食现象的临界值，亦即食限值。现代关于食限的规定是：日食，18°31′以上必无食；月食，12°51′以上必无食。由此看来，刘洪所取食限值没有把日食限和月食限区别开来是不妥当的。不过，如果把刘洪所取食限值视作日、月食限的折中值，其准确度还是不低的。无论如何，刘洪毕竟提出了一个崭新的、十分重要的研究课题，使判别交食是否发生的定量化研究迈出了可贵的一步。

综上所述，刘洪取得了一系列令人瞩目的天文学成就。这些成就以新和精为显著特点，或是使原有天文数据精确化，或是对新天文概念、新天文数据、新天文表格、新推算方法的阐明，它们大都见于《乾象历》中。这就难怪郑玄称赞《乾象历》是"穷幽极微"的杰作；而唐代天文学家李淳风则十分中肯地指出，《乾象历》是"后世推步之师表"（《晋书·律历志中》）。事实确是如此，刘洪所发明的一系列方法成为后世历法的经典方法，他的《乾象历》使传统历法的基本内容和模式更加完备，被作为我国古代历法体系最终形成的里程碑而载入史册。

社会影响

刘洪取得这些重大的天文历算成就，与他所处的时代存在相当活跃的天文历法研究环境有关，与他的前辈及同代人已经提出的新思想、新发现有关，同时与他个人的品质、思想和努力密不可分。

东汉以来，人们对于月亮运动和交食的研究十分重视。东汉早期的李梵和苏统已经明确建立了月行有迟有疾的观念，而且也给出了月亮近地点进动的初始数值。此后，与月行迟疾有关的月行九道术便风行于世。张衡和周兴在延光二年（123），宗诚、冯恂等人在熹平年间（172—178）都提出了各自不同的九道术，试图定量地描述月亮运动不均匀的现象。对于交食周期的研究，先后有杨岑、张盛、景防、宗绀、王充、刘固、冯恂、宗诚、王汉等人，或者对原有周期进行某种修正，或者提出全新的数值，试图提高交食预报的精确度。这些都为刘洪的总结和提高准备了丰富的素材。在《乾象历》中，关于黄赤道宿度变换的计算法，系采用了张衡研究的结果，这是刘洪汲取前辈研究成果的一个典型例子。

刘洪的另一重要影响就是和蔡邕一起补续了《汉书·律历志》，其中许多资料都被后来的《后汉书·律历志》采用。刘洪善于从前辈的研究中获取营养和启迪，又常参与天文历法的辩难和论争，善于从他的同代人中获得最新的思想和信息。他还善于实践和探索，使自己的研究工作长期处于反复实践与检验的动态流程之中，不断进行去粗存精的筛选和锤炼。他更勇于创新，这是他敢于面对客观事实、敢于提出问题、敢于突破传统的局限、敢于解决问题的个人品质所促成的。在刘洪的一生中，在太史部任职的十余年，是他专职从事天文历法工作的黄金时期；更多的研究工作，则是他充分利用出任各种不同行政职务的空暇业余进行的，这就更加充分地展示了他的献身精神。

　　刘洪的研究成果以及他孜孜不倦、终生求索的精神，对后世产生了极大的影响，对社会做出了巨大贡献。

医圣：张仲景

本名：张仲景
别名：张机、张长沙
所处时代：东汉
出生地：南阳郡涅阳县（今河南省邓州市）
出生日期：约公元150—154年
逝世日期：约公元215—219年
代表作品：《伤寒杂病论》
尊称：医圣

人物生平

张仲景，名机，字仲景，南阳郡涅阳县（今河南省邓州市）人，东汉末年著名医学家。他热爱医药专业，善于"勤求古训，博采众方"，被后人尊称为"医中之圣，方中之祖"。

张仲景出生在一个没落的官僚家庭，其父亲张宗汉是个读书人，在朝廷做官。特殊的家庭条件，使张仲景从小便有机会接触许多典籍。他对医学发生了浓厚的兴趣，为他后来成为一代医学大师奠定了坚实的基础。张仲景10岁左右时拜同郡名医张伯祖为师学习医术。张伯祖性格沉稳、生活简朴，对医学刻苦钻研。每次给病人看病、开方，他都十分细心，深思熟虑。经他治疗过的病人，十有八九都能痊愈，因而他很受百姓尊重。张仲景跟他学医非常用心，无论是外出诊病、抄方抓药，还是上山采药、回家炮制，从不怕苦怕累。张伯祖非常喜欢这个学生，把自己毕生行医积累的丰富经验毫无保留地传给了他。

张仲景成名后，继承老师"勤求古训"的精神，认真学习和总结前人的理论经验，并仔细研读《素问》《灵枢》《难经》《阴阳大论》《胎胪药录》等古代医书。其中，《素问》对他的影响最大。《素问》说："夫热病者，皆伤寒之类也。"又说："人之伤于寒也，则为病热。"张仲景根据自己的实践对这个理论做了发展。他认为伤寒是一切热病的总名称，也就是一切因为外感而引发的疾病，都可以叫作"伤寒"。他还对前人留下来的"辨证论治"治病原则认真地研究，提出了"六经论伤寒"的新见解。

张仲景除了"勤求古训"，还"博采众方"，广泛搜集古今治病的有效方药，甚至民间验方也尽力搜集。他对民间的针刺、灸烙、温熨、药摩、坐药、洗浴、润导、浸足、灌耳、吹耳、舌下含药、人工呼吸等多种具体治法都一一加以研究，广积资料。经过几十年的奋斗，张仲景收集了大量资料，包括他个人在临床实践中的经验，写出了《伤寒杂病论》十六卷（又名《伤寒卒病论》）。这部著作在公元205年左右写成而"大行于世"。到了晋代，名医王叔和加以整理。宋代才渐分为《伤寒论》和《金匮要略》二书。《金匮要略》就是该书的杂病部分。

五谷杂粮药丸

张仲景在医学上出了名，还虚心地为同行医病，不失时机地向别的郎中学习。从前，郎中只把医术传给自己的子孙，一般都不外传。那时，南阳有位名医叫沈槐，已经70多岁了，没有子女。他惆怅后继无人，整天吃不下饭，睡不着觉，慢慢忧虑成病。当地的郎中来给沈槐看病，都心存顾忌。老先生的病谁也看不好，越来越重。张仲景知道后，就奔沈槐家来。张仲景察看了病情，确诊是忧虑成疾，马上开了一个药方，用五谷杂粮面各一斤，做成丸，

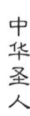

外边涂上朱砂，叫病人一顿食用。沈槐知道后心里感到好笑。他命家人把那五谷杂粮面做成的药丸挂在屋檐下，逢人就指着这药丸把张仲景奚落一番。亲戚来看他时，他笑着说："看！这是张仲景给我开的药方。谁见过五谷杂粮能医病？笑话！笑话！"别的郎中来看他时，他笑着说："看！这是张仲景给我开的药方。我看几十年病，听都没听说过。嘻嘻！嘻嘻！"很多日子里，沈槐只要想起这件事就感到可笑，忧心多虑的事全抛脑后了，不知不觉病就好了。这时，张仲景来拜访他，说："恭喜先生的病好了！学生斗胆在鲁班门前耍锛了。"沈槐一听，恍然大悟，才知道张仲景是用了精神转移法，既佩服，又惭愧。张仲景说："先生，我们做郎中的，就是为了给百姓造福，祛病延年。先生无子女，我们这些年轻人不都是你的子女吗？你何愁后继无人？"

沈槐听了，觉得很有道理，内心十分感动，从此，就把自己的医术全部传授给了张仲景和其他年轻的郎中。

戏耍昏官

东汉年间，南阳有个府台，干了很多坏事。人们恨他，巴不得找个出气的机会。有一年，府台的女儿有病了，一连几个月遍求名医都治不好病。这天，府台派家人去请张仲景来给女儿看病。那阵子，伤寒病正流行，张仲景每天早出晚归，到乡下给老百姓医病，只有儿子在家。他们就把张仲景的儿子请了去。

张仲景的儿子常年随父学医，也是个知名的郎中。他来到府衙，询问了小姐的病情。府台夫人还没张嘴，泪就先落下来，说："哎呀！她面黄肌瘦，茶饭不进，还不住地呕吐呢！"说着，她叫女儿出来诊脉。那时候，年轻郎中给女子看病是不能见面的。所以，她从帘帏中牵出一根红线，一头拴在小姐的中指上，一头让张仲景的儿子拉着，放在耳朵边静听。他仔细听了好久，心里不觉好笑：哈哈！就这病，竟没人看得出吗？原来，府台的女儿是怀孕啦！可他并不知道"病人"还是个没出嫁的姑娘，就对府台说："恭喜大人！小姐没有啥病呀，她是喜脉！你快要当姥爷了！"府台一听气得浑身乱颤，嚎叫道："混账东西！纯粹是一派胡言，快把他赶出去！"家人一拥而上，把他赶出了府门。

张仲景回来听了儿子的诉说，心里十分气愤。他问儿子："你果然看得真？"儿子说："确确实实是怀孕，已经六七个月啦！"张仲景沉吟了一下，说："这个府台，干尽了坏事，明天找他出气去！"第二天，张仲景带着礼品，来到府衙，正赶上全城绅士和名流在那里议事。张仲景见府台后深施一礼，说："不孝之子医理不明，口出不逊之言，望大人海涵！今天，一来赔礼道歉，二来我要亲自给令爱诊脉医病！"府台一听大喜，忙说："贱女区区小恙，何劳先生大驾呀！"说着就要设宴款待。

张仲景说："还是先给令爱诊病要紧。"府台忙叫佣人把女儿请来。张仲景观那女子气色，早已明白了几分。他暗自用右手小指甲剜了一点儿药，藏在宽大的袖中，然后端坐那里给小姐诊脉。一诊脉，张仲景发现果然此女已怀孕六七个月了。他就对病人说："张开嘴巴，看看舌苔！"小姐刚张开嘴，他就弹动右手小指，把药弹进小姐嘴里，又叫人端来开水，让小姐喝下。张仲景这才笑呵呵地对府台说："药到病除，送令爱到耳房观察，一会儿就会好的。"府台十分感激，摆上酒宴招待。他刚端起酒要敬张仲景，耳房边传来了小姐的呻吟声。府台十分诧异，张仲景说："这是药力到了，你放心，令爱顷刻就会痊愈的！"话音未落，只听哇哇的婴儿哭声从耳房传来。府台和夫人惊呆了，一时羞得面红耳赤，恨不得钻到地缝里去。那些绅士名流也惊奇地你看看我、我看看你，交头接耳，暗暗发笑。

张仲景拍案而起，哈哈大笑，指着府台说："现已真相大白，你们口口声声礼义廉耻，干的却是男盗女娼啊！"府台和夫人听了，气得晕了过去。张仲景为百姓们出了气，高高兴兴地回去了。

坐堂医生

封建时代，做官的不能随便进入民宅接近百姓。可是，对于张仲景来说，不接触百姓，就不能为他们治病，自己的医术也就得不到长进。于是，张仲景想了一个办法，择定每月初一和十五两天，大开衙门，不问政事，让有病的百姓进来。他端端正正地坐在大堂上，挨个儿仔细地为群众诊治。他让衙役贴出安民告示，告诉老百姓这一消息。他的举动在当地产生了强烈的震动，老百姓无不奔走相告，对张仲景更加拥戴。时间久了，便形成了惯例。每逢农历初一和十五的日子，他的衙门前便聚集了求医看病的群众，有些人甚至带着行李远道而来。后来，为了纪念张仲景，人们就把坐在药铺里给人看病的医生统称为"坐堂医生"。医生也把自己开设的药店取名为"××堂药店"，这也是中医药店称"堂"的来历。

每逢初一、十五，张仲景都坐堂看病，人称"坐堂医生"

"娇耳"的由来

张仲景在长沙做官。他告老还乡的时候，正赶上冬天，寒风刺骨，雪花纷飞。在白河边上，张仲景看到很多无家可归的人面黄肌瘦、衣不蔽体，因为寒冷耳朵都冻烂了，心里十分难受。

回到家乡后，由于张仲景早已闻名天下，所以很多人上门求医。张仲景有求必应，整天都很忙碌。虽然上门求医的人很多，张仲景依然挂念那些冻烂耳朵的人。经过研究，他研制出了一个可以御寒的食疗方子，叫"祛寒娇耳汤"。他叫徒弟在南阳东关的一处空地上搭个棚子，支上大锅，为穷人舍药治病。开张那天，正是冬至，舍的药就是"祛寒娇耳汤"。其实，"祛寒娇耳汤"就是把羊肉和一些祛寒的药物一起放在锅里煮，熟了以后捞出来切碎，用面包成耳朵的样子再下锅，用原汤将包好馅料的面皮煮熟。面皮包好后，样子像耳朵，又因为功效是防止耳朵冻烂，所以，张仲景给它取名叫"娇耳"。张仲景让徒弟分给每个穷人一碗汤、两个"娇耳"。人们吃了"娇耳"、喝了热汤，浑身发暖，两耳生热，再也没人把耳朵冻伤了。

张仲景是在冬至这天去世的，又是在冬至这天为大家舍"祛寒娇耳汤"，因此，为了纪念他，大家在冬至这天都要包一顿饺子吃，并且都说，冬至这天吃了饺子，冬天耳朵就不会冻了。如今，"祛寒娇耳汤"很少有人吃了。但经过岁月的洗礼，大家在冬至吃饺子的习俗流传了下来，并且饺子的种类和形状也有了很大改进。如今，有中国人的地方就有饺子，饺子也成了阖家团圆的代表食品，但张仲景的名字却很少有人提到了。

医圣祠的由来

张仲景晚年时，从长沙来看望他的人说，长沙有一个风水宝地，想让张仲景百年之后在那里安身。消息传出后，河南南阳人不干了，派人来劝说张仲景不要去长沙。为此，南阳人与长沙人争执起来。张仲景说："我吃过长沙水，不忘长沙父老情；生于南阳地，不忘家乡养育恩。这样吧，我死以后，你们抬着我的棺材从南阳往长沙走，灵绳在什么地方断，就把我埋葬在那里好了。"

张仲景驾鹤西去那天正好是冬至。当送葬的队伍走到当年张仲景为大家舍"祛寒娇耳汤"的地方时，棺绳断了。大家按照张仲景的嘱托，就地打墓、下棺、填坟。两地的百姓你一挑、我一担，川流不息，把张仲景的坟垒得高高的，还在坟前为他修了一座庙。这座庙就是现在河南南阳的医圣祠。

《伤寒杂病论》

据史书记载，东汉桓帝时大疫三次，灵帝时大疫五次，献帝建安年间疫病流行更甚，成千累万的人被病魔吞噬，以致造成十室九空的空前劫难。其中，尤以东汉灵帝时，公元171年至185年间发生的几次疾病流行规模最大。当时，南阳地区接连发生瘟疫大流行，许多人因此丧生。张仲景的家族本来是个大族，人口多达200余人。自建安初年以来，不到10年，这个大家族中有三分之二的人因患疫症而死亡，其中死于伤寒者竟占十分之七。面对瘟疫的肆虐，张仲景内心十分悲痛。他痛恨腐败的统治者将百姓推入水深火热之中。张仲景痛下决心，潜心研究伤寒病的诊治，一定要制服伤寒症这个瘟神。建安年间，张仲景行医游历各地，目睹了各种疫病流行对百姓造成的严重后果，也借此将自己多年对伤寒症的研究成果付诸实践，进一步丰富了自己治病的经验，充实和提高了理性认识。

张仲景于建安十年（205）开始着手撰写《伤寒杂病论》。到建安十五年（210），他终于写成了划时代的临床医学名著《伤寒杂病论》，共十六卷，经后人整理成为《伤寒论》和《金匮要略》两本书。《伤寒杂病论》系统地概括了"辨证施治"的理论，为我国中医病因学说和方剂学说的发展做出了重要贡献。后来，该书被奉为"方书之祖"，张仲景也被誉为"经方大师"。这是继《黄帝内经》之后又一部最有影响的光辉医学典籍。《伤寒杂病论》对于推动后世医学的发展起了巨大的作用。

《伤寒杂病论》是集秦汉以来医药理论之大成，并广泛应用于医疗实践的专书，是我国医学史上影响最大的古典医著之一，也是我国第一部临床治疗学方面的巨著。《伤寒杂病论》的贡献，首先在于发展并确立了中医辨证论治的基本法则。张仲景把疾病发生、发展过程中所出现的各种症状，根据病邪入侵经络脏腑的深浅程度、患者体质的强弱、正气的盛衰以及病势的进退缓急和有无宿疾（其他旧病）等情况，加以分析综合，寻找发病的规律，以便确定不同情况下的治疗原则。他创造性地把外感热性病的所有症状归纳为六个症候群（即六个层次）和八个辨证纲领，以六经（太阳、少阳、阳明、太阴、少阴、厥阴）分析归纳疾病在发展过程中的演变和转归，以八纲（阴阳、表里、寒热、虚实）辨别疾病的属性、病位、邪正消长和病态表现。由于确立了分析病情、认识症候及临床治疗的法度，因此，辨证论治不仅为诊疗一切外感热病提出了纲领性的法则，而且也给中医临床各科找出了诊疗的规律，成为指导后世医家临床实践的基本准绳。

历史贡献

张仲景所确立的"辨证论治"原则是祖国医学宝库中的灿烂明珠，使中华民族的医学独具特色而自立于世界医学之林。隋唐以后，张仲景的著作远播海外，在世界医学界享有盛誉。从晋朝至今，中外学者整理、注释、研究、发挥《伤寒杂病论》《金匮要略》而成的书已达1700余种，这在世界史上也属罕见。

张仲景不仅是一位伟大的临床医学家，有丰富的临床经验，以精湛的医术救治了不少病人，而且《伤寒杂病论》这一巨著中记载了大量有效的方剂，使我国临床医学和方剂学发展到较为成熟的阶段。其所确立的六经辨证治疗原则，受到历代医学家的推崇。张仲景的医学理论对中国古代医学的发展和人民的健康做出了巨大的贡献。后人研究他的医理，敬仰他的医术，更敬仰他的医德。

张仲景的学说哺育了世代名医，为中华民族的繁衍昌盛做出了巨大贡献，至今依然是"道经千载更光辉"。

社会影响

张仲景故里位于今河南省邓州市穰东镇。自张仲景故去以来，每年都有大量民众自发前来南阳医圣祠祭祀他。其中，"瞻仰医圣""叠纸求医""摸羊头""接圣水"等是群众的主要祭祀活动。现在，医圣张仲景祭祀活动已入选河南省首批非物质文化遗产名录。

《伤寒杂病论》奠定了张仲景在中医史上的重要地位，随着时间的推移，这部专著越来越成为后世从医者必读的重要医籍。张仲景也因对医学的杰出贡献而被后人称为"医圣"。清代医家张志聪说："不明四书者不可以为儒，不明本论（《伤寒杂病论》）者不可以为医。"目前，《伤寒杂病论》和《金匮要略》仍是我国中医院校开设的主要基础课程之一。

该书流传海外，颇受国外医学界推崇，成为广受赞誉的重要典籍。邻国日本自康平年间（1058—1064）以来，研究《伤寒杂病论》的学者有近200家。此外，《伤寒杂病论》对朝鲜、越南、印度尼西亚、新加坡、蒙古等国家影响很大。朝鲜、日本现在的汉方处方和成药制剂中，大部分仍出自《伤寒杂病论》。一代医圣张仲景不仅因为国人做出了贡献受到敬仰，也因惠及世界各国人民而受到敬仰，其社会影响巨大。

武圣：关羽

本名：关羽
别名：关云长、关长生
所处时代：东汉末年
出生地：河东郡解县（今山西临猗西南）
出生日期：待考
逝世日期：建安二十四年冬（220年年初）
主要战例：白马斩颜良、樊城败于禁
尊称：武圣、关公

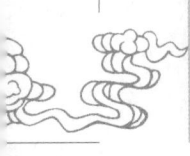

人物生平

关羽（？－220），字长生，后改字云长，河东解县（今山西临猗西南）人，汉末名将。关羽最为特殊之处是备受中华文化推崇。由于其忠义、勇武的形象深入民心，他被民众尊称为关公、关老爷，多次被后代帝王褒封，故也被称为"关圣帝君""关圣帝"等。道教奉其为五文昌之一，又尊其为"文衡圣帝""协天大帝""翊汉天尊"。历代朝廷对其多有褒封，清光绪年间奉其为"忠义神武灵佑仁勇威显护国保民精诚绥靖翊赞宣德关圣大帝"，《三国演义》中为蜀国"五虎上将"之首，后来民间尊其为"武圣"，与"文圣"孔子齐名。

关羽早年因犯事逃离家乡至幽州涿郡。中平元年（184），汉室宗亲刘备在涿县组织了一支义勇军参与消灭黄巾军的战争，关羽与张飞同在其中。刘备辗转担任许多官职后，投奔昔日同窗公孙瓒，被封为平原国相，关羽、张飞分别在他手下任职。其间，三人情同兄弟，常同床而睡。当刘备坐下时，关、张二人更不辞辛劳随身守护。

兴平元年（194），曹操因全家被杀而迁怒于陶谦，发兵攻打徐州。陶谦求救于刘备，刘备和关羽、张飞率千余人前往救援。曹操兵退后，陶谦为感激刘备，上表请求任其为豫州刺史，关、张二人也跟随刘备屯兵于小沛。而后，在陶谦等人的再三相让下，刘备领徐州牧。

建安元年（196），刘备被袁术、吕布夹攻丢失徐州，关羽便跟随刘备一起投奔曹操。后与曹操许田围猎时，关羽劝刘备杀掉曹操。但刘备认为曹操匡扶汉室杀了可惜，于是没有听从关羽的建议。建安三年（198），刘备和曹操共擒吕布于下邳，夺得徐州，关羽和刘备便跟随曹操班师回许昌，曹操任车胄为徐州刺史。后袁术北上投奔袁绍，刘备奉曹操命拦截袁术于徐州。刘备趁机袭杀车胄，命关羽守下邳、领徐州，自己返回小沛。

建安五年（200），曹操东征，刘备战败，投奔袁绍。曹操活捉关羽而回，任命关羽为偏将军，待他非常客气。袁绍派遣大将军颜良到白马进攻东郡太守刘延，曹操让张辽和关羽做先锋迎击颜良。关羽远远望见了颜良的旗帜和车盖，便策马驰入千军万马之中刺杀颜良，割下颜良首级回到营中，袁绍的众多将领没有人能够抵挡他，白马之围得解。曹操当即上表奏请朝廷封关羽为汉寿亭侯。当初，曹操佩服关羽的为人，而观察他的心情神态并无久留之意，便对张辽说："你凭私人感情去试着问问他。"不久张辽询问关羽，关羽感叹地说："我非常清楚曹公待我情义深厚，但是我受刘将军的深恩，发誓与他同生死，不能背弃他。我终将不能留下，我必当立功来报答曹公后才离开。"张辽将关羽的话回报给曹操，曹操认为他是义士。关羽杀了颜良后，曹操知道他一定会离开，便重加赏赐。关羽全部封存曹操给他的赏赐，呈书告辞，到袁绍军中投奔刘备去了。曹操左右的人想要追赶关羽，曹操说："各人都是为了自己的主人，不必追了。"

刘备投靠刘表，屯兵于新野。建安十三年（208），曹操南下。刘备南逃，另遣关羽乘数百艘船驶向江陵会合。刘备于途中被曹操军追上，幸而关羽驶至汉津，一同乘船至夏口。刘备联合孙权击败曹操后，曹操留曹仁等防守荆州。于是，刘备又与孙权大将周瑜夹攻曹仁，命关羽绝北道断曹仁后路。待刘备取得荆南四郡（长沙、零陵、武陵、桂阳）后，关羽被推为元勋，受封襄阳太守、荡寇将军。其间，襄阳实为曹操势力范围，由乐进驻守，关羽驻于江北。建安十六年（211），刘备入蜀助刘璋防御曹操，张飞、赵云、诸葛亮与关羽共守荆州。

建安二十四年（219），刘备为汉中王，任命关羽为前将军，授与符节黄钺总领各路军马。这年，关羽率领军队在樊城攻打曹仁。曹操派于禁援助曹仁。秋天，樊城一带下起连绵大雨，汉水泛滥，于禁统领的七路兵马都被淹没。于禁投降了关羽，关羽又杀了将军庞德。梁县、郏县、陆浑等地的各路盗寇有的在远处接受关羽的官印封号，成为他的支系同党，关羽威名震动中原。曹操以为汉献帝在许，与关羽军相近，欲迁都避其锋芒。司马懿、蒋济等劝阻，认为孙权必然不愿看到关羽得志，可以以答应将江南封给孙权为条件让他从背后出兵攻击关羽。同时，曹操动员徐晃、张辽等将及兖州刺史裴潜、豫州刺史吕贡等率军救援樊城，更准备亲自征讨关羽。而孙权命吕蒙为主帅偷袭荆州并亲自率军为后援。荆州重镇江陵守将糜芳、公安守将傅士仁因与关羽有嫌隙不战而降，吕蒙不费吹灰之力就次第攻陷荆州各郡。

救援樊城的徐晃因新兵较多，认为很难与关羽抗衡，不过之后曹操先后派徐商、吕建等将领以及殷署、朱盖等十二营兵马增援徐晃，使他信心倍增。最终，徐晃出战击败了围困樊城的关羽军队。此时，关羽知悉后方生变南撤。关羽军队的家属多在江陵（南郡治所），得知江陵失陷于孙权，关羽的士卒渐渐溃散。关羽率数十骑出逃，一路突围至临沮（今湖北省襄樊市南漳县），遇潘璋部将马忠的埋伏而被擒，和长子关平一同于临沮被害。

事后，孙权将关羽的首级送给曹操，曹操以诸侯之礼将其安葬于洛阳关林。不过，现代有观点认为关庄村关羽墓才是埋葬关羽头颅之处，关林只是万历年间建的祭祀场所。孙权则将关羽身躯以诸侯礼安葬于当阳，即关陵，也称当阳大王冢。蜀汉政权则在成都为关羽建衣冠冢，即成都关羽墓以招魂祭祀。而关羽的故乡山西解县后来建立了关帝庙，关帝庙被认为是关羽魂魄归返之处。因此，民间也称关羽"头枕洛阳，身卧当阳，魂归故里（或称'魂归山西'）"。

武圣往事

关羽留下的往事，有两件是比较突出的。

一是斩颜良。建安四年（199），曹操派刘岱、王忠攻打刘备，却被刘备击败。于是，曹操于第二年亲率大军出征，刘备败逃。关羽战败被擒，不得已而投降，曹操待以厚礼，任命为偏将军。后袁绍派大将颜良、文丑、郭图等攻东郡太守刘延于白马，曹操亲自率军救援，并命张辽与关羽为前锋。关羽望见颜良的麾盖，策马冲锋，斩杀颜良于万军之中，枭首而归。袁军将领无人能挡，白马之围被解，关羽被封为汉寿亭侯。虽然《三国志》对于"斩颜良"

的记载只有20个字，却是正史中最明确的古代武将单挑记录之一。

二是千里走单骑。曹操为了解关羽有没有久留的心意，叫张辽以私人感情去试探。关羽对张辽叹息道："我知道曹公对我厚爱，但我受刘备将军的厚恩，发誓共死，不可背弃。我终不会留下，在为曹公立下功劳后我便会离去。"曹操知道关羽会离去，反而重加赏赐想留住他。但关羽尽封曹操的赏赐留书告辞，回到刘备身边。曹操左右欲追杀之，曹操认为这是各为其主，阻止手下人去追杀。民间把这段关羽辞曹寻兄的故事叫作"千里走单骑"。

争议之处

有关关羽的争议主要有以下四点：

一是出生日期之争。在山西省运城市常平村关帝庙内，立有一块清康熙十九年（1680）的《前将军关壮穆侯祖墓碑铭》，记其生于"桓帝延熹三年（160）六月二十四日"；而明崇祯二年（1629）立于石磐沟关羽祖茔的《祀田碑记》和清乾隆二十一年（1756）编修的《关帝志》，都认为关羽生于汉桓帝延熹三年六月二十二日。此外，民间对关羽生辰还流传有好几种说法。比较、考证几种资料，较为可信的是关羽出生于延熹三年六月二十二日。不过，对这些资料一直存在较大的争议。《三国志》及其他同期史料都未记录关羽出生的日期。另外，《关帝志》内容多出自《三国演义》，非严谨史料。《祀田碑记》和《前将军关壮穆侯祖墓碑铭》未有严格考究。所以，关于关羽的出生日期，现今仍未有确切可信的资料。

二是斩华雄之争。《三国演义》一书中作者罗贯中着力将关羽这个人物形象刻画成继温侯吕布后的三国武将第一人。斩华雄、诛文丑等战绩都落在关羽这个人物形象上，且描写极为生动，"温酒斩华雄"等故事流传千古。此种形象，颇有"武圣"之风。但是，很多人对演义中的关羽提出疑问。首先，关羽"温酒斩华雄"，华雄到底是个什么人物？在历史上，他无疑是董卓的大将。问题是，在《三国演义》中，华雄算不上个人物。虽然书中在关羽斩华雄之前对华雄的本领大肆描写，如败孙坚、斩二将等，但仍不能突出华雄有多厉害。因为这三个人都不是现今人们眼中像张辽、甘宁一样的英雄人物形象，大家对于这三个人物了解甚少。所以，在人们心目中就很难形成华雄打败大将的印象，也就难以树立华雄在人们心目中的大将形象，哪怕是艺术形象都很难。实际上，据正史记载，华雄是孙坚杀的，罗贯中为了渲染关公的形象而调了包。

三是用器之争。根据史料研究，小说和传说中提到的关羽所使用的青龙偃月刀，在当时并无此物，真实的青龙偃月刀是在唐代才出现的兵器。而关羽的偃月刀之名见于北宋《武经总要》，为当时名家健斗之人自制，是标新立异突出自己的一种武器。此种刀属于重兵器，日常练武时会用到，但基本不用于战阵，因其太过笨重，并不利于灵活作战。后人之所以特意为关公配备一把超越时空的"青龙偃月刀"，是为了塑造关公的威武形象。

四是名誉之争。小说提到的"五虎上将"有关羽、张飞、赵云、马超、黄忠。"五虎上将"的说法源自小说《三国演义》，于正史无据。

历史贡献

关公是一种文化传承，也是一种精神信仰。在中国以至海外有多地建有关公庙。随着关公的地位变得越来越显赫，关羽更被尊称为"武王""武圣人"，与孔子并肩而立。也正因为关羽地位如此显赫，除了军人、武师奉他为行业神崇拜外，就连描金业、烟业、香烛业、教育业、命相家等不相干的行业也推崇关羽，将他变成武财神和五文昌之一。著名学者、文学家、哲学家方海权作《关羽咏》，赞颂其仁义忠心一生。诗曰："伽蓝主者显威灵，五德丹心卷早青。荫送天台舒妙绚，千家泽众盖香馨。"

"云长真义士也！"曹操这句话反映了关羽的品格。如今，许多社团也拜叩关羽。由于《三国演义》等传统作品的影响，民间普遍认为关羽与刘备、张飞是结义兄弟，关羽排行第二，故又俗称其为"关二爷""关二哥"。现当代的某些社会群体与场合中，仍然经常出现祭拜关羽的情况。

《三国演义》自元末明初出现后，至明代中叶流传已十分广泛，对社会各阶层产生了很大的影响，关羽的忠义形象也因此深入人心。各朝统治者都通过兴建关公庙以加强封建统治。随着关羽在官方的地位日尊月增，他在民间的地位也日益提升。早在明代，关帝庙已有遍天下之说："其祀于京畿也，鼓钟相闻，又岁有增焉，又月有增焉。"至清代，关庙之多，更有"天下关帝庙万余处"之说，所谓"今且南极岭表，北极塞垣，凡儿童妇女，无有不震其威灵者。香火之盛，将与天地同不朽"。雍正皇帝认为："上自通都大邑下至村墟穷僻之壤，其人自贞臣贤士仰德崇义之徒，下至愚夫愚妇儿童走卒之微贱，所在崇饰庙貌，奔走祈禳，敬思瞻依，凛然若有所见。"

关羽武艺高强而又对故主赤胆忠心，为后人崇仰

社会影响

关羽不仅受到儒家的崇祀，同时又受到道家、佛家的膜拜。其中，儒家的关羽形象体现了更多的关羽本色。在国内所有的关帝庙建筑中，至今保存最为完好的有山西关羽故里常平关帝庙、河南洛阳关林、湖北当阳关陵、荆州关帝庙、河南许昌霸陵桥关帝庙等五六处，而规模最大、气势最宏伟的是关羽的故里——山西省运城市解州城西的关帝庙。

在汉传佛教中，对关云长的信仰只限于供奉，并无祈祷、赞颂以及供奉仪轨。在藏传佛教中，有多位大师著有供赞仪轨，如章嘉大师、土观大师以及第十七世大宝法王、亚青寺阿秋仁波切等。多识仁波切也曾著有关云长简略供赞。

在道教中，关羽被称为"关圣帝君"，简称"关帝"，本为道教的"护法四帅"之一。如今，道教主要将他作为财神来供奉，其职能除了"治病除灾，驱邪辟恶，诛罚叛逆，巡察冥司"外，还有"司命禄，庇护商贾，招财进宝"的含义。

关羽因其忠义而被商人奉为财神。因为关羽做人做事有始有终、恩怨分明、挂印封金、立场坚定、拒绝诱惑，故商人在与人合伙做生意时，都会请一尊关羽像，以示君子爱财取之有道，不背叛合伙人。

香港许多商店都供奉关羽，希望他能保佑店铺生意兴隆。香港也建有不少祠庙供奉关羽，荷李活道的文武庙就十分有名。在香港，警察与三合会成员是对立的。三合会早期是一个道教反清的帮会，三合会拜祭道教大神关羽。而警察崇拜关帝的习惯，源于1930年的油麻地警署某位华裔探长，其后扩展至各个纪律部队，如消防、海关等。双方都推崇、尊敬关羽，称他为"关二哥""关公""关帝""关二爷"等。

在中国台湾地区，关公信徒多达800万，几乎各家各户都为关公设香案、立牌位、挂圣像。台湾的关公画像年销售量远远超过了他们最崇奉的神祇妈祖。台湾所谓的恩主神祇有关羽、吕洞宾、张单、王善和岳飞，而关羽为五恩主之首。所以，台湾民众一般称关羽为"恩主公"，也顺势称关帝庙为"恩主公庙"。另外，部分斋教或道教信徒称关羽为"第十八代玉皇大帝"，也就是第十八代的天公。

东南亚各国竞相立庙拜祭关公，最盛者当数泰国。日本早在清代就有关帝庙，现在有为数众多的关帝庙，前些年还新建了一座关庙，据称是海外建筑规模最大的关庙。日本奉关羽为学问与生意之神。在英国、美国等国家，只要有华人的社区，都有人祭祀关羽。美国的"龙岗总会"是一个拜关公的民间组织，各地分会有140多个，遍布世界各地。美国圣地亚哥加州大学人类学系教授、芝加哥大学人类学博士Davidk Jordan（中文名焦大卫）先生曾说过一段话："我尊敬你们的这一位大神，他应该得到所有人的尊敬。他的仁、义、智、信、勇直到现在仍有意义。仁就是爱心，义就是信誉，智就是文化，信就是承诺、不为金钱地位改变自己的信仰，勇就是不怕困难与牺牲。上帝的子民如果都像关公一样，我们的世界就会变得更加美好。"

智圣：诸葛亮

本名：诸葛亮
别名：孔明
所处时代：三国时期
出生地：琅邪阳都（今山东省临沂市沂南县）
出生日期：公元181年
逝世日期：公元234年

评价：政治家、军事家
主要成就：助刘备夺取荆州、益州，治理蜀地、平定南蛮，发明木牛流马，改造连弩
代表作品：《出师表》《诫子书》等
尊称：智圣

人物生平

诸葛亮（181－234），字孔明，号卧龙（也作伏龙），琅邪阳都（今山东省临沂市沂南县）人，三国时期蜀汉丞相，协助刘备建立大业；杰出的政治家、军事家，是中国传统文化中忠臣与智者的代表人物，被后人尊称为"智圣"。

诸葛亮出生在琅邪郡阳都县的一个官吏之家，诸葛氏是琅邪的望族，先祖诸葛丰曾在西汉元帝时做过司隶校尉，诸葛亮的父亲诸葛珪在东汉末年做过泰山郡丞。诸葛亮3岁时母亲章氏病逝，8岁时丧父，与弟弟诸葛均一起跟随由袁术任命为豫章太守的叔父诸葛玄到豫章赴任。后东汉朝廷派朱皓取代了诸葛玄，诸葛玄就去投奔荆州刘表。建安元年（196），汉献帝从长安李傕手中逃出，迁到了曹操所在的许县。建安二年（197），诸葛玄病逝。此时，诸葛亮已16岁，平日好念《梁父吟》，又常以管仲、乐毅比拟自己，志向高远。当时，人们对他都不屑一顾，只有徐庶、崔州平等好友相信他的才干。

诸葛亮与当时的襄阳名士司马徽、庞德公、黄承彦等有结交。黄承彦曾对诸葛亮说："听说你要选妻，我家中有一丑女，头发黄、皮肤黑，但才华可与你相配。"诸葛亮应许这门亲事，迎娶了黄承彦的女儿黄月英。当时，人们都以此当笑话取乐，乡里甚至作了句谚语："莫学孔明择妇，止得阿承丑女。"但也有一种说法指黄月英本人极美，因此遭到乡里其他年轻女性的嫉妒而被诋毁。

当时，刘备依附于刘表，屯兵于新野。后来，司马徽与刘备会面时表示："那些儒生都是见识浅陋的人，岂会了解当世的时务局势？能了解当世的时务局势者才是俊杰。此时，只有卧龙（诸葛亮）、凤雏（庞统）。"诸葛亮又受徐庶推荐，刘备希望徐庶引亮来见。但徐庶却建议："这人可以去见，但不可令他屈就至此。将军宜屈尊相访。"

刘备便亲自前往拜访，去了三次才见到诸葛亮（史称"三顾茅庐"）。与诸葛亮相见后，

诸葛亮不出草庐而知天下三分之势，人称"智圣"

刘备便叫其他人避开，对他提问："现今，汉室衰败，奸臣假借皇命做事，皇上失去大权。我没有衡量自己的德行与能力，想以大义重振天下，但智慧、谋略短小且不够，所以时常失败，直至今日。不过，我志向仍未平抑，先生有没有计谋可以帮助我？"诸葛亮遂向他陈说了三分天下之计，分析了曹操不可取、孙权可作援的形势；又详述了荆、益二州的州牧懦弱，有机可乘，并且只有拥有此二州才可争胜天下；更向刘备讲述了攻打中原的战略。这篇论说被后世称为《隆中对》。刘备听后大赞，力邀诸葛亮相助。于是，诸葛亮便出山入幕。刘备常常和他议论，关系也日渐亲密。关羽、张飞等大感不悦，刘备向他们解释道："我有了孔明，就像鱼儿得到水般，希望诸位不要再说了。"关羽、张飞等便不再抱怨。诸葛亮所提出的《隆中对》是此后数十年蜀汉的基本国策。

赤壁之战后，刘备平定荆南四郡，任命诸葛亮为军师中郎将，住于临烝，督令零陵、桂阳、长沙三郡，负责调整赋税、充实军资。建安十六年（211），益州牧刘璋派法正、孟达请刘备助攻张鲁。诸葛亮便与关羽、张飞、赵云等镇守荆州。至次年十二月，刘备与刘璋决裂，诸葛亮便留关羽负责荆州防务，自己与张飞、赵云等入蜀助阵，分兵平定各郡县，与刘备一起围攻成都。至建安十九年（214），刘璋投降，刘备入主益州。诸葛亮受金五百斤、银千斤、钱五千万、锦千匹，并受任为军师将军，署左将军府事。每当刘备出兵征伐，诸葛亮便负责镇守成都，为刘备提供足食足兵，如汉中之战就替刘备提供支援。

汉献帝延康元年（220），曹丕篡汉自立。魏黄初二年（221），群臣听到汉献帝被害的消息，劝已成为汉中王的刘备登基为帝。刘备不答应，诸葛亮用耿纯游说刘秀登基的故事劝刘备，刘备才答应，任命诸葛亮为丞相录尚书事，假节。同年，张飞被害，诸葛亮领司隶校尉一职。

章武二年（222）八月，刘备在东征夺回荆州的途中被打败，撤退至永安。诸葛亮大叹："可惜法正故去，否则必能阻止陛下东征之举。"至章武三年（223）二月，刘备病重，召诸葛亮到永安，把后事托付给诸葛亮与李严，刘备对诸葛亮说："你的才能是曹丕的十倍，必定能安顿国家，终可成就大事。如果嗣子（刘禅）可以辅助，便辅助他；如果他没有才干，你可以自行取度。"诸葛亮涕泣道："臣必定竭尽股肱之力量，报效忠贞的节气，直到死为止！"刘备又要刘禅视诸葛亮为父。延至四月，刘备逝世，刘禅继位，封诸葛亮为武乡侯，开设官府办公。不久，再领益州牧，政事上的大小事务，刘禅都依赖诸葛亮，由诸葛亮决定。本来南中地区因刘备逝世而乘机叛乱，诸葛亮因国家刚逝去君主，先不发兵，而派邓芝赴东吴修好。

建兴三年（225）春天，诸葛亮率军南征，临行前刘禅赐诸葛亮金铁钺一具、曲盖一个、前后羽葆鼓吹各一部、虎贲六十人。后诸葛亮深入不毛之地讨伐雍闿、孟获。诸葛亮采取参军马谡的建议，以攻心为主，先打败雍闿军，再七擒七纵孟获，至秋天平定所有乱事。蜀汉平定了南中并获得大量的资源，还组建了无当飞军这支劲旅。经过长期积累，蜀汉有了北伐的基础。

建兴六年（228）春，诸葛亮事先扬声走斜谷道取郿，让赵云、邓芝设疑兵吸引曹真重兵，自己率大军攻祁山。陇右的南安、天水和安定三郡反魏附蜀，关中震响。魏明帝西镇长安，命张郃率领步骑五万人前往，大破马谡于街亭。而同时赵云寡不敌众，失利于箕谷。诸葛亮乃拔西县千余家返回汉中。第一次北伐失败。

同年冬，诸葛亮趁魏兵东下，关中虚弱，趁机北伐，出兵散关（今陕西省宝鸡市西南）围陈仓（今陕西省宝鸡市东），为魏将郝昭所拒，诸葛亮劝降不成，而又粮草不继，不得已退还汉中。魏将王双来追，被斩。

建兴七年（229）春，诸葛亮遣陈式攻武都（今甘肃省成县周边）、阴平（今甘肃省文县周边）二郡。雍州刺史郭淮引兵救之，亮自出至建威（今甘肃省西和县西），郭淮退，遂得二郡。

建兴八年（230）秋，魏军三路进攻汉中，司马懿走西城（今陕西省安康市西北），张郃走子午谷，曹真走斜谷。诸葛亮驻军于城固（今陕西省城固县东）、赤坂（今陕西省洋县东二十里）。时大雨三十余天，魏军撤退。同年，诸葛亮使魏延、吴懿西入羌中，大破魏后将军费曜、雍州刺史郭淮于阳溪（南安郡内，当在今甘肃省武山西南一带）。

建兴九年（231）二月，诸葛亮率大军攻祁山，始以木牛运。时曹真病重，司马懿都督关中诸将出拒。诸葛亮割麦于上邽（今甘肃省天水市）。司马懿追亮至卤城（今甘肃省天水市与甘谷之间），掘营自守，有"畏蜀如畏虎"之讥。六月，李严运粮不济迫使诸葛亮还师。张郃追亮退兵至木门，中箭身亡。

建兴十二年（234）二月，诸葛亮率大军出斜谷道，据武功五丈原（今陕西省岐山县南），屯田于渭滨，与司马懿对峙于渭南，并约吴国共同发兵。其间诸葛亮既屡屡遣使者下战书，又送巾帼妇人之饰，以激怒司马懿，但司马懿忍辱据守不出，并以"千里请战"的妙计平息众将之怒。

司马懿曾向蜀汉使者询问诸葛亮的睡眠、饮食和办公情况，使者答道："诸葛公早起早睡，凡是二十杖以上的责罚，都亲自披阅；所吃的饭食不到几升。"司马懿告诉人说："诸葛孔明进食少而事务烦，他还能活多久呢！"

诸葛亮分兵屯田，在魏国境内种粮自给自足，打算长期驻扎下去，但因过于操劳而病重。

刘禅派遣尚书仆射李福前来问候，同时询问国家大事。与诸葛亮谈话完毕后，李福辞别而去。几天之后，李福又回来了。诸葛亮说："我知道您返回来的意图，近来虽然交谈了一整天，有些事还没有交代，又来听取决定了。你所要问的事蒋琬适合。"李福道歉说："日前确实不曾询问如您百年之后谁可以担负重任，所以就又返回。再请问，蒋琬之后，谁可承担重任？"诸葛亮说："费祎可以继任。"李福又问："费祎之后怎么样？"诸葛亮没有回答。

当年八月，诸葛亮病故于五丈原，享年54岁。杨仪等率军还，姜维等遵照诸葛亮遗嘱，秘不发丧，缓缓退军。司马懿率军追击，见蜀汉军帅旗飘扬，孔明羽扇纶巾坐在车里。司马懿怀疑是孔明用计诱敌，赶紧鸣金收兵。于是便有"死诸葛吓走活仲达"之说。

诸葛亮去世后30年，司马昭派遣邓艾、钟会伐蜀。诸葛亮的长子诸葛瞻和长孙诸葛尚一起在绵竹之战中战死沙场。

历史贡献

诸葛亮除了以其思想光芒和智慧泽被后世外，还留下了许多发明创造。

其治国治军方面的贡献主要有以下几项：

一是奖罚分明。诸葛亮作为蜀汉的丞相，安抚百姓、遵守礼制、约束官员、慎用权力，对人开诚布公、胸怀坦诚。为国尽忠效力的即使是自己的仇人他也加以赏赐，玩忽职守犯法的就算是他的亲信也给予处罚，只要诚心认罪伏法就是再重的罪也给予宽大处理，巧言令色逃避责任者就是再轻的过错也要从严治理，再小的善良和功劳都给予褒奖，再小的过错都予以处罚。他处理事务简练实际，能从根本上解决问题，不计较虚名而重视实际，贪慕虚荣的事他都不做；终于使蜀国上下的人都害怕却敬仰他，使用严刑峻法却没有人有怨言，这是因为他用心端正、坦诚，而对人的劝诫又十分明确、正当。可以说，他是治理国家的优秀人才，其才能可以与管仲、萧何媲美。

二是休士劝农。诸葛亮在汉中休士劝农期间，利用汉中的经济条件，因地制宜地采取了一系列发展生产的得力措施，使北伐军资基本上就地得到了解决。诸葛亮死后，蜀汉军撤退，魏军还在蜀营中"获其图书、粮谷甚众"。这正说明了诸葛亮"休士劝农"实行军屯耕战的效果。当地人民生活好了，就可以招来更多的人口，使地广人稀的汉中重新得到发展，逐步达到人多、粮多的良性循环，使百姓"安其居，乐其业"。至今，经诸葛亮"踵迹增筑"的山河堰等水利工程还是汉中地区灌溉面积最大的水利工程。据李仪祉先生考察，"山河堰尚灌褒城田八千余亩，灌南郑县田三万零六百余亩，灌酒县七千余亩，共四万六千余亩"。汉中市的六大名池，至今仍被利用。据考古调查统计，全区至今尚保留有汉以来的古堰70多处，一些堰渠经历代使用维修一直沿用至今。同时，各地在继承和学习古代开发利用水利资源经验的基础上，又不断增修了大批塘、库、陂池等水利设施。仅勉县就增修了能蓄10万立方米水的水库37个，塘与陂池达300多个，冬水田至今仍有5万多亩。上述事实说明，汉中盆地古代农田水利设施至今所产生的实际效用和不断改进利用，与当年诸葛亮在汉中"休士劝农"时开拓农田、兴修水利、发展生产的丰功伟绩是分不开的。

三是南征北伐。作为军事家，诸葛亮得到了历代兵家较高的认可。在诸葛亮死后，司马懿看到诸葛亮的营垒，称赞其为"天下奇才"。唐太宗与李靖在《唐太宗李卫公问对》中多次提到诸葛亮的治军之法与八阵图，给予了极高的评价，并且认为陈寿在《三国志》中对诸葛亮的评价是"史官鲜克知兵，不能纪其实迹焉"。唐朝时将诸葛亮列为武庙十哲之一，与张良、韩信、白起等九位兵家享同等地位。诸葛亮著有诸多军事著述，如《南征》《北伐》《北出》等，对中国军事界有一定的贡献。诸葛亮在技术发明上有杰出的表现，如改良连弩。诸葛亮还推演了兵法，作八阵图，受到唐代将领李靖的推崇。

发明创造方面的贡献主要有以下几项：

一是木牛流马。木牛流马为木制的、带有晃动货箱的人力步行式运输器具。晋陈寿《三国志·蜀志·诸葛亮传》载："亮性长于巧思，损益连弩，木牛流马，皆出其意。"《三国演义》中有关于"木牛流马"的描写：忽一日，长史杨仪入告曰："即今粮米皆在剑阁，人夫牛马，搬运不便，如之奈何？"孔明笑曰："吾已运谋多时也。前者所积木料，并西川收买下的大木，教人制造木牛流马，搬运粮米，甚是便利。牛马皆不水食，可以昼夜转运不绝也。"众皆惊曰："自古及今，未闻有木牛流马之事。不知丞相有何妙法，造此奇物？"孔明曰："吾已令人依法制造，尚未完备。吾今先将造木牛流马之法，尺寸方圆，长短阔狭，开写明白，汝等视之。"众大喜。

二是诸葛连弩。诸葛亮制作了一种连弩，称作元戎弩，能在较短时间内发射十支箭，杀伤力很强。但是，它的体积偏大、重量偏重，单兵无法使用，主要用来防守城池和营寨。

三是八阵图。八阵图分别以天、地、风、云、龙、虎、鸟、蛇命名，加上中军共是9个大阵。中军由16个小阵组成，周围八阵则各以6个小阵组成，共计64个小阵。八阵中，天、地、风、云为"四正"，龙（青龙）、虎（白虎）、鸟（朱雀）、蛇（螣蛇）为"四奇"。另外，尚有24阵布于后方，以为机动之用。相传有周天365种变化。

四是馒头。诸葛亮平定孟获班师回朝，过泸水而不得，按习俗需要拿49个人头祭祀。次日，诸葛亮用面粉和面裹以肉做成人头状，顶替人头用以祭祀。自此以后，祭祀时除有猪、牛、羊外，又多了馒头。馒头，原来叫蛮头，是指顶替祭祀的俘虏蛮夷的头，后改称曼头用以避讳，再后来又加了食字旁成为如今的馒头。

五是孔明灯。孔明灯又叫天灯，相传是由诸葛亮所发明。当年，诸葛亮被司马懿围困于平阳，无法送出消息搬取救兵。于是，诸葛亮算准风向，制作了一些会飘浮的纸灯笼，系上求救的信息，把灯笼放飞。灯笼升上天空，借着风势飘浮到了诸葛亮的大本营，诸葛亮成功地得到解救脱险。因为诸葛亮的别号为孔明，所以后人将诸葛亮发明的这种可以飞升的天灯称为孔明灯。还有一种说法是这种灯笼的外形像诸葛亮戴的帽子，因而得名。孔明灯被诸葛亮发明出来之后，得到了人们的喜爱。每当重大节假日来临，如元宵节、中秋节等节日，人们便将自己的心愿写在小纸条上，让孔明灯带着飞上天空，借孔明灯祈福祈愿。

六是操琴吟唱。诸葛亮精通音律，有很高的音乐修养，这在古籍中多有记述。陈寿《三国志·诸葛亮传》载："玄卒，亮躬耕陇亩，好为梁父吟。"习凿齿《襄阳耆旧记》载："襄阳有孔明故宅……宅西面山临水，孔明常登之，鼓瑟为《梁父吟》，因名此山为乐山。"当然，还有卧龙吟，真是千古绝唱。《中兴书目》载："《琴经》一卷，诸葛亮撰述制琴之始及七弦之音、十三徽取象之意。"谢希夷《琴论》也记载："诸葛亮作《梁父吟》。"《舆地志》载："定军山武侯庙内有石琴一，拂之，声甚清越，相传武侯所遗。"从以上记载就足以看出，诸葛亮在音乐方面有很全面的修养和很高的艺术成就。他既长于声乐——会吟唱，又长于器乐——

善操琴；同时，他还进行乐曲和歌词的创作，而且还会制作乐器——七弦琴和石琴。不仅如此，他还写有一部音乐理论专著——《琴经》。

社会影响

诸葛亮是三国时期一位杰出的政治家、军事家，也是一位家喻户晓、妇孺皆知的历史人物，对中国社会的影响巨大。在中国古代历史上，杰出的政治家、军事家代不乏人，然而能如诸葛亮那样为历代人民所崇敬和敬仰者，实属少见。

诸葛亮之所以能成为"大名垂宇宙"的伟人，在中国各族人民乃至在周边各国如朝鲜、韩国、日本、越南等人民中间久享盛誉、传颂不绝，除了诸葛亮的光辉业绩彪炳史册外，更是因为他以其感人至深的思想品格及垂范后世的廉政思想深刻影响于当时和后世。鞠躬尽瘁、死而后已，是后人对诸葛亮的赞誉，他以自己的实际行动捍卫了人性的光辉和人格的伟大；依法治蜀，可谓诸葛亮一生中的亮点，在推行法制的同时辅之以德化、兼之以"重贤臣、远小人"的行为，构建起1700年前的"和谐社会"，形成"吏不容奸、道不拾遗、强不压弱"的世风；以诚待主、以信待国，是诸葛亮一生奉行的行为准则，挥泪斩马谡的决绝、先主白帝托孤佳话是他遵守此准则的见证，《出师表》更写出了诸葛亮对国对主的一片忠诚之心……诸葛亮是三国沃土中成长起来的一代奇才，生前给西蜀留下了一段灿烂的篇章，身后给世人留下了无尽的追念。

现在，中国社会正处于改革深度发展时期，反腐倡廉是社会改革的主旋律，是经济建设向前推进的保障。在这方面，诸葛亮早在1000多年前就为后人树立了榜样，意义非凡。诸葛亮所处的那个时代，是产生不平均、不平等、不合理现象的渊薮，而他却尽量缩小这种差异，突破历史局限，呈现了当时难得的清明政治局面。漫漫黑夜里的这一束光，依然在照亮今人前行的道路。

诸葛亮廉政思想的内涵有以下几点：不怙权，不专断，不以权谋私。廉洁从政往往要由俭朴的生活作风来支撑。诸葛亮一生崇尚节俭，给后世留下了为政清廉的典范。不沽名钓誉，不居功自傲，诸葛亮具有虚怀若谷的磊落胸怀，"淡泊明志，宁静致远""志当存高远""忍屈伸，去细碎，广咨问，除嫌吝"等流传至今的千古名句，影响着一代又一代中国人。诸葛亮之后，历史上所有清廉有为的官吏如宋代包拯，明代于谦、海瑞等，无不以诸葛亮为楷模，事例之多，不胜枚举。

廉洁文化是先进文化的重要组成部分。诸葛亮的廉政思想及其实践，丰富和充实了中华民族传统的廉洁文化。廉洁文化的发展，可以有力地促进社会主义先进文化的发展。文化是一种软环境。从文化的角度审视廉洁，以廉洁的尺度评判社会，是廉洁文化最为根本的特征。廉洁文化不仅是一种道德观念，更是一种价值尺度：一个社会的廉洁氛围浓厚不浓厚，是衡量这个社会是否健全的一个重要指标；一种文化是否先进，应看这种文化是否包含廉洁文化。腐败现象之所以滋生蔓延，一个重要原因就是腐败行为背后有腐朽文化作支撑，腐朽没落的官本位意识、贪图享乐的思想观念、醉生梦死的生活方式等还有一定的市场。而廉洁文化以鲜明的态度批判腐朽文化根基，摧毁极端个人主义、享乐主义等观念，在全社会形成以廉洁为荣的浓厚氛围，给腐败行为造成巨大的社会舆论和社会心理压力，从而有效地遏制腐败现象，达到干部廉洁、政治清明的目的。

积极吸收和借鉴诸葛亮廉洁文化建设的优秀成果，建设社会主义的廉洁文化，坚持古为今用，对于建立健全廉洁文化建设的体制和机制，以制度和规范作保障，特别是建立与廉洁文化相适应的社会政治规范，显然具有巨大的现实意义和深远的历史意义。今人要以诸葛亮为楷模，使廉洁成为一种习惯、一种文化自觉，让廉洁文化深入社会生活的各个方面，夯实廉洁文化根基，为实现富民强国做出贡献。

五 魏晋南北朝、隋唐时期

书圣：王羲之

本名：王羲之
别名：王右军、王会稽、王逸少
所处时代：东晋时期
出生地：琅邪（今山东省临沂市）
出生日期：公元303年，一作公元307年，又作公元321年
逝世日期：公元361年，一作公元365年，又作公元379年
主要成就：创作书法
代表作品：《黄庭经》《乐毅论》《兰亭序》《初月帖》，草书《十七帖》
尊称：书圣

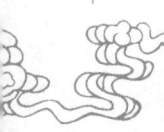

人物生平

　　王羲之（303—361，一作 307—365，又作 321—379），字逸少，东晋时期著名书法家；祖籍琅邪（今山东省临沂市），后迁会稽山阴（今浙江省绍兴市）。其代表作《兰亭序》被誉为"天下第一行书"。在书法史上，他被后人尊称为"书圣"，与其子王献之合称为"二王"。

　　王羲之出身于魏晋名门琅邪王氏，自幼爱习书法，由父王旷、叔父王廙启蒙。7 岁善书，12 岁从父亲枕中窃读前代《笔论》。王旷善行书、隶书，王廙擅长书画。王僧虔《论书》曾评："自过江东，右军之前，惟廙为最，画为晋明帝师，书为右军法。"王羲之从小就受到王氏世家深厚的书学熏陶。当代留美书法新秀刘铎曾赞叹："好字唯之（之，即王羲之）。"

　　王羲之早年从卫夫人学书。卫铄，师承钟繇，妙传其法。她给王羲之传授钟繇之法、卫氏数世习书之法以及她自己酿育的书风与法门。唐人书评曰："卫夫人书如插花舞女，低昂芙蓉；又如美女登台，仙娥弄影；又若红莲映水，碧沼浮霞。"今人沈尹默分析说："羲之从卫夫人学书，自然受到她的熏染，一遵钟法，姿媚之习尚，亦由之而成，后来博览秦汉以来篆隶淳古之迹，与卫夫人所传钟法新体有异，因而对于师传有所不满，这和后代书从帖学入手的，一旦看见碑版，发生了兴趣，便欲改学，这是同样可以理解的事。可以体会到羲之的姿媚风格和变古不尽的地方，是有深厚根源的。"（《二王法书管窥》）

　　王羲之善于转益多师。当从卫夫人的书学藩篱中脱出时，他已置身于新的历史层面上。他曾自述这一历史转折："予少学卫夫人书，将谓大能；及渡江北游名山，见李斯、曹喜等书，又之许下，见钟繇、梁鹄书，又之洛下，见蔡邕《石经》三体书，又于从兄洽处，见张昶《华岳碑》，始知学卫夫人书，徒费年月耳。遂改本师，仍于众碑学习焉。"从这段话可以看到王羲之不断开阔视野、广闻博取、探源明理的经历和用心。

　　王羲之志存高远，富于创造。他学钟繇，自能融化。钟书尚翻，真书亦具分势，用笔尚外拓，有飞鸟鶱腾之势，所谓钟家隼尾波。王羲之心仪手追，但易翻为曲，减去分势，用笔尚内抵，不折而用转，所谓右军"一搨直下"。他学张芝也是自出机杼。唐代张怀瓘曾在《书断》中指出这一点："剖析张公之草，而浓纤折衷，乃愧其精熟；损益钟君之隶，虽运用增华，而古雅不逮，至研精体势，则无所不工。"王羲之对张芝草书"剖析""折衷"，对钟繇隶书"损益""运用"，对这两位书学大师都能"研精体势"。沈尹默称扬道："王羲之不曾在前人脚下盘泥、依样画着葫芦，而是要运用自己的心手，使古人为我服务，不泥于古，不背乎今。他把平生从博览所得秦汉篆隶的各种不同笔法妙用，悉数融入真行草体中去，遂形成了他那个时代最佳体势，推陈出新，更为后代开辟了新的天地。这是王羲之'兼撮众法，备成一家'因而受人推崇的缘故。"

　　王羲之历任秘书郎、宁远将军、江州刺史，后为会稽内史、右军将军。

东晋穆帝永和九年（353）三月三日，王羲之和谢安、孙绰等人在绍兴兰亭修禊（一种祓除疾病和不祥的活动）时，众人饮酒赋诗，汇诗成集。羲之即兴挥毫为此诗集作序，这便是有名的《兰亭序》。此帖为草稿，28行，324字，记述了当时文人雅集的情景。作者因当时天时、地利、人和效果发挥极致，据说后来再写已不能逮。其中有20多个"之"字，写法各不相同。宋代米芾称之为"天下第一行书"。

永和十一年（355）三月，王羲之称病弃官。"携子操之由无锡徙居金庭，建书楼，植桑果，教子弟，赋诗文，作书画，以放鹅弋钓为娱。"他和许询、支遁等人，开始遍游剡地山水。定居金庭后，书法兴起。其后裔多擅书画，作品挂满厅堂、书房，人称"华院画堂"。后人定村名为"华堂"，沿称至今。

59岁时，王羲之卒于会稽金庭（今浙江省绍兴市），葬于金庭瀑布山（又称紫藤山），其五世孙衡舍宅为金庭观，遗址犹存。梁大同年间（535－546），嗣孙建右军祠于墓前。

轶事典故

关于王羲之的轶事典故有很多，流传较广的主要有以下几个：

入木三分。传说晋帝要到北郊去祭祀，让王羲之把祝词写在一块木板上，再派工人雕刻。刻字者把木板削了一层又一层，发现王羲之的书法墨迹一直印到木板里面去了。他削进三分深度才见底。刻字者惊叹王羲之笔力雄劲，书法技艺炉火纯青，笔锋竟能"入木三分"。

东床快婿。太尉郗鉴有个女儿，年方二八，生得貌美如花，尚未婚配。郗鉴与丞相王导情谊深厚。听说王丞相家子弟甚多，个个都才貌俱佳，郗鉴就把自己择婿的想法告诉了王丞相。王丞相说："那好啊，我家里子弟很多，就由您到家里来挑选吧。凡你相中的不管是谁，我都同意。"郗鉴就命心腹管家带上厚礼到了王丞相家。王府子弟听说郗太尉派人觅婿，都仔细打扮一番出来相见。寻来觅去，一数少了一人。王府管家便领着郗府管家来到东跨院的书房里，房中靠东墙的床上躺着一个袒露着腹部的青年人，对太尉觅婿一事无动于衷。郗府管家回到府中，对郗太尉说："王府的年轻公子二十余人，听说郗府觅婿都争先恐后，唯有东床上有位公子，袒腹躺着若无其事。"郗鉴说："我要选的就是这样的人，走，领我去看看。"郗鉴来到王府，见此人豁达文雅，才貌双全，当场择为快婿。"东床快婿"一词便由此而来。

竹扇题字。有一次，王羲之路过山阴城的一座小桥，见有位老婆婆拎了一篮子六角形的竹扇在集市上叫卖。那种竹扇很简陋，没有什么装饰，引不起过路人的兴趣，眼看着是卖不出去了，老婆婆十分着急。看到这情形，王羲之很同情那老婆婆，就上前跟她说："你这竹扇上没画没字，当然卖不出去。我给你题上字，怎么样？"老婆婆不认识王羲之，见他这样热心，就把竹扇交给了他。王羲之提起笔来，在每把扇面上龙飞凤舞地写了五个字，就还给老婆婆。老婆婆不识字，觉得他写的字很潦草，很不高兴。王羲之安慰她说："别急。你告

王羲之认为养鹅不仅能陶冶情操，还能令人对书法产生感悟

诉买扇的人，说上面是王右军写的字。"王羲之一离开，老婆婆就照他的话做了。集上的人一看，真是王右军的书法，都抢着买，一篮子竹扇很快就卖完了。

书成换鹅。王羲之很喜欢鹅，他认为养鹅不仅能陶冶情操，还能令人从鹅的动作形态中悟到一些书法理论。有一次，王羲之出外游玩，看到一群很漂亮的白鹅，便想买下。一问之下，得知这些鹅是附近一位道士养的，他便找到那位道士想买下那群鹅。那位道士听说大名鼎鼎的王羲之要买鹅，便说："只要你能为我抄一部《黄庭经》，我便将这些鹅送给你。"王羲之欣然答应，这便成就了书成换鹅的佳话。

巧补春联。每逢除夕，王羲之都要亲手写春联贴于门上。因为他的字号称"天下第一行书"，很多人都想得到他的字。所以，每年除夕，他的春联一贴出，不到半夜，就被人偷偷揭走。这一年，除夕又至，王羲之照旧写了"福无双至，祸不单行"八个字的春联，空下了下半截。想偷对联的人一看此八个字太不吉利，便扫兴而归。到了寅时，王羲之补了后半截，变成了"福无双至今朝至，祸不单行昨夜行"。第二天一大早，想偷春联的人见春联变了样，皆赞叹不已，拍手叫绝。

墓址

因与骠骑将军王述不和，王羲之称病辞官迁来金庭，晚年即在金庭养老，直至去世。王羲之去世后便安葬在此。此处现在尚有王氏后嗣于清代所建之家庙——金庭观。观右有一座古朴的石坊，横额上镌"王右军墓道"六字。穿石坊上行山谷，是一条依稀可辨的鹅卵石铺成的古墓道，尽头处便是王羲之墓。

王羲之墓本身并不大，墓的制式与谢安墓相仿，也是青石条围沿一土堆，类似杭州岳飞墓。墓前有大碑，镌刻《兰亭序》全文。碑体有些风化斑驳，许多地方字迹湮漫，只能依稀辨识。倒是相关的墓园规模相当大，大得令人惊讶。

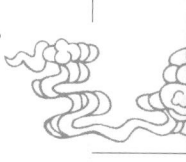

历史贡献

王羲之的书法艺术达到了登峰造极的高度，究其原因，与王羲之信奉道教，书、道合一有很大的关系。土生土长的道教，很早就产生了道教符。经书往往由精于书艺的经生抄写，而抄经人在书写经本的过程中不知不觉地就受到了道教文化潜移默化的影响。历史上诸多道家学者多是有名的书画家，他们修身养性，既精通道法，又能挥毫泼墨、落笔成体。王羲之就是这方面的典型代表，他将修道和书法艺术相融合，二者相得益彰，因而产生了巨大的艺术魅力。王羲之的道教信仰有着深厚的家庭背景。王氏家族是东晋时最具代表性的文化士族，从上到下，信奉黄老学说。《晋书·王羲之传》记载，王氏家族"世事张氏五斗米道"。

历史上第一次学王羲之的高潮在南朝梁，第二次则在唐。唐太宗极度推尊王羲之，不仅广为收罗王书，且亲自为《晋书·王羲之传》撰赞辞，评钟繇则"论其尽善，或有所疑"，论献之则贬其"翰墨之病"，论其他书家皆谓"誉过其实"。通过比较，唐太宗认为右军"尽善尽美"，"心慕手追，此人而已，其余区区之类，何足论哉"。从此，王羲之在书学史上至高无上的地位便被确立并巩固下来。宋、元、明、清诸朝学书人，无不尊晋宗"二王"。唐代欧阳询、虞世南、褚遂良、薛稷和颜真卿、柳公权，五代杨凝式，宋代苏轼、黄庭坚、米芾、蔡襄，元代赵孟頫，明代董其昌，历代书学名家，无不皈依王羲之。清代虽以碑学打破帖学的范围，但王羲之的"书圣"地位仍未动摇。"书圣""墨皇"虽有"圣化"之嫌，但世代名家、巨子，通过比较、揣摩，无不心悦诚服，推崇备至。

社会影响

王羲之书圣地位的确立，有其演变过程。南朝宋泰始年间的书家虞龢在《论书表》中说："泊乎汉、魏，钟（繇）、张（芝）擅美，晋末二王称英。"右军书名盖世于当时，而宋齐之间书学地位最高者则推王献之。献之从父学书，天资极高，敏于革新，转师张芝，而创上下相连的草书，媚妍甚至超过其父，穷微入圣，与其父同称"二王"。南朝梁陶弘景《与梁武帝论书启》云："比世皆尚子敬书"，"海内非惟不复知有元常，于逸少亦然"。这种状况由于梁武帝萧衍推崇王羲之而改变，他把当时的书学位次由王献之—王羲之—钟繇转变为钟繇—王羲之—王献之。《观钟繇书法十二意》中萧衍云："子敬之不迨逸少，犹逸少之不迨元常。""不迨"或作"不逮"，不及之意。萧衍的地位使他的品评有特殊的感召力，因而舆论遂定。

王羲之的《兰亭序》为历代书法家所敬仰，被誉作"天下第一行书"。王兼善隶、草、楷、行各体，精研体势，心摹手追，广采众长，备精诸体，治于一炉，摆脱了汉魏笔风，自成一家，影响深远。其书法平和自然，笔势委婉含蓄，遒美健秀，世人常用曹植的《洛神赋》中"翩若惊鸿，婉若游龙，荣曜秋菊，华茂春松。仿佛兮若轻云之蔽月，飘飖兮若流风之回雪"赞美王羲之的书法之美。

　　王羲之的书法影响了一代又一代的书家。但他的真迹早已不存于世，唐代的精摹本历来被当作真迹看待。由于年代久远，且本帖享盛名已久，和王羲之其他墨迹一样，对它的摹刻年代就有不同推断。有称为宋摹的，也有疑为米芾所摹的，而更多的则定为唐摹。它著录极多，并一再被刻入各种丛帖中，元以后的公私藏印及流传历历可考，其珍贵性不言而喻。

率圣：祖冲之

本名：祖冲之
别名：祖文远
所处时代：南北朝时期
出生地：范阳郡遒县（今河北省涞水县）
出生日期：公元429年
逝世日期：公元500年

评价：数学家、天文学家
主要成就：创立《大明历》，把圆周率推算到小数点后7位
主要作品：《述异记》《安边论》
尊称：率圣

人物生平

祖冲之（429－500），字文远，范阳遒人，刘宋时代数学家、天文学家。祖冲之是南朝人，出生在刘宋，死于南齐。他在世界数学史上第一次将圆周率（π）值计算到小数点后7位。他提出圆周率的约率为22/7，密率为355/113，这一密率值是世界上最早提出的，这项成果领先世界近1000年。由于祖冲之对圆周率数值的精确推算，一些外国数学史家曾建议将圆周率命名为"祖率"，祖冲之则被尊称为"率圣"。

祖冲之祖籍范阳遒县。为避战乱，祖冲之的祖父祖昌由河北迁至江南。祖昌曾任刘宋的大匠卿，掌管土木工程。祖冲之的父亲也在朝中做官。受家庭熏陶，祖冲之从小接受家传的科学知识，青年时进入华林学省，从事学术活动。同时，祖家历代对于天文历法都很有研究。因此，祖冲之从小就有接触天文学知识的机会。

祖冲之对于自然科学和文学、哲学都有广泛的兴趣，特别是对天文、数学和机械制造，更有强烈的爱好和深入的钻研。早在青年时期，他就有了博学多才的名声，并且被政府派到当时的一个学术研究机构——华林学省去做研究工作。后来，他又担任过地方官职。公元461年，他任南徐州（今江苏省镇江市）刺史府里的从事史。公元464年，宋朝政府调他到娄县（今江苏省昆山市东北）做县令。

在这段时期，虽然祖冲之的生活很不安定，但他仍然坚持学术研究，并且取得了很大的成就。他研究学术的态度非常严谨。他十分重视古人研究的成果，但又绝不迷信，不拘泥于古人。用他自己的话说就是：绝不"虚推（盲目崇拜）古人"，而要"搜炼古今（从大量的古今著作中吸取精华）"。一方面，他对于古代科学家刘歆、张衡、阚泽、刘徽、刘洪等人的著述都作了深入的研究，充分吸取其中一切有用的东西；另一方面，他又敢于大胆怀疑前人在科学研究方面的结论，并通过实际观察和研究加以修正补充，从而取得许多极有价值的科学成果。在天文历法方面，他所编制的《大明历》是当时最精密的历法。在数学方面，他推算出准确到6位小数的圆周率，取得了当时世界上最先进的成果。

刘宋末年，祖冲之回到建康（今江苏省南京市），担任谒者仆射的官职。从那时起，一直到南齐初年，他花了较大的精力来研究机械制造，重造指南车，发明千里船、水碓磨等，做出了出色的贡献。

祖冲之晚年的时候，南齐统治集团发生了内乱，政治腐败黑暗，人民生活非常痛苦。北朝的魏乘机发大兵向南进攻。从公元494年到500年间，江南一带又陷入战火。对于这种内忧外患重重逼迫的政治局面，祖冲之非常关心。他担任长水校尉官职时写了一篇《安边论》，建议政府开垦荒地、发展农业，增强国力、安定民生、巩固国防。齐明帝看到这篇文章，打算派祖冲之巡行四方，兴办一些有利于国计民生的事业。但是，由于连年战争，他的建议始终没能实现。公元500年，这位卓越的大科学家去世，享年72岁。

历史贡献

祖冲之是刘宋时代的数学家、天文学家。他在历史上的贡献主要在数学、天文历法和机械制造与文化三个领域。

数学领域。祖冲之推算出圆周率π的不足近似值（朒数）3.1415926和过剩近似值（盈数）3.1415927，指出π的真值在朒、盈两限之间，即3.1415926＜π＜3.1415927，并用以校算新莽嘉量斛的容积。这个圆周率值是当时世界上最先进的数学成就，直到15世纪阿拉伯数学家阿尔·卡西和16世纪法国数学家韦达才得到更精确的结果。祖冲之还确定了两个分数形式的圆周率值，约率π=22/7（≈3.14），密率π=355/113（≈3.1415929）。其中，密率是在分母小于1000的条件下圆周率的最佳近似分数。密率为祖冲之首创，直到16世纪才被德国数学家奥托和荷兰工程师安托尼兹重新计算得到。在西方数学史上，这个圆周率值常被称为安托尼兹率。祖冲之还和儿子祖暅之一起圆满地利用"牟合方盖"解决了球体积的计算问题，得到正确的球体积计算公式。祖冲之入选世界纪录协会，是第一位将圆周率值计算到小数点后第7位的科学家，他的这一成就代表了当时世界上该领域的最高水平。而这一纪录直到1596年才由荷兰数学家卢道夫打破。

天文历法领域。祖冲之在天文历法方面的成就，大都包含在他所编制的《大明历》及为《大明历》所写的驳议中。之前，人们使用的历法是天文学家何承天编制的《元嘉历》。祖冲之经过多年的观测和推算，发现《元嘉历》存在很大的误差。于是，祖冲之着手制定新的历法。宋孝武帝大明六年（462），祖冲之编制成了《大明历》。但在他生前此历始终没能被采用，直到梁武帝天监九年（510）此历才正式颁布施行。《大明历》的主要成就如下：区分了回归年和恒星年，首次把岁差引进历法，测得岁差为45年11个月差一度（今测约为70.7

祖冲之是世界上第一位将圆周率值计算到小数点后第7位的科学家

年差一度）。岁差的引入是中国历法史上的重大进步。定一个回归年为 365.24281481 日（今测 365.24219878 日），直到南宋宁宗庆元五年（1199）杨忠辅制《统天历》以前，它一直是最精确的数据。另外，他还对历法进行了完善。中国古代劳动人民在生产劳动中发现了日月运行的基本规律，把第一次月圆或月缺到第二次月圆或月缺的这段时间规定为一个月，每个月是 29 天多一点儿，12 个月称为一年。这种计年方法叫作阴历。祖冲之认为 19 年 7 闰的闰数过多，每 200 年就要差一天；而赵陫 600 年 221 闰的闰数又稍稀，也不十分精确。因此，他提出了 391 年 144 闰的新闰法。这个闰法在当时算是最精确的了。

机械制造与文化领域。祖冲之设计制造过水碓磨、铜制机件传动的指南车、千里船、定时器等。他在音律、文学、考据方面也有造诣。他精通音律，擅长下棋。著作有《释论语》《释孝经》《易义》《老子义》《庄子义》及小说《述异记》等。他写的《缀术》一书被收入著名的《算经十书》中，作为唐代国子监算学课本，可惜后来失传了。

社会影响

《隋书》元朝大德丙午年（1306）版本中，就有与其他现传版本一样的关于祖冲之圆周率的记载，而且还有不少明朝之前的数学家在自己的著作中引用过祖冲之圆周率的记载。这些事实都证明祖冲之在圆周率研究方面的影响是巨大的。

这一光辉成就，也充分反映了我国古代数学高度发展的水平。祖冲之不仅受到中国人民的敬仰，也受到世界各国科学界人士的推崇。日本数学家三上义夫曾建议把 355/113 这个圆周率数值称为"祖率"，以此纪念这位大数学家。

1960 年，苏联科学家在研究了月球背面的照片以后，用世界上一些最有贡献的科学家的名字命名那上面的山谷，其中有一座环形山就被命名为"祖冲之环形山"。

1964 年 11 月 9 日，为了纪念祖冲之对世界科学文化做出的伟大贡献，紫金山天文台将 1964 年发现的、国际永久编号为 1888 的小行星命名为"祖冲之星"。

药圣：孙思邈

本名：孙思邈
别名：妙应真人
所处时代：隋唐时期
出生地：京兆华原（今陕西省铜川市）
出生日期：公元581年
逝世日期：公元682年
评价：医学家
代表作品：《千金要方》《千金翼方》等
尊称：药王、药圣

人物生平

孙思邈生于隋开皇元年（581），卒于唐永淳元年（682），自号孙真人，京兆华原（今陕西省铜川市耀州区孙塬镇）人。他是隋、唐两代大医学家，他用自己的一生见证灵芝的长寿之道，并著书立说。唐太宗李世民赞孙思邈"凿开径路，名魁大医"。宋徽宗敕封其为"妙应真人"。西方称之为"医学论之父"，是与希波克拉底齐名的世界三大医德名人之一，被后世尊称为"药王""药圣"。

孙思邈自幼聪颖好学，7岁时就认识1000多个字，每天能背诵上千字的文章。自谓"幼遭风冷，屡造医门，汤药之资，罄尽家产"。及长，通老、庄及百家之说，兼好佛典。年十八立志究医，"颇觉有悟，是以亲邻中外有疾厄者，多所济益"。

孙思邈认为走仕途、做高官太过世故，不能随意，就多次辞谢了朝廷的封赐。隋文帝让他做国子博士，他也称病不做。唐太宗即位后召他入京，见他50多岁的人竟容貌气色、身形步态皆如少年一般，十分感叹，便道："所以说，有道之人真是值得人尊敬呀！像羡门、广成子这样的神仙人物原来世上竟是有的，怎么会是虚言呢？"唐太宗想授予他爵位，但被孙思邈拒绝了。

孙思邈归隐的时候，高宗又赐他良驹，还将已故鄱阳公主的宅邸让他居住。就连当时的名士宋令文、孟诜、卢照邻等文学大家都十分尊敬他，以待师长的礼数来待他。

孙思邈对古典医学有深刻的研究，对民间验方十分重视，一生致力于医学临床研究，对内、外、妇、儿、五官、针灸各科都很精通。他有24项成果开创了我国医药学史上的先河，特别是论述医德思想，倡导妇科、儿科、针灸穴位等都是先人未曾做过的。孙思邈认为医生须以解除病人痛苦为唯一职责，其他则"无欲无求"，对病人一视同仁"皆如至尊"，"华夷愚智，普同一等"。他身体力行，一心扑在治病救人上，不慕名利，用毕生精力实现了自己的医德思想。

孙思邈一生勤于著书，晚年隐居于京兆华原五台山（药王山）专心写作，直至白首之年，未尝释卷。他一生著书80多种，其中以《千金要方》《千金翼方》影响最大。两部巨著60卷，药方论6500首。《千金要方》和《千金翼方》合称为《千金方》，是唐代以前医药学成就的系统总结，被誉为我国最早的一部临床医学百科全书，对后世医学的发展影响深远。

逸闻趣事

孙思邈一生研究医学、药学，留下了许多脍炙人口的故事。

必死无疑。 孙思邈20岁以前，初涉医界，经验不足，民间曾传他时运背，用甘草也能毒死人。有一次，有位老婆婆要买毒药，准备毒死自己那忤逆不孝的儿子。孙思邈便抓了一服甘草，哄骗来者。谁知，老婆婆回到家后，把甘草与其儿子掂回的一条鲤鱼合炖，儿子吃下后，真的七窍出血，当即毙命。后经一道士指点，孙思邈方知甘草和鲤鱼犯忌。之后，孙思邈的外甥为驳斥流言，没病装病让舅舅诊治。甥舅二人谈话时不慎坐凳摔倒，外甥的肋骨和肠子跌断，回家不久便离开人世。乡人更加相信孙思邈医术的确不精，便传说他为人看病，"看一个死一个，治两个死一双"。在沉重的压力下，孙思邈决心云游天下、遍访名师、提高技艺。

八斤大脚。孙思邈在携妻带子的云游途中，仍不断为人诊治，但依然屡屡失败，内心十分痛苦。一日，孙思邈遇一老道。老道说："故人云，读万卷书，行万里路。如今，你读书虽然不少，路却走得不多。"孙思邈说："我已遍游太白山、终南山、峨眉山，这还不够吗？"老道说："你说得很对。中原是伏羲制九针，神农尝百草，黄帝修道研医、教民治百病的主要地方，又是中华医药的发祥之地，你不妨再游中岳嵩山。啥时你妻子的脚长到八斤重了，你就不会医死人了。"孙思邈听后不以为然，谁的脚丫子能有八斤重呢？后来，一个阴雨连绵的日子，他们行走到阳翟（今河南省禹州市）境内。在翻越城北八里岗时，因道路泥泞，推车前行的孙思邈催促落在后边老远的妻子上前帮忙，妻子抱怨说："我的脚能有八斤重了，咋会走得快！"行至岗下村口时，正遇众人抬着一位难产昏死的孕妇下葬，孙思邈遂拦下救治，一针扎下救活了两条人命。从此，孙思邈名声大振，便在阳翟定居行医，登门求医者络绎不绝。

虎朋虎友。一次，在行医途中，孙思邈遇一雄虎挡道。因怕被虎所伤，他就绕道而行。结果又遇此虎，此虎低首哀鸣，似在求助。当时，孙思邈非常纳闷儿，对虎言道："我为人治病，有啥不妥？你再三阻挡，莫非要我治病不成？"此虎听罢，两眼含泪，连连点头。孙思邈恍然大悟，便随雄虎进入一山洞，见一只雌虎横卧洞中，表情痛苦。撬开虎口，孙思邈发现一根兽骨刺入虎喉，吐咽不下。孙思邈立即取出兽骨，并用银针刺破肿块，消除了雌虎的痛苦。之后，雄虎为报答孙思邈的厚恩，便常常与之结伴而行，以保护其安全。遇上难行的山道，老虎便驮着孙思邈，像坐骑一样接送孙思邈四处行医。人们互相传说，都知道孙思邈有个老虎朋友。加上他以高超的医术救活了不少濒临死亡的人，给穷人治病分文不取，因而名声越

为报答孙思邈的厚恩，老虎常与他结伴而行

来越大。

小方治大病。据记载，有一个病人得了尿潴留病，撒不出尿来。看到病人憋尿时难受的样子，孙思邈想："吃药来不及了。如果想办法用根管子插进尿道，尿或许会流出来。"他看见邻居的孩子拿一根葱管在吹着玩儿，葱管尖尖的，又细又软，孙思邈决定用葱管来试一试。于是，他挑选出一根适宜的葱管，在火上轻轻烧了烧，切去尖的一头，然后小心翼翼地插进病人的尿道里，再用力一吹，不一会儿尿果然顺着葱管流了出来。病人的小肚子慢慢瘪了下去，病也就好了。

拒官做事。贞观二十三年（649），唐太宗之女身患重病，久治不愈，不少御医因束手无策而被贬。孙思邈应召入宫，经悬线诊脉，确诊为百花香气扑身导致怀孕。孙思邈当即取出随身所带灵药让公主服下，不多时公主产下一具似虎类狮、里外透明的怪胎，取名为"花蕊"。数月后，唐太宗召见孙思邈，欲授之官职，孙思邈不从。唐太宗遂封其为"药王"，随赐"花蕊"带回。孙思邈离京后，继续到阳翟行医采药，并将采到的草药加工成丸、散、膏、丹，灌入"花蕊"口中，进入五脏六腑，哪里有疾，药物就会在哪里受阻溶化。经过数年反复试验，孙思邈积累下数千验方，并著就闻名后世的《备急千金要方》和《千金翼方》。孙思邈去世后，阳翟不少药铺纷纷到陶瓷作坊烧制酷似"花蕊"的陶瓷制品，以铭记"药王"的功德。同时，为了纪念孙思邈，阳翟人在城内西南隅建造了一座药王祠，并用上好石料刻制一通孙思邈坐于虎背之上为龙王治病的方形石碑。传说，凡到禹州学医的人，只要到药王祠瞻仰一下"药王"圣容，给人治病十治九愈。所以，民间有"药不到禹州不香，医不见药王不妙"之说。为了占据禹州这块风水宝地，各地药商纷纷在药王祠以北投资开设店铺，卖药行医。至今，禹州仍保留着一条约350米长的药王祠街。

历史贡献

孙思邈的《千金要方》和《千金翼方》影响极大。因此，这两部著作被誉为我国古代的医学百科全书，起到了上承汉魏、下接宋元的历史作用。两书问世后，备受世人瞩目，甚至漂洋过海，广为流传。日本在天宝、万治、天明、嘉永及宽政年间，都曾经出版过《千金要方》，其影响可见一斑。

孙思邈在医药学方面的成就有：医学巨著《千金方》是我国历史上第一部临床医学百科全书，被国外学者推崇为"人类之至宝"；第一个完整论述医德；第一个倡导建立妇科、儿科；第一个麻风病专家；第一个发明手指比量取穴法；第一个创绘彩色《明堂三人图》；第一个将美容药推向民间；第一个创立"阿是穴"；第一个扩大奇穴选编针灸验方；第一个提出复方治病；第一个提出多样化用药外治牙病；第一个提出用草药喂牛而使用牛奶治病；第一个提出"针灸会用，针药兼用"和预防"保健灸法"；系统、全面、具体论述药物种植、采集、收藏的第一人；第一个提出并成功试验野生药物变家种；首创地黄炮制和巴豆去毒炮制方法；首用胎盘粉治病；最早使用动物肝治眼病；第一个治疗脚气病并最早用构树皮煎汤煮粥食用预防脚气病和脚气病的复发，比欧洲人早1000多年；首创以砷剂（雄黄等）治疗疟疾病，比英国人用砒霜制成的孚勒氏早1000多年；第一个提出"防重于治"的医疗思想；首用羊靥（羊甲状腺）治疗甲状腺肿；是我国历史上第一位深入民间，向群众和同行虚心学习、收集校验秘方的医生；第一个发明导尿术。

孙思邈在养生方面留下的妙法有：

发常梳。将手掌互搓36下令掌心发热，然后由前额开始扫上去，经后脑扫回颈部。早晚各做10次。头部有很多重要的穴位，经常"梳发"，可以防止头痛、耳鸣、白发和脱发。

目常运。合眼，然后用力睁开眼，眼珠打圈，望向左、上、右、下四方；再合眼，用力睁开眼，眼珠打圈，望向右、上、左、下四方。重复3次。有助于眼睛保健，纠正近视。

齿常叩。口微微合上，上下排牙齿互叩，无须太用力，但牙齿互叩时须发出声响，做36下。可以通上下颚经络，保持头脑清醒，加强肠胃吸收，防止蛀牙和牙骨退化。

漱玉津。口微微合上，将舌头伸出牙齿外，由上面开始，向左慢慢转动，转12圈，然后将口水吞下去；再由上面开始，反方向做12圈。然后，口微微合上，舌头在口腔里，围绕上下颚转动，左右各转12圈后吞口水，想象将口水带到下丹田。唾液含有大量酵素，能调和激素分泌，因此可以强健肠胃。

耳常鼓。手掌掩双耳，用力向内压，放手，听到"噗"的一声，重复做10下；双手掩耳，将耳朵反折，双手食指扣住中指，以食指用力弹后脑风池穴10下。每天临睡前做，可以增强记忆和听觉。

面常洗。搓手36下，暖手以后上下扫面。这个动作经常做，可以令脸色红润有光泽，同时不会有皱纹。

头常摇。双手叉腰，闭目，垂头，缓缓向右扭动，直至复原位为一次，做6次，反方向重复。这个动作经常做令头脑灵活，注意要慢慢做，否则会头晕。

腰常摆。身体和双手有韵律地摆动。身体扭向左时，右手在前、左手在后，在前的右手轻轻拍打小腹，在后的左手轻轻拍打"命门"穴位，反方向重复。最少做50下，做够100下更好。可以强化肠胃、固肾气，防止消化不良、胃痛、腰痛。

腹常揉。搓手36下，手暖后两手交叉，围绕肚脐顺时针方向揉。揉的范围由小到大，做36下。可以帮助消化、吸收，消除腹部鼓胀。

摄谷道。吸气时，将肛门的肌肉收紧。闭气，维持数秒，直至不能忍受，然后呼气放松。无论何时都可以练习。最好是每天早晚各做20—30次。相传这动作是"十全老人"乾隆最得意的养生功法。

膝常扭。双脚并排，膝部紧贴，人微微下蹲，双手按膝，向左右扭动，各做20下。可以强化膝关节。

常散步。挺直胸膛，轻松地散步。最好心无杂念，尽情欣赏沿途景色。民间有个说法，"饭后走一走，活到九十九"。虽然有点儿夸张，不过，散步确实是有益的运动。

脚常搓。右手擦左脚，左手擦右脚。由脚跟向上至脚趾，再向下擦回脚跟为一下，共做36下。两手大拇指轮流擦脚心涌泉穴，共做100下。脚底集中了全身器官的反射区，经常搓脚可以强化各器官，治失眠、降血压、消除头痛。

社会影响

孙思邈是古代医德、医术均堪称一流的名家，尤其对医德的强调，为后世的习医、业医者传为佳话。他的名著《千金方》中，也把"大医精诚"的医德规范放在了极其重要的位置上，专门立题，重点讨论。而他本人也以德养性、以德养身、德艺双馨，成为历代医家和百姓尊崇备至的伟大人物。

孙思邈是我国医德思想的创始人，中国古代当之无愧的著名科学家和思想家，是中华医学发展先河中一颗璀璨夺目的明珠，在中外医学史上留下了不可磨灭的功勋，千余年来一直受到人们的高度评价和崇拜。现今，我国各地都有祠堂纪念他。陕西铜川市耀州区药王故里孙原村现存有药王孙思邈诞生遗址、幼读遗址、药王墓及孙氏茔园、药王碑苑和宏伟壮观的药王纪念中心、药王祠堂，每年农历二月二开展规模宏大的"药王"孙思邈文化节纪念活动。平时，来自国内外的游客络绎不绝。

孙思邈认为"人命至重，有贵千金，一方济之，德逾于此"，故将自己的两部著作均冠以"千金"二字，名《千金要方》和《千金翼方》。这两部书的成就在于：首先对张仲景的《伤寒杂病论》有很深的研究，为后世研究《伤寒杂病论》提供了可参考的门径，尤其对广义伤寒增加了更具体的内容。他创立了从方、证、治三方面研究《伤寒杂病论》的方法，开后世以方类证的先河。《千金要方》是我国最早的医学百科全书，从基础理论到临床各科，理、法、方、药齐备。一类是典籍资料，另一类是民间单方验方。它广泛吸收各方面之长，雅俗共赏，缓急相宜。时至今日，其中很多内容仍起着指导作用，有极高的学术价值，确实是价值千金的中医瑰宝。《千金要方》是对方剂学发展的巨大贡献。书中收集了从张仲景时代直至孙思邈所处时代长达数百年的方剂成就，在阅读仲景书方后，再读《千金方》，真能大开眼界、拓宽思路，特别是源流各异的方剂用药，显示出孙思邈的博极医源和精湛医技。后人称《千金方》为"方书之祖"。

《千金要方》在食疗、养生、养老方面做出了巨大贡献。孙思邈能寿逾百岁，就是他积极倡导这些方面的理论与其自身实践相结合的结果。孙思邈的辉煌成就，生前就受到人们的崇敬，他被人尊称为"药王""真人""药圣"。他去世后，人们在其故居的鉴山畔虔诚奉祀。

乔世宁序中云："鉴山香火，于关中为盛，虽华岳吴镇弗逮焉。"孙思邈在日本也享有盛誉，尤其是日本名医丹波康赖和小岛尚质等对他也十分崇拜。

在药物学研究方面，孙思邈倾注了大量的心血。从药物的采集、炮制到性能认识，从方药的组合配伍到临床治疗，孙思邈参考前人的医药文献，并结合自己数十年的临床心得，写成了我国医学发展史上具有重要学术价值的两部医学巨著——《千金要方》和《千金翼方》。其中《千金要方》载方5000多个，书中内容既有诊法、症候等医学理论，又有内、外、妇、儿等临床各科；既涉及解毒、急救、养生、食疗，又涉及针灸、按摩、导引、吐纳，可谓对唐代以前中医学发展的一次很好的总结。而《千金翼方》载方近3000个，书中内容涉及本草、妇人、伤寒、小儿、养性、补益、中风、杂病、疮痈、色脉以及针灸等各个方面，对《千金要方》作了必要而有益的补充。书中收载的800余种药物当中，有200余种详细介绍了药物的采集和炮制等相关知识。尤其值得一提的是，书中将晋唐时期已经散失到民间的《伤寒杂病论》条文收录其中，单独构成九、十两卷，竟成为唐代仅有的《伤寒杂病论》研究性著作，对于《伤寒杂病论》条文的保存和流传起到了积极的推动作用。

在临床实践中，孙思邈总结出了许多宝贵的经验，如："阿是穴"和"以痛为腧"的取穴法，用动物的肝脏治疗夜盲症，用羊的甲状腺治疗地方性甲状腺肿，用牛乳、豆类、谷皮等防治脚气病；对于孕妇，提出住处要清洁安静，心情要保持舒畅，临产时不要紧张；对于婴儿，提出喂奶要定时定量，平时要多见风日，衣服不可穿得过多。这些主张，在今天看来，仍然有一定的现实意义。

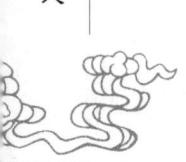

佛圣：玄奘

本名： 陈祎
别名： 唐僧、唐三藏、玄奘
所处时代： 隋末唐初
出生地： 河南洛州缑氏（今河南省偃师市）
出生日期： 公元602年
逝世日期： 公元664年
评价： 佛学家、翻译家、旅行家

主要成就： 汉传佛教史上最伟大的译经师之一，中国佛教唯识宗创始人之一，西行取佛经，翻译经、论75部1335卷
代表作品：《大唐西域记》《大般若经》《心经》《解深密经》《瑜伽师地论》《成唯识论》等
尊称： 佛圣

五、魏晋南北朝、隋唐时期

人物生平

玄奘（602－664），汉传佛教史上最伟大的译经师之一，中国佛教唯识宗创始人之一。俗姓陈，名祎，出生于洛阳偃师，出家后遍访佛教名师。撰有《大唐西域记》，为研究印度及中亚等地古代历史、地理之重要资料。玄奘的故事在民间广泛流传，如《西游记》的中心人物唐僧，即是以玄奘为原型。玄奘是唐朝第一高僧，世称唐三藏，意谓其精于经、律、论三藏，熟知所有佛教圣典，被后人尊称为"佛圣"。

陈祎为东汉名臣陈寔的后代。玄奘自幼从兄诵习经典，熟悉儒道百家典籍。陈氏家族本是儒学世家。他的曾祖陈钦曾任东魏上党（今山西省长治市）太守；祖父陈康为北齐国子博士；父亲陈惠在隋初曾任江陵县令，大业末年辞官隐居，此后潜心儒学修养。他有三个哥哥，二哥陈素早年于洛阳净土寺出家，以讲经说法闻名于世，号长捷法师。玄奘少时因家境困难，跟长捷法师住净土寺，学习佛经五年。在这期间，他学习了小乘和大乘佛教，而他本人偏好后者。他11岁时就熟读《妙法莲华经》《维摩诘经》，13岁时洛阳度僧，破格入选。其后，听景法师讲《涅槃》，从严法师学《摄论》，升座复述，分析详尽，博得大众钦敬。

玄奘因感各派学说分歧，难得定论，便决心至天竺学习佛教。贞观元年（627，一说贞观三年），玄奘从长安出发，经过凉州出玉门关西行，历经艰难抵达天竺。初在那烂陀寺从戒贤受学。后又游学天竺各地，并与当地学者论辩，名震五竺。经17年，行程5万里，西行印度求取佛经，带回佛经52筐657部。贞观十九年（645），他回到长安，组织译经，共译出经、论75部，凡1335卷。玄奘东归后为太宗、高宗所钦重，供养于大内，赐号"三藏法师"。

唐高宗麟德元年（664。《旧唐书》本传作显庆六年，661），玄奘圆寂于长安玉华宫，葬于白鹿原，后迁至樊川。墓地毁于黄巢起义，顶骨迁至终南山紫阁寺，公元988年被僧人可政带回南京天禧寺供奉。

1942年，日本侵略军在原大报恩寺三藏殿遗址处挖掘出一个石函，石函上刻有文字，详细记载了玄奘顶骨辗转来宁迁葬的经过。由于玄奘顶骨名声显赫，各地都想迎请供奉，致使玄奘灵骨一分再分。1943年12月28日，玄奘顶骨舍利在"分送典礼"后被分成三份，分别保藏于南京汪伪政府、北平和日本。此后，汪伪政府把自己掌握的部分分别供奉在鸡鸣山下的伪政府"中央文物保管委员会"和小九华山（今南京玄奘寺所在地）。而"中央文物保管委员会"保管的部分，在1973年后，被迎至灵谷寺佛牙塔中供奉。

几十年来，玄奘大师真身顶骨（一部分）一直珍藏于南京灵谷寺。南京灵谷寺的净然法师说，从保护文物的角度出发，真正的玄奘法师顶骨是不能轻易示人的，一般秘藏于密室里，除非有重大佛教活动和重要佛教友人来访，才会请出真正的玄奘法师顶骨，而一直在寺里的玄奘法师纪念堂展出的则是等同于真顶骨的影骨。

玄奘故里

玄奘故里位于河南省洛阳市东南40公里处207国道北侧的偃师市缑氏镇陈河村。玄奘故里南行百余米，就是安葬玄奘父母的西原墓地。墓地简朴幽静，墓碑是新立的。657年，玄奘随唐高宗来到洛阳时，经高宗同意，与姐姐共同为父母迁葬墓地。这里北依景山、南望嵩岳，东南为轘辕古关，西南临近伊阙龙门，原野平坦，河谷纵横，自古便为洛都畿辅之地。

玄奘故里有争议。当地民间和佛教界认为玄奘大师诞生的地点在偃师市府店镇滑城村的玄奘祠，而偃师市政府认为在偃师市缑氏镇陈河村的玄奘故里。学术界考证的结果是缑氏镇陈河村的"玄奘故里"并非玄奘大师真正的诞生地。中科院考古研究所杜金鹏曾经撰写《滑国故城与玄奘故里》一文，发表于1992年《河洛春秋》第四期，明确指出位于缑氏镇陈河村的玄奘故里是错误的；在第二届铜川玄奘国际学术研讨会上，温玉成和刘建华撰写的《玄奘生平中几个问题考订》一文也认为玄奘故里在府店镇滑城村，此文被收入第二届铜川玄奘国际学术研讨会论文集中。而《洛阳晚报》2004年8月16日也曾有"玄奘故里在府店镇"的报道。由此看来，民间、教界、学界的认定与当地政府的认知有一定差异。

历史贡献

玄奘对中国文化的发展所做的贡献是多方面的，其中最伟大的贡献是他对佛学典籍"截伪续真，开兹后学"的翻译。自印度归国后的20年中，他把全部的心血和智慧奉献给了译经事业。在长安和洛阳两地，玄奘在助手们的帮助下，共译出佛教经、论75部，1335卷，每卷万字左右，合计1335万字，占整个唐代译经总数的一半以上，相当于中国历史上另外三大翻译家译经总数的一倍多，而且在质量上也大大超越前人，成为翻译史上的杰出典范。

玄奘的《大唐西域记》是研究中亚、印度历史的重要依据

五、魏晋南北朝、隋唐时期

在中国译经史上，玄奘结束了一个旧时代，开辟了一个新时代。从东汉至魏晋南北朝时期，中外翻译家对译经各有贡献，但从总体上说，玄奘的成就都在他们之上。在中印文化交流史上，玄奘的翻译工作无疑起到了相互了解、相互学习的作用。

唐太宗得知玄奘回国，在洛阳召见了他，并敦促他将在西域、印度的所见所闻撰写成书。于是，玄奘口述、由弟子辩机执笔的《大唐西域记》一书于贞观二十年（646）七月完成了。

《大唐西域记》分12卷，共10余万字，书前冠以于志宁、敬播两序。卷一记载了今天新疆和中亚的广大地区，是玄奘初赴印度所经之地。卷二之首有印度总述，然后直到卷十一分述印度的各国概况，其中摩揭陀一国的情况占去了八、九两整卷的篇幅。卷十二记载了玄奘返国途中经行的帕米尔高原和塔里木盆地南缘诸国的概况。

《大唐西域记》记载了东起我国新疆、西至伊朗、南到印度半岛南端、北到吉尔吉斯斯坦、东北到孟加拉国这一广阔地区的历史、地理、风土、人情，科学地概括了印度次大陆的地理概况，记述了从帕米尔高原到咸海之间广大地区的气候、湖泊、地形、土壤、林木、动物等情况。世界上流传至今的反映该地区中世纪状况的古文献极少。因而，《大唐西域记》成了全世界珍贵的历史遗产，成为这一地区最为全面、系统而又综合的地理记述，是研究中世纪印度、尼泊尔、巴基斯坦、斯里兰卡、孟加拉国、阿富汗、乌兹别克斯坦、吉尔吉斯斯坦等国以及克什米尔地区、我国新疆的最为重要的历史、地理文献。

社会影响

玄奘西行的传奇经历为中国的佛教文化做出了卓越贡献，同时还为中印两国人民的文化交流奠定了基础。玄奘不仅把印度文字的佛经译成汉文，把我国哲学著作《老子》译成梵文，沟通中印文化，而且还把已经失传的"大乘起信论"重译为梵文，为印度保存了珍贵的文化遗产。

自佛教传入中国以后，中土就有很多高僧赴西天取经，三国时有朱士行，东晋时有法显，唐代的僧人有慧超、悟空等。最著名的高僧还是玄奘。他去印度取经对古代中外文化交流有非常深远的影响，为后人留下了瑰宝。

玄奘西去取经对中西文化交流有着卓越的贡献。对于西方国家，他开创了中国的佛国外交。在他西行求法的路途上，已经有天竺各国以佛经为纽带展开对唐友好往来。在他回国以后，日本、朝鲜佛徒陆续到大唐求法，从他那里找到佛学源头，形成中日等国的友好往来。直到今天，中国佛徒和日、韩佛徒仍存在着千丝万缕的联系。而对于中国，玄奘实际上给国人西学提供了一种范式，一种开放式的思路。他在印度精彩的演讲实际上也让唐朝名声大噪。中印文化交流方面，玄奘把印度的大小乘经学传入中国，充实了中国佛学。稍后，印度的历法、医学、天算、艺术等也传入中国，影响和充实了中国文化。玄奘还把印度的逻辑学、因明学传入中国，振兴了自先秦墨家、名家衰落而不振的逻辑学。他的译经事业为促进中外文化交流起到了积极作用。

画圣：吴道子

原名：吴道子
别名：吴生、道玄
所处时代：唐朝时期
出生地：阳翟（今河南省禹州市）
出生日期：约公元680年
逝世日期：约公元759年

主要成就：人物画称作"吴带当风"，开创"兰叶描"
代表作品：《送子天王图》《明皇受箓图》《十指钟馗图》等
尊称：画圣

人物生平

吴道子，别名吴生，又名道玄，阳翟（今河南省禹州市）人，约生于唐永隆元年（680），卒于乾元二年（759）前后。少孤贫，初为民间画工，年轻时即有画名。吴道子是中国山水画之祖师，绘画具有独特风格，擅佛道、神鬼、人物、山水、鸟兽、草木、楼阁等，创造了笔简意远的山水"疏体"，被后世尊称为"画圣"。

吴道子小时候就失去双亲，生活贫困，为了生计向民间画工和雕匠学习。由于他刻苦好学、才华出众，20岁时已经很有名气了。传说，他在描绘壁画中佛像头顶上的圆光时，不用尺规，挥笔而成。在龙兴寺作画的时候，观看者围得水泄不通。他画画速度很快，像一阵旋风，一气呵成。当时的都城长安是中国的文化中心，会集了许多著名的文人和书画家。吴道子经常和这些人在一起，相互促进、提高技艺。

相传，吴道子曾学书于张旭、贺知章，未成，乃改习绘画。他还曾在韦嗣立幕中当小吏，做过兖州瑕丘（今山东省兖州市）县尉。漫游洛阳时，唐玄宗闻其名，把他召入宫中担任宫廷画师，为他改名道玄，任以内教博士官，负责教内宫子弟学画；后又教玄宗的哥哥宁王学画，并官至宁王友。成了御用画家后，没有皇帝的命令，他不能擅自作画。这一方面对他这个平民意识很强的画家是一种约束和限制，另一方面也使他得到了最优厚的生活条件，不必再到处流浪。

吴道子性格豪爽，喜欢在酒醉时作画。他曾于长安、洛阳两地寺观中绘制壁画多达300余堵，奇踪怪状，无有雷同，其中尤以《地狱变相》闻名于世。吴道子的绘画具有独特风格。其山水画有变革之功，所画人物衣褶飘举、线条遒劲，人称"莼菜条描"，具有天衣飞扬、满壁风动的效果，被誉为"吴带当风"。他还于焦墨线条中略施淡彩，世称"吴装"。作画线条简练，"笔才一二，象已应焉"，有疏体之称。吴道子的绘画对后世影响极大，他被人

吴道子的人物画体现出"吴带当风"的精髓

们尊为"画圣",被民间画工尊为祖师。苏轼曾称赞他的艺术为"出新意于法度之中,寄妙理于豪放之外"。吴道子绘画无真迹传世,传至今日的《送子天王图》可能为宋代摹本,另外还流传有《宝积宾伽罗佛像》《道子墨宝》等摹本,莫高窟第103窟的《维摩经变图》也被认为是他的画风。道教中人呼之为"吴道真君""吴真人"。苏东坡在《书吴道子画后》一文中说:"诗至于杜子美(杜甫),文至于韩退之(韩愈),书至于颜鲁公(颜真卿),画至于吴道子,而古今之变,天下之能事毕矣!"一代宗师,千古流传。

《江海奔腾图》

吴道子少年失去父母,只好背井离乡,出外谋生。一天傍晚,吴道子路经河北定州城外时,突然发现前面有一座雄伟壮观的寺院——柏林寺,便走了进去。迈步走进院内,他从大殿虚掩的门缝里看见油灯下一位年迈的老和尚正在殿墙上聚精会神地画画。吴道子很好奇,便悄悄地推开门,轻轻地走了进去,站在老和尚身后看画画。老和尚一回头,发现一个十来岁的男孩出神地看他画壁画,打心里欢喜,便问吴道子:"孩子,你喜欢这幅画吗?"吴道子点了点头。老和尚知道他的身世后,抚摸着他的头说:"你要愿意学画,就做我的徒弟吧。"吴道子听了,忙磕头拜师。

这天,老和尚把吴道子领到后殿,指着雪白的墙壁说:"我想在这空壁上画一幅《江海奔腾图》,画了多次都不像真水实浪。明天,我带你到各地江河湖海周游,回来再画它。"次日一大早,吴道子收拾好行李,就跟着老和尚出发了。不管走到哪里,老和尚都叫吴道子练习画水。一开始,他画得很认真,时间一长,他就觉得有些腻烦了,画起来就不怎么用功了。老和尚把他叫到身边说:"吴道子呀,要想把江河湖海奔腾的气势画出来,非下苦功不可,更要一个水珠、一朵浪花地画。"说罢,老和尚打开随身带的木箱,吴道子一瞅,怔住了:这满满一箱画稿,没一张是完整的,上面全是一个小水珠、一朵浪花或一层水波。这时,吴道子才知道自己错了。从此,他每天早出晚归,学画水珠、浪花。遇风雨天,他也打着伞到海边观望水波浪涛的变化。

光阴似箭,一晃三年过去了。吴道子画水的本领大有长进,得到师父的赞赏。万没料到,回寺的第二天,老和尚竟病倒在床。吴道子跪在床前真诚地说:"师父,我愿替您画那幅《江海奔腾图》。"老和尚见十五六岁的吴道子竟说出这样有志气的话,心中大喜,病也好了一半,当下就答应了。于是,吴道子便走进后殿画起《江海奔腾图》来。整整9个月,他不出殿堂,吃、喝、睡全在里边,精心构思壁画。

深秋的一天,吴道子高兴地跑出后殿,跪在老和尚面前激动地说:"师父,我已把《江海奔腾图》画出来了,请您去观看。"老和尚听后,病竟然全好了!他沐浴更衣,领着全寺院的和尚一同去后殿观赏。吴道子把后殿大门轻轻打开,只见波涛汹涌,迎面扑来……一位和尚大声惊呼道:"不好啦,天河开口了!"众和尚吓得你挤我撞,争着逃命。老和尚心里有底,站在殿门口,看着扑面而来的浪花仰天大笑,冲着吴道子说:"孩子,你画的这幅《江海奔腾图》成功啦!"从那以后,来柏林寺观赏临摹《江海奔腾图》的文人、画师络绎不绝。但吴道子并不骄傲,他更加刻苦地学画,终于成为中国盛唐时期的"画圣"。

神笔下的马和星空

《卢氏杂记》记载了这样一个故事:唐朝时候,"画圣"吴道子来朝鸡足山。他在金顶寺住宿的那天晚上,月亮格外明亮。他与跃治禅师对月饮酒,闲话古今,谈得非常投机。禅师说:"久闻大师是丹青高手,乘此良宵,敢请大师即兴作画,一来让贫僧开开眼界,二来也给寒寺留下一个永久的纪念,不知意下如何?"吴道子欣然应允。禅师便命小和尚侍候。吴道子略微想了想,就拿起笔来,作了一幅《立马图》,那马画得真是活灵活现。刚要画最后一笔马尾时,他突然觉得胸闷恶心,十分难受,就把画笔一搁,快步走到院里呕吐起来。执事和尚忙端来茶水请他洗漱,洗漱后他被搀回禅室安歇。第二天醒来,吴道子精神好些了,但没有记起画马之事,吃过饭便辞别众僧下山去了。过了几天,禅师细看《立马图》,才发觉没有画马尾巴,十分惋惜,但也无可奈何,只得将它挂在禅堂侧室里。禅师每天要在画前烧一炉香,一来怀念大师,二来观赏马图。看那马,越看越觉得活灵灵的,好像嘶鸣着要跳下来。

有一天,山下十来个农人闹闹嚷嚷地冲进寺院来,怒气冲冲地对禅师说:"你们寺里的秃尾巴马天天晚上来吃我们的庄稼。这次被我们追着,它跑进你们这个寺来了,你们得赔我们庄稼。"禅师丈二和尚摸不着头脑,说:"佛家养什么马?不信请你们遍寺搜一搜。"

农人们到处去找,却连马的影子也没见到。他们想,一定是禅师藏起来了,便和他纠缠不休。禅师想了半天,忽然想起那幅画来,便对农人们说:"众位乡邻,老僧确实无马,倒有一幅吴道子大师画的《立马图》,请进屋来看看。"农人们一看那图上的马,都大吃一惊,这秃尾马竟跟他们尾追而来的秃尾马一模一样,嘴里还衔着几根青麦苗呢!于是,他们指着画上的马说:"就是它,天天夜里偷吃我们的庄稼。"

禅师大怒,指着秃尾马骂道:"畜生,留着你害人,不如送你到火塘里去。"一说这话,只见那马跪了下来,两眼流着泪。农人们看着十分惊奇,觉得把它烧了也可惜,就说:"算了,只要它诚心悔改,不再糟蹋庄稼就行了。"从这以后,人们经常看见有匹秃尾马从鸡足山下来,去帮庄稼户驮柴、驮麦、驮稻子。许多人不知道它的来历,可那十多个农人心里明白:它就是吴道子留下的秃尾神马。

关于吴道子的绘画传说,还有一个经典的故事。

一天傍晚,吴道子从新政离堆山观景回来,路过一座茅草房,里面传出纺棉花的声音,但不见屋里有灯光，感到奇怪。第二天一早，他来到这座茅草房前。一位白发老太婆走出来请他进屋喝茶。他接过茶问："老人家，你认得我吗？"老太婆说："认得，认得，我到街上卖线子，听人说你是吴画匠，还说你为人好，不巴结发财人和官府。"吴道子点了点头，又问："你家有几个人？"老太婆伤心地说："丈夫死得早，前几年儿子害病死了，剩下我这孤老婆子，就靠纺棉花卖线子糊嘴巴。"吴道子叹了口气，又问："你晚上纺棉花，为啥不点灯？"老太婆含泪说："吴先生啊，我白天夜晚不停地纺，赚的钱还供不住吃饭穿衣，哪有钱买油点灯哟！自儿子死后，我已经三年没点灯了。"吴道子想了想，说："老人家，你的日子很苦，我也帮不了你啥忙，给你画幅画吧。"老太婆很高兴。

吴道子研磨铺纸，开始作画。他先把饱蘸墨汁的笔往纸上一甩，纸上立刻出现许多亮晶晶的小点点，又用笔在小点点上轻轻涂几下，最后在空白处画了一个圆圈儿就算画成了。他对老太婆说："你把这画贴在屋里会有用的。"老太婆虽看不出画的是啥，可是深信吴道子是个好人，不会骗她。她高兴地接过画，随即从床头取出一把绾好的线子对吴道子说："辛苦你了，吴先生，我不晓得咋个报答你，就把线子送你去换笔墨吧！"吴道子说："我给你画画不是为了钱。要是为钱，你就是出一千两银子我也不会画的。你还是留着线子换米吧！"说完，他收拾画具出门走了。老太婆小心地把画贴在纺车前面的墙壁上。天黑了，老太婆发现，那幅画竟是一片蓝天，上面有数不清的星星在闪光，一个圆圆的月亮把屋里照得和白天一样亮。从那以后，一到夜晚，画上的星星和月亮就发出光来，老太婆对着星月纺线比以前方便多了。

历史贡献

据文献记载，吴道子曾画过《五圣图》《赵景公寺执炉天女》《菩提寺舍利佛》《天王力士》《地狱变相》《钟馗捉鬼》等，均已失传。日本大阪市立美术馆藏有《送子天王图》传为其作，敦煌103窟唐壁画《维摩经变图》可见其风格影响。

吴道子绘画造诣很深。吴道子之所以在绘画艺术上取得卓然超群的成就，是他刻意求新、勇于创作的结果。《历代名画记》记载了他这样两句话："众皆密于盼际，我则离披其点画；众皆谨于象似，我则脱落其凡俗。"由此可见他在绘画艺术上不落俗套、大胆创新的精神。因此，他的作品成为画师们争相学习的楷模，绘画作品被称为"吴家样"。唐人朱景玄在《唐朝名画录·序》中品评了唐朝诸画家："近代画者，但工一物以擅其名，斯即幸矣。惟吴道子天纵其能，独步当世，可齐踪于陆（探微）、顾（恺之）。"

吴道子为人师表的精神也流传了下来。吴道子弘扬绘画艺术，悉心教授弟子，把自己高超的技艺传给了下一代，使绘画艺术后继有人。据《图绘宝鉴》和《历代名画记》记载，他的弟子很多，其中较知名的有卢棱伽、李生、张藏、韩虬、朱繇、翟琰等。韩虬"以丹青自污，学吴道玄，尤长于道释"，朱繇也"妙得道玄笔意"。吴道子对弟子言传身教，不是让弟子们背诵口诀、研色等，就是让弟子们临摹他的画稿，或者依照他的吩咐去填染色彩。《历代名画记》便有这样的记载："吴生（道子）每画，落笔便去，多使琰（翟琰）与张藏布色。"有时，吴道子作壁画只描一个大概，其余让弟子来完成。在洛阳敬爱寺中，吴道子所描的"日藏月藏经变"即由翟琰完成。吴道子的绘画艺术对唐代的绘画有着深刻影响，他被后世尊为"画圣"。

吴道子的代表作还有一幅《孔子行教像》。现存于山东曲阜孔庙的石刻本《孔子行教像》一般认为原作为吴道子所绘，但原作早已遗失。孔庙的石刻本《孔子行教像》堪称孔庙的镇庙之宝，由复制的石刻本拓印的《孔子行教像》拓本也成为山东省拓印最多的古迹拓本。

《孔子行教像》整体画风完全符合吴道子的风格，画中孔子雍容大度，身体稍稍前倾，双手作揖，谦卑有礼。孔子头扎儒巾、双目前视、须发飘逸，透出圣人的智慧。作品用笔提按流转之间表现了画家娴熟的技法，深得"吴带当风"的精髓。画面上方题写"先师孔子行教像"，右上方题写"德侔天地，道冠古今，删述六经，垂宪万世"，左下方落款为"吴道子笔"，并加盖一方印章。

此外，《送子天王图》也是吴道子的代表作，现存的是宋人李公麟的临摹本。这幅画描绘的是佛教始祖释迦牟尼降生以后，他的父亲净饭王和母亲摩耶夫人抱着他（悉达太子）去朝拜大自在天神庙，诸神向他礼拜的故事。《送子天王图》反映了吴道子的基本画风，打破了长期以来顾恺之的游丝线描法一家独大的局面。吴道子开创兰叶描，用笔讲究起伏变化和内在的精神力量。他在创作的时候，处于一种高度兴奋与紧张的状态，很有点儿表现主义的味道。

社会影响

在唐代，佛教、道教都十分流行，宗教艺术也有长足的发展。因此，吴道子的佛画艺术有很高的成就。他在东西两京寺观作壁画很多，而且"人相诡状，无一同者"。西京兴唐寺御注金刚经院、慈恩寺塔前面文殊普贤及西面降魔盘龙、小殿前门菩萨、景公寺地狱帝释龙神、永寿寺中三门两神等，"皆妙绝当时"。吴道子画中门内神，圆光在后，一笔而成。坊市老幼，每日有数百人"竞候观之"；及其下笔之时，"望者如堵"，只见他"风落电转，规成月圆"。围观的人群见他画技如此高明，"喧呼之声，惊动坊邑，或谓之神也"。他画的人物，使人感到"虬须云鬓，数尺飞动，毛根出肉，力健有余"。可见，他画的人物形象鲜明、真切感人，人体各部分比例十分精确。

吴道子善于从复杂的物体形态中吸收精髓，把凹凸面、阴阳面归纳成为不可再减的"线"，结合物体内在的运动，构成线条的组织规律，如衣纹高、侧、深、斜、卷、折、飘、举的姿势，完全基于线条的组织而描摹出物体的性格。这种线的要求是严格的，每一根线都符合造型传神的要求，每一根线都充满了韵律美，这是集前代之大成而又有所创造的线。

吴道子的画风为唐代和宋元以来的许多画家所效仿、借鉴。宋代画家李公麟朴素淡雅的"白描"便是从吴道子"不以装背为妙，只以墨踪为之"的白画发展而来的，白描成为我国绘画发展史上的一种新体例。

在吴道子的遗迹湮没殆尽的今天，吴道子仍被画坛所熟知，是因为他创立了支配民间画坛1000多年历史的画派——民间传统画派。今天人们见到的唐朝以后的壁画都有吴道子的影响。元代永乐宫、明代法岗寺壁画等都是吴道子的风格，敦煌壁画也不乏吴派风貌的作品。

塑圣：杨惠之

本名：杨惠之
所处时代：唐朝
出生地：吴郡（今江苏省苏州市）
出生日期：不详

逝世日期：不详
主要作品：保圣寺十八尊罗汉等雕塑作品、雕塑理论著作《塑诀》
尊称：塑圣、雕圣

人物生平

　　杨惠之，唐开元时雕塑家，吴郡（今江苏省苏州市吴中区香山）人，创作活动主要发生于唐开元（713—741）年间。少年时，杨惠之曾与后来世称"画圣"的吴道子同师南朝画家张僧繇。当时，由于吴道子技高一筹，杨惠之耻居其下，遂弃笔砚，毅然发愤专学雕塑，著有《塑诀》一书，被后人尊称为"塑圣"。

　　据北宋刘道醇《五代名画补遗》记载，杨惠之初与"画圣"吴道子同窗，以南朝梁代苏州大画家张僧繇笔法习画。张僧繇是南朝梁吴中（一说吴兴）人，长于写真，对隋唐时代的人物画风影响甚深（画龙点睛的故事讲的就是他）。后来，吴道子的画高杨惠之一筹，被唐明皇召入宫中成为宫廷画师，地位日高，一时无双。杨惠之望尘莫及，因而却步，焚笔毁砚，改弦易辙，弃画为塑，终于成了天下泥塑高手。尽管杨惠之弃画转塑了，但他的绘画功底为从事雕塑事业打好了坚实的基础。时人称"道子画，惠之塑，夺得僧繇神笔路"。杨惠之也继承了张僧繇画人物的风格，做到朝衣野服，今古不失。

　　三年之后，杨惠之捏了成百上千个人像，个个活灵活现，一时名气大增，大有与吴道子分庭抗礼之势。青年时期的杨惠之为提高塑艺，周游全国采风。他曾在长安为著名优伶留杯亭塑像，于夜半饰以衣饰，置于街市凉亭中，以至凌晨行人途经凉亭，见到背影误认为是留杯亭重返人间。可见杨惠之的塑艺在青年时期已达到一定的水准，故而人们对他由衷而赞。杨惠之壮年时结束在外周游，回到苏州，为昆山慧聚寺塑造佛像。昆山慧聚寺天王殿中的毗沙门天王诸神及众侍女的塑像皆为杨惠之所塑。据说，杨惠之在塑造这堂神像时，曾根据回忆悄悄地把其中一尊侍候在天王神像边上的侍女塑成了他少时一位女伴的模样。当年，他就是因为失恋于那位女伴才愤然离开家乡的。宋龙图阁学士徐林曾对天王诸神的诞生表示称赏并为之作记，誉之为塑品中的杰作。天王诸神也是杨惠之雕塑艺术登峰造极时代的作品。所以，

杨惠之弃画从塑，著有《塑诀》一书

数年后它们的出现轰动了整个姑苏城，当时慕名而来的观赏者和善男信女们围者如堵。唐人王洮在《慧聚寺天王堂记》中有"塑状岳耸，宛然拄空"的称誉。

与冷月大师的故事

据《吴郡甫里志》载，在昆山慧聚寺天王殿诸神像还没有完工的时候，一河之隔的吴县甫里镇（甪直镇）上保圣寺的住持冷月大师就曾多次摆渡过河，前来邀请杨惠之为保圣寺雕塑一堂罗汉像。

保圣寺位于甫里镇西市。该寺创建于梁天监二年（503），是江南一座古老的寺院。寺内原有的十八尊罗汉均已破败不堪，不成其形。冷月大师早有重塑的想法，终因一时寻觅不到塑艺高超的师傅而始终在等待观望中。现在，见一河之隔的慧聚寺请来了如此出色的雕塑大师，他便多次亲身前往相邀。杨惠之见状，自是十分愿意。但当听说冷月是个吃荤和尚，在当地口碑并不怎么好时，他就灵机一动，把冷月叫到一边，半真半假地问道："法师，听说你是吃肉的？"冷月一听，不由面露尴尬之色，未予否认。杨惠之见了，便正色道："法师，你要我去你那里塑像，首先不得食荤，至少在我开工期间，你能做到吗？"冷月一听连连点头，一口应允，从此真的戒了食荤的习惯。

保圣寺罗汉保护

甫里镇保圣寺中的十八尊罗汉经过杨惠之多年的精雕细琢，终于展现在世人面前。杨惠之塑的古罗汉像原来有十八尊，从清乾隆时代到20世纪初都不曾维修过。1918年，顾颉刚到甪直镇访友，第一次见到保圣寺罗汉塑像群时，就被它们震住了。顾颉刚十分惊奇：小小的镇上居然保存了唐代杨惠之手塑的十八尊古罗汉像！1922年，顾颉刚重游甪直镇保圣寺，见到保圣寺大殿因多年失修屋顶漏水，几尊泥塑古罗汉像已被雨水泡坏，他立刻写了《记杨惠之塑像，为一千年的美术品呼救》一文，很快在《努力周报》上发表，文中呼吁各界捐款以抢救杨惠之塑像，但收效不大。1924年，顾颉刚又写出了《记杨惠之塑像》之一，一直到《记杨惠之塑像》之五，都刊登在《小说月报》上。

1925年，日本东京大学美术史教授大村西崖读了顾颉刚写的此系列文章后十分震惊，报请日本外务省批准后，他领到了一笔考察补助经费，于1926年4月下旬，带了一名助手，渡海来到上海，在当地照相馆中聘了一名高级摄影师，乘沪宁线火车到昆山，转乘"六通"轮船到达甪直镇。他们搜寻有关保圣寺珍塑的史料，欣喜地购到了一部《吴郡甫里志》。大村氏又查阅了卷二十一《艺文》（上）明朝归有光《保圣寺安隐堂记》一文。这段文字重点记述名僧璇大章（甫里陈氏子）其人以及在保圣寺建"爱日草堂"迎养慈母和重建大雄宝殿、天王殿等"殿堂七、廊庑六十"等事,对于寺内保存的罗汉像壁却只字未提,这引起了大村氏的怀疑。大村氏回到日本后,不顾旅途疲劳,搜集、考评有关史料,开始整理撰写《吴郡奇迹——塑壁残影》一书。大村氏是位著名的美术专家,对保圣寺罗汉塑壁有不同于一般人的欣赏能力。他不但研究不同凡品的罗汉塑像,也注意超凡脱俗的塑壁,并为此作出了结论:保圣寺的"塑壁岩石的皴法,全属唐风,不似宋式",并解释说"塑壁在重修大殿时是可以搬动的",虽然比较困难,但若"将其截离为若干部分,与心木共置于新壁,饰新彩以存旧形,固亦未始不可也"。这可以解释保圣寺像塑遭遇"会昌灭佛"和唐代"大中重建"而能保存完好的原因。而"寺实为北宋初重建"亦与《甫里志》载"宋祥符六年重建"一致。对第一点中所说的"不应有唐人塑像"之论,他也作了补充说明:十八罗汉之数出自宋初,但除降龙、伏虎外的罗汉像"为杨惠之所作,或亦理所应有者"。大村氏又说:"《甫里志》记载:明代以来,其所以认为惠之遗作而不疑者,似未可全能否认。"其实,大村西崖要是知道仅与保圣寺一河之隔的慧聚寺中就有杨惠之亲手雕塑的天王与侍女的话,他就可能排除上述疑问。毕竟慧聚寺的天王、侍女塑像在不少史料上都明确记录为杨惠之的杰作;而杨惠之受冷月大师的邀请,继续来保圣寺是很自然的事,何况当地民间至今仍有冷月大师为重塑十八罗汉而戒食荤的传说。

大村西崖的考察发现,还是引起了中国文化界的重视:1929年,中央研究院院长蔡元培、教育部副部长马叙伦等专程到用直镇保圣寺调查罗汉塑像,并组成"唐塑罗汉保存会"。这时,原保圣寺大殿已严重损坏,十八尊古罗汉像只剩下九尊。后经多方努力,于1932年在保圣寺内修建起一座新的保圣寺古物馆,并修复了那九尊罗汉像。郭沫若看了罗汉像后曾著文称:"保圣寺的罗汉塑像筋骨见胸,脉络在手,尽管受着宗教题材的束缚,而现实感却以无限的魅力向人逼来,使人不能不感到一种崇高的美。"1961年3月,保圣寺被国务院列为第一批全国重点文物保护单位。

历史贡献

据《五代名画补遗》记载:杨惠之的绘画功底为其雕塑艺术的成就打下了坚实的基础。杨惠之的雕塑艺术作品从整体上来看主要包括两种特征:首先表现在"塑"的方面,他很少制作雕塑艺术品,其最突出的是泥塑上的造诣;其次是对雕塑艺术进行着色妆彩,杨惠之有着出色的绘画功底,因而他对雕塑作品进行妆彩就显得更为生动形象。杨惠之还是唐代第一个将写实风格引入雕塑作品的人,他的泥塑作品能很好地抓住人物的外貌特征与神情,在当时被看作非常合乎相术。杨惠之的成功之处在于,他将张僧繇的绘画风格巧妙地运用到雕塑上面,有"能夺僧繇画相,乃与道子争衡"的声誉。

杨惠之在大相国寺(时名安业寺)净土院大殿所塑的佛像,直至宋代尚存在,宋梅尧臣的《宛陵集》和刘攽的《彭城集》均有记载。杨惠之的雕塑作品与前朝的雕塑作品在风格上有着很大的不同。以往的雕塑作品崇尚正面直立；杨惠之创作的作品能弯曲及摇摆，出现了动作上的变化，给人以虔诚、传神的感觉。杨惠之雕塑作品的这些动作变化及感情传递，反映了其在雕塑艺术上追求自由创作的风格，特别是其雕塑作品的生动传神更是达到了登峰造极的地步。

杨惠之雕塑艺术的绝妙就在于，他善于捕捉人的精神风貌，并将其瞬间的美典型化，然后融入自己的作品之中。例如，陕西凤翔县天柱寺的维摩泥塑像，杨惠之将之刻画成一件外貌传神的艺术作品。杨惠之以雕塑人物形象见长，并展现出过人的高超艺术。杨惠之这些具有典型特征的艺术风格为唐代雕塑艺术的发展及繁荣做出了重要贡献。杨惠之在进行雕塑创作时，并没有放弃他原来的绘画技术。唐人张彦远的《历代名画记》就对杨惠之所创作的"鬼神图""涅槃变"等壁画给予了精妙绝伦的评价。

杨慧之所著的《塑诀》一书一直流传至宋代，是我国独一无二的雕塑理论著作。遗憾的是后来此著作失传了。但由于杨惠之在雕塑史上有着与绘画史上"画圣"吴道子同等的地位，故后人誉他为"塑圣"他当之无愧。传说杨惠之弃画从塑后，在虎丘山麓搭了间草屋，白天用心观察来往摊贩船夫的神态形状，晚上就用山脚的磁泥为白天见到的人捏头像。

社会影响

杨惠之继承了我国传统的"影塑"与"浮塑"技法，首创了"塑壁"的雕塑新形式，时人赞曰："惠之之塑抑合相术，故为古今绝技。"塑壁，俗称"海山"，即在墙壁上塑出云水、岩岛、树石，以佛像等散置其间。杨惠之的"壁塑"艺术对后世影响极大，成为我国传统雕塑艺术的一部分，为丰富中华民族的艺术宝库做出了重要的贡献。

杨惠之擅长塑佛教与道教众神像，也是一位多产的雕塑大师，他创作的雕像在数量、质量及种类等方面都是惊人的。仅从画史记载来看，其作品就有长安长乐乡北太华观玉皇尊像、陕西临潼骊山福严寺山水壁塑、凤翔天柱寺维摩像、汴州安业寺（后改大相国寺）净土院大殿佛像及枝条千佛像、东经藏院殿后三门二神像及当殿维摩像、洛阳广爱寺三门上五百罗汉像及山亭院楞伽山、洛阳北邙山老君像、湖南郴州通惠禅师院九子母像、昆山慧聚寺毗沙门天王及侍女像等多种。

黄巢起义，将长安、洛阳一带庙宇焚毁几尽，独对存有杨惠之手塑神像者"惜其神妙，率不残毁"。但由于历世战乱，加之泥塑质松，终难久传。杨惠之名作已十不存一。后人只有从甪直镇保圣寺存有的半堂罗汉中领略惠之塑壁之风采。历经千年风雨侵蚀的九尊罗汉布列于保圣寺满壁山水烟云间：伏虎罗汉、讲经尊者、听经尊者……或怒目圆睁，或托头沉思，或一半脸怒一半脸笑，个个灼灼有神。杨惠之以夸张的手法充分表现了不同性格、年龄、经历的佛门弟子皈依佛门勤加修炼的情景，达到了出神入化的至高境界。难怪元代书法家赵孟頫为保圣寺题写的抱柱联曾讲："罗汉溯源惠之为江南佛像无双。"郭沫若参观半堂罗汉后称赞："一代名手，决非溢誉。"

值得庆幸的是，近代以来，人们又在四川、云南等处发现了杨惠之的雕塑作品，无一不精妙绝伦，其艺术价值无可估量。从此，人们也不必为担忧保圣寺九尊罗汉为杨惠之仅存的实物作品而遗憾。不过让人遗憾的是，古代对雕塑艺人存有偏见，故而所有史志资料上都无"塑圣"杨惠之的生卒年月。

诗圣：杜甫

本名：杜甫
别称：杜少陵、杜工部、子美
所处时代：唐朝
出生地：河南巩县（今河南省巩义市）
出生日期：公元712年
逝世日期：公元770年
主要作品：《杜工部集》
主要成就：创作现实主义诗歌
尊称：诗圣

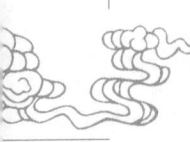

人物生平

杜甫（712—770），字子美，自号少陵野老，世称"杜工部""杜少陵"等，河南巩县（今巩义市）人。759—766年间曾居成都，筑草堂于浣花溪上。他的诗被称为"诗史"，其人与李白合称"李杜"。后人为了将其跟另外两位诗人李商隐与杜牧即"小李杜"区别开来，又将杜甫与李白合称"大李杜"。杜甫是唐代伟大的现实主义诗人，被世人尊为"诗圣"。

杜甫曾祖依艺，位终巩令。祖审言，位终膳部员外郎，自有传。父闲，终奉天令。他7岁学诗，15岁扬名，一生不得志，只做过左拾遗等小官。虽然杜甫被后世称为"诗圣"，诗歌被称为"诗史"，但在唐朝时他并没有得到重视与重用。《戏为六绝句（其二）》写的"王杨卢骆当时体，轻薄为文哂未休。尔曹身与名俱灭，不废江河万古流"，就有此意。

杜甫30岁时，中断在齐鲁燕赵间的漫游回到洛阳，在偃师县西北的首阳山下筑就陆浑山庄，然后迎娶了弘农县（天宝年间改灵宝县）司农少卿杨怡之女为妻。妻子小他十多岁，是一位知书达理、聪慧贤淑的女子。遗憾的是，杜甫并没有用他的大手笔为爱妻立传，甚至我们连杨氏夫人的名字也无从知晓。杜诗中多处提及她，虽然只是片言只语，但从那饱蘸深情的笔墨中，我们对"诗圣"背后那个含辛茹苦、与他相濡以沫的伟大女性还是不由得肃然起敬。

杜甫的经历主要分为四个时期。

一是青年时期（30岁以前）。杜甫20岁左右开始漫游吴越，5年之后归洛阳应举。不久，杜甫再漫游齐赵，在洛阳遇李白，两人相见恨晚，结下了深厚友谊；继而又遇高适，三人同游梁、宋（今河南开封、商丘）。后来，李杜又到齐州，分手后又遇于东鲁，这便是"诗仙"与"诗圣"的最后一次相见。此期间，杜甫的代表作有《望岳》《房兵曹胡马》《赠李白》等。这个时期的杜甫主要是读书和漫游。"放荡齐赵间，裘马颇清狂"，就是他的写照。

二是中年时期（30岁至44岁）。这一时期，杜甫困居长安。他先在长安应试落第。当朝宰相李林甫为了排斥异己，竟然向唐玄宗说无人中举。后来，杜甫向皇帝献赋，向贵人投赠，过着"朝扣富儿门，暮随肥马尘。残杯与冷炙，到处潜悲辛"的生活。最后，才得到右卫率府胄曹参军（主要是看守兵甲仗器、管理库府锁匙的小官）的职位。这期间，他写了《兵车行》《丽人行》等批评时政、讽刺权贵的诗篇。《自京赴奉先县咏怀五百字》尤为著名，标志着他经历了十年长安困苦生活后对朝廷政治、社会现实的认识达到了新的高度。玄宗在751年接连举行了三个盛典。杜甫借此机会写成了三篇《大礼赋》，玄宗十分赞赏，让他待制集贤院，但并没有重用他。

三是壮年时期（45岁至49岁）。这期间，"安史之乱"爆发，潼关失守。杜甫把家安置在鄜州，独自去投肃宗，中途为安史叛军俘获押到长安。面对混乱的长安，听到官军一再败退的消息，他写成《月夜》《春望》《哀江头》等诗。后来，他潜逃到凤翔行在做左拾遗。

由于忠言直谏，为宰相房琯事上书被贬华州司功参军（房琯善慷慨陈词，为典型的知识分子，但不切实际，与叛军战，采用春秋阵法，结果大败，肃宗问罪。杜甫始为左拾遗，上书言房琯无罪，肃宗怒，欲问罪，幸得脱）。其后，他用诗的形式把他的见闻真实地记录下来，成为不朽的作品，即"三吏""三别"。

四是晚年时期（50岁至58岁）。随着九节度使在相州大败和关辅饥荒，杜甫弃官，携家人随百姓逃难，经秦州、同谷等地到了成都，过了一段比较安定的生活。严武入朝，蜀中军阀作乱，他漂流到梓州、阆州。后严武为剑南节度使摄成都，杜甫投往严武处。严武死，他再度漂泊，在夔州住了两年。

晚年穷困潦倒。代宗大历三年（768），杜甫全家经今湖北入湖南，渡沅湘以登衡山，溯湘江而上。大历五年，继向郴州探亲，因耒水暴涨遇阻，寓居耒邑，耒阳聂令礼为上宾。是年，杜甫因贫病交加，死于耒阳至衡阳湘江舟中。这时期，其作品有《春夜喜雨》《茅屋为秋风所破歌》《蜀相》《闻官军收河南河北》《登高》《登岳阳楼》等大量名作。其中，最为著名的诗句为"安得广厦千万间，大庇天下寒士俱欢颜"。而《登高》中的"无边落木萧萧下，不尽长江滚滚来"更是千古绝唱。

杜甫死后，聂令治葬筑墓，墓周砌石栏，正面为南宋石刻"唐工部杜公之墓"。唐天祐四年（907），环墓建杜公祠，背北面南，四合院式封山楼房，土木结构。正中主殿设杜甫檀香木雕像，东、西廊房十数间，供祭祀守墓用。宋代，在杜公祠旁建杜陵书院。1940年，湖南省政府重修杜甫墓，省政府主席薛岳立重修杜工部墓石碑于墓前。

创作风格

杜甫是伟大的现实主义诗人，诗歌风格沉郁顿挫、兼容并蓄、内涵深邃。

在语言上，研究者普遍认为杜甫的诗歌具有"沉郁"的特点。"沉郁"一词最早见于南朝，"体沉郁之幽思，文丽日月"。后来，杜甫更以"沉郁顿挫"四字准确地概括出自己作品的语言特色，"至于沉郁顿挫，随时敏捷，而扬雄、枚皋之流，庶可跂及也"。后人对杜诗进一步研究发现，其诗歌风格的形成与其恪守的儒家思想有着密切关系。同时，杜甫处于盛世末期，少时有雄心壮志，"会当凌绝顶，一览众山小"。后来，"安史之乱"爆发，国运衰微，加之仕途不济、命运多舛，理想与现实的巨大差距使杜诗诗风大有转变，趋近现实主义。而对意象选择的个性化，是杜诗语言的基础。常在杜诗中出现的意象，如古塞、秋云、猿啸、残炬、急峡、危城、孤舟、落花、落日等自然景观，织女、老妇、老农、嫠妇等普通百姓，还有官吏、将军、恶少等权贵势力，都表现了杜甫"对中兴济世的热切，对淆乱乾坤的指斥，对横行霸道的愤慨，对漂泊流离的悲伤，对生灵涂炭的悲悯，对物力衰竭的惋惜，对博施济众的赞美"。正是这些沉重情感的表达，使杜诗的语言趋于"沉郁顿挫"。吴沆《环溪诗话》评杜甫晚期诗句"恣肆变化、阳开阴合",又云"惟其意远,举上句,即人不能知下句",还说"凡人作诗,一句只说得一件事物,多说得两件。杜诗一句能说得三件、四件、五件事物;常人作诗,但说得眼前,远不过数十里内;杜诗一句能说数百里,能说两军州,能说满天下,此其所为妙"。

杜甫的诗歌在风格上兼备多种。元稹这样评价杜甫:"至于子美,盖所谓上薄风骚,下该沈、宋,古傍苏、李,气吞曹、刘,掩颜、谢之孤高,杂徐、庾之流丽,尽得古今之体势,而兼昔人之所独专矣。"秦观也有类似的看法:"于是杜子美者,穷高妙之格,极豪逸之气,包冲淡之趣,兼俊洁之姿,备藻丽之态,而诸家之所不及焉。然不集众家之长,杜氏亦不能独至于斯也。"杜甫也有狂放不羁的一面,从其名作《饮中八仙歌》就可以看出杜甫的豪气。主流观点认为,杜甫诗歌的风格沉郁顿挫、语言精练、格律严谨、穷绝工巧、感情真挚、平实雅淡、描写深刻、细腻感人、形象鲜明。"为人性僻耽佳句,语不惊人死不休"是他的创作态度。就杜诗特有的叙事风格和议论风格而言,有学者认为是受到《诗经·小雅》的影响;而其悲歌慷慨的格调,又与《离骚》相近。也有学者认为,杜诗具有仁政思想的传统精神、司马迁的实录精神。还有观点认为杜甫诗作具有人道主义精神。唐代的大文学家韩愈曾把杜甫与李白并论说:"李杜文章在,光焰万丈长。"王安石表彰杜诗"丑妍巨细千万殊,竟莫见以何雕镂"。陈善《扪虱新语》卷七曰:"老杜诗当是诗中'六经',他人诗乃诸子之流也。"蒋士铨《忠雅堂文集》卷一《杜诗详注集成序》称:"杜诗者,诗中之'四子书'也。"

杜甫的诗歌在格律上具有炼字精到、对仗工整的特点,符合中国诗歌的"建筑美"。例如"风急天高猿啸哀,渚清沙白鸟飞回。无边落木萧萧下,不尽长江滚滚来",就是杜诗炼字与对仗高超的体现。另外,在体裁上,杜甫有许多创新,例如他在五七律上的创造性也是他文学创作的独到之处。

杜甫的诗歌内涵深邃,内容大多反映当时的社会面貌,题材广泛,寄意深远,尤其描述民间疾苦,多抒发他悲天悯人的仁民爱物、忧国忧民情怀。杜诗有"诗史"之称。这种说法最早见于晚唐"杜逢禄山之难,流离陇蜀,毕陈于诗,推见至隐,殆无遗事,故当号为诗史",到宋时成定论,但"诗史"之义各有各说。有人以史事注杜诗,认为杜诗为纪实的诗,可以补史证史,所以称为"诗史"。这种说法只重史事之虚实真假,而轻视诗的情感特性。有人认为杜甫诗具史识史见,其笔法之森严,可媲美汉朝历史学家司马迁。而诗有评人评事者,皆可"不虚美,不隐恶",故号"诗史",此说可取。另一说是,杜甫之诗之所以号"诗史",因其悲天悯人、感时伤事,这种说法在一定程度上也是可取的。但也有不喜欢杜甫诗者,杨亿就不喜欢杜甫,刘攽《中山诗话》云:"杨大年不喜杜工部诗,谓为村夫子。"

杜甫善于运用古典诗歌的体制并加以创造性地发展。他是新乐府诗体的开路人。他的乐府诗,促成了中唐时期新乐府运动的发展。他的五七古长篇,亦诗亦史,展开铺叙,而又着力于全篇的回旋往复,标志着我国诗歌艺术的高度成就。杜甫在五七律上也表现出显著的创造性,积累了关于声律、对仗、炼字炼句等完整的艺术经验,使这一体裁达到完全成熟的阶段。

有《杜工部集》传世，其中收《闻官军收河南河北》《春望》《绝句》《望岳》等。

死因之谜

杜甫给后人留下的最大疑惑是他的死因。文学界、史学界对杜甫的死因有多种说法：

一曰病死。翻阅莫砺锋、童强著《杜甫传》，关于杜甫的死，书中是这样写的："冬天到了，诗人病倒了，病倒在行往衡阳的舟中。……一颗巨星就在这无限的孤独、寂寞中陨落了。"

二曰消化不良而死。杜甫的死和饥饿有着斩不断的联系。离开四川后，杜甫客居湖南，由于被突至的洪水围困，连续饿了九天（一说是连续饿了五天）。当地县令用小船把杜甫救了出来，以牛炙（烤肉）、白酒招待他。难得饕餮一回，杜甫因许久未进食，肠胃难以承受，最终因消化不良而死。

三曰被赐死。这种说法最早出自假冒唐朝李观的名义写的《杜拾遗补遗》，自提出后，历朝历代的学者对此说都进行批驳，并明确指出此段文字中最大的问题，即唐玄宗卒于宝应元年，也就是公元762年，他怎么可能在770年赐死杜甫呢？虽在一定范围内流传，但这种说法显然不成立。

杜甫故里

杜甫故里位于河南省巩义市城区西北5公里处的康店镇康店村西部邙岭上，原为一农家所占，在里面养猪，后被当地政府重新修葺。新修的杜甫故里占地34亩，坐北向南，主体建筑有大门楼、杜甫大型雕像、双层亭、诗圣碑林、杜甫墓、吟诗亭、望乡亭、草亭、献殿等。整个景区种植花木3000余株，奇花异草点缀，绿树成荫、松柏辉映，巍伟庄重，各种设施具有园林建筑风格，已成为邙岭上一颗闪闪发光的明珠。

杜甫故里建有纪念馆，陈列着历代杜诗版本和研究杜诗的论文、杜甫世系表以及"三吏""三别"诗意画等，每年接待游客几万人次。1963年6月，杜甫故里被定为省级文物保护单位。

历史贡献

杜甫的思想核心是儒家的仁政思想。他有"致君尧舜上，再使风俗淳"的宏伟抱负。他热爱生活，热爱人民，热爱祖国的大好河山。他疾恶如仇，对朝廷的腐败、社会生活中的黑暗现象都给予揭露和批评。他同情人民，甚至情愿为解救人民的苦难做出牺牲。所以，他的诗歌创作始终贯穿着忧国忧民这条主线，以最普通的老百姓为主角，由此可见杜甫的伟大。

杜甫的诗具有丰富的社会内容、强烈的时代色彩和鲜明的政治倾向，真实、深刻地反映了安史之乱前后一个历史时代的政治时事和广阔的社会生活画面。杜诗风格基本上是"沉郁顿挫"，语言和篇章结构则富于变化，讲求炼字炼句。同时，其诗兼备众体，除五古、七古、五律、七律外，还有不少排律、拗体。艺术手法也多种多样，是唐诗思想艺术的集大成者。杜甫还继承了汉魏乐府"感于哀乐，缘事而发"的精神，摆脱乐府古题的束缚，创作了不少"即事名篇，无复依傍"的新题乐府，如著名的"三吏""三别"等。杜甫去世后受到樊晃、韩愈、元稹、白居易等人的大力揄扬。杜诗对元白的"新乐府运动"及李商隐的近体讽喻时事诗影响甚深。但杜诗受到广泛重视，是在宋以后。王禹偁、王安石、苏轼、黄庭坚等人对杜甫推崇备至。文天祥更以"杜诗为坚守民族气节的精神力量"褒之。杜诗的贡献，从古到今，早已超出文艺的范围。

社会影响

杜甫约有1400余首诗被保留了下来，这些诗诗艺精湛，在中国古典诗歌中备受推崇，影响深远。杜甫"有集六十卷"，早佚。北宋宝元二年（1039），王洙辑有1405篇，编为18卷，题为《杜工部集》。钱谦益编有《笺注杜工部集》。杨伦说："自六朝以来，乐府题率多模拟剽窃，陈陈相因，最为可厌。子美出而独就当时所感触，上悯国难，下痛民穷，随意立题，尽脱去前人窠臼。"

杜甫在书法的创作观上也是非常成熟而有深度的。从记载来看，他楷隶行草兼工，整体以意行之，赞赏古而雄壮，注意书写中的速度、节奏、笔势、墨法等，在唐代他也是很有深度的书家了。同时，他对唐代隶书家的赞扬，对曹霸、张旭的评价都足以使他在书法史上留下声名，而他的"书贵瘦硬"说更是奠定了杜甫在书法理论史上的重要地位。

"书画相通"，这是中国艺术史及美学史上富于民族特色的文化现象。杜甫知画又知书，

杜甫的诗歌备受后世评家推崇，影响深远

今人安旗即有言："除文学外，杜甫对其他艺术也很留心。例如书法，'九龄成大字，有作成一囊'，他不但本人从小就开始学习书法，后来在他的《观薛稷少保书画壁》《殿中杨监见示张旭草书图》《李潮八分小篆歌》诸诗中，我们还可以窥见他对书法的兴趣和修养。"又云："后人常以'沉郁顿挫'称杜诗。顿挫者，指诗的章法曲折，意境深远。……这不是和书法的'一波三折'等笔法相通吗？"

在杜甫有生之年以及他去世后的一些年里，他没有受到多少嘉奖和重视，这在一定程度上是由他在风格和格律上的创新所导致的，某些评论家认为其中的有些作品很大胆、古怪。他在世时关于他的参考资料几乎没有，只有6位诗人写的11首诗，而且这些诗都没有提及他是诗歌和伦理观点的模范。然而，就像孔庆翔说的一样，杜甫是"中国唯一影响随着时间不断增长的诗人"。

宋朝理学的发展确保了杜甫诗歌的典范意义和他至高无上的地位。苏轼阐释了理由："古今诗人众矣，而子美独为首者，岂非以其流落饥寒，终身不用，而一饭未尝忘君也欤！"他思考的能力铸就了他的影响力，他对建立良好社会秩序的向往使他深受政治家的推崇，改革家也学习他对穷人的悲悯，文学家学习他在艺术手法上的创新。

清初文学评论家金圣叹把杜甫所作之律诗与屈原的《离骚》、庄周的《庄子》、司马迁的《史记》、施耐庵的《水浒传》、王实甫的《西厢记》合称"六才子书"。在当代，杜甫对国家的忠心和对人民的关切被重新诠释为民族主义和社会主义的含义，而他本人因为使用"人民的语言"而受到现代研究者的赞赏。

杜甫不只在中国留名，还扬名海外。1481年，朝鲜将杜诗翻译成朝鲜文，叫《杜诗谚解》。杜甫对日本文学的影响相对较晚，直到17世纪，他才在日本拥有和在中国一样的名声。杜甫对松尾芭蕉的影响尤深。杜甫也是美国作家、诗人雷克斯罗斯最喜欢的作家。

杜甫对后人的影响还表现在道德方面。雷克斯罗斯认为杜甫所关心的是人跟人之间的爱、人跟人之间的宽容和同情，他说："我的诗歌毫无疑问地主要受到杜甫的影响。我认为他是有史以来在史诗和戏剧以外的领域里最伟大的诗人，在某些方面他甚至超越了莎士比亚和荷马，至少他更加自然和亲切。"

草圣：张旭

原名：张旭
别称：张长史、伯高、季明
所处时代：唐朝
出生地：吴县（今江苏省苏州市）
出生日期：不详
逝世日期：不详
主要作品：《古诗四帖》《肚痛帖》等
评价：书法家
尊称：草圣

五 魏晋南北朝、隋唐时期

人物生平

张旭，唐朝开元、天宝年间（713—756）吴县人，字伯高、季明。张旭草书成就最高，诗也别具一格，以七绝见长。唐文宗曾下诏，以李白诗歌、裴旻剑舞、张旭草书为"三绝"。与贺知章、张若虚、包融号称"吴中四士"。因草书成就高，被后人尊称为"草圣"。

张旭初仕为常熟尉，后官至金吾长史，人称"张长史"。其母陆氏为初唐书家陆柬之的侄女，即虞世南的外孙女。张旭为人洒脱不羁，豁达大度，卓尔不群，才华横溢，学识渊博。与李白、贺知章相友善，杜甫将他们三人列入"饮中八仙"。张旭是一位极有个性的草书大家，因他常喝得大醉后呼叫狂走，然后落笔成书，甚至以头发蘸墨书写，故又有"张颠"的雅称。其实，他心很细。他认为在日常生活中接触到的事物，都能启发写字。偶有所获，即熔冶于自己的书法中。当时，人们只要得到他的片纸只字，都视若珍品予以珍藏。

逸闻趣事

张旭一生与字结缘，又嗜酒，因此留下了许多逸闻趣事。

判案遇己。传说，张旭初仕为苏州常熟尉。上任后十多天，一位老人递上状纸告状。张旭在状纸上判过后老人就离开了。过不几天，这位老人又来了。张旭大怒，责备老人说："你竟敢用闲事屡次骚扰公堂？"老人说："实际上我不是到你这儿理论事情的。我是看到你批示状纸的字写得奇妙珍贵得可放在箧笥中收藏起来才来的呀！"张旭听后感到惊异，问老人为什么这样喜爱书法，老人回答说："先父受过文化教育，还有著作遗留在世。"张旭让他取来一看，方信老人的父亲确实是擅长书法的人。从此，张旭的书法倍加长进、越发精妙，堪称一时之冠。

慷慨助邻。张旭有个邻居，家境贫困，听说张旭性情慷慨，他就写信给张旭希望得到他的资助。张旭非常同情邻人，便在信中说道："您只要说这信是张旭写的，要价可上百金。"邻人照着他的话把信拿到街上售卖，果然不到半日就被争购一空。邻人高兴地回到家，向张旭致以万分的感谢。

颠张醉素。张旭之后，怀素继承和发展了其笔法，也以草书得名，也是书法史上领一代风骚的草书家。张旭和怀素的草书各为一体，人称"张颠素狂"或"颠张醉素"。张旭创造了"狂草书"，其书法变化自如，表现出开阔的胸怀和丰富的想象力。怀素将他的"狂草书"发扬光大，写得更加流畅挥洒。

主要作品

张旭的作品主要有以下四种：

一是《古诗四帖》。《古诗四帖》通篇气势磅礴，布局大开大合，落笔千钧，狂而不怪，书法气势奔放纵逸。如六行八句，"汉帝看核桃，齐侯问棘花"，笔画连绵不断，运笔遒劲，圆头逆入，功力浑厚。又如九行，"应逐上元酒，同来访蔡家"，字里行间内蕴无穷，古趣盎然，充满张力、磁性。行笔出神入化，给人仪态万千之感，笔断意连，令人遐想无限。再如十三行，"龙泥印玉简，大火炼真文"，笔法字体方中有圆，书写中提按、使转、虚实相间。纵观通篇结字隽永、章法严谨，行间布局疏密呼应、错落有致、刚柔相济、浑然一体。无论从通篇还是从局部单字来看，都会被流动、曲折、藏锋使转直入、动人心魄的阳刚线条打动。如果没有高超的艺术修养，没有成竹在胸的功底，是书写不出来如此巧夺天工的完美巨作的。正因如此，张旭草书被历代推崇，有口皆碑。明人本道生云："张旭草书'行笔如空中掷下，俊逸流畅，焕乎天光，若非人力所为'。"

二是《草书心经》。张旭的《草书心经》最早见于《碑刻拔萃》，其《唐草心经》碑目下写明张旭。此前，碑林中有明成化年间知府孙仁从百塔寺移来的《草书心经》。《关中金石文字存逸考》对这两种草书"心经"都录，其"心经、肚痛帖、千文断碑"条下注"均张旭草书，无年月"，并称"右三石均在西安碑林"。张旭的《草书心经》最晚见于民国三年（1914）《碑林碑目表》，此后便下落不明了。

三是《肚痛帖》。单刻帖，无款。此帖用笔顿挫使转、刚柔相济、千变万化、神采飘逸。全帖仅30字，写来洋洋洒洒，一气贯之，气韵生动。明王世贞跋云："张长史《肚痛帖》及《千字文》数行，出鬼入神，惝恍不可测。"

四是《郎官石柱记》。《郎官石柱记》也称《郎官厅壁记》，为张旭的楷书作品，唐陈九言撰文，张旭书。《郎官石柱记》原石久佚，传世仅王世贞旧藏"宋拓孤本"，弥足珍贵。张旭草书纵放奇宕，而此序楷势精劲凝重，法度森严、雍容闲雅兼而有之，是张旭存世的唯一楷书作品，因其融汇在中唐楷书中扮演了承前启后的角色，所以弥足珍贵，历来评价甚高。

历史贡献

张旭是中国书法史上一位极其重要的人物。他创造的狂草是向自由表现方向发展的一个极限；若更自由，文字将不可辨读，书法也就成了抽象点泼的绘画。

张旭是一位纯粹的艺术家，他把满腔情感倾注在点画之间，旁若无人，如醉如痴，如癫如狂。后人论及唐人书法，对欧、虞、褚、颜、柳、素等均有褒贬，唯对张旭无不赞叹，这是艺

张旭一生嗜酒，常在酒后留下精品狂草，也留下许多逸闻趣事

史上绝无仅有的。张旭的草书看起来很癫狂，但章法却是相当规范的，他的狂草是在张芝、王羲之行草的基础上升华的一种狂草。细观察其书体绝无不规则的涂抹，很多细微的笔画、字间过渡，都交代得清清楚楚，绝无矫揉造作之感。张旭的草书是在激越情感牵动下促使节奏加快的，似金蛇狂舞，又如虎踞龙盘，表现一泻千里之势。他在线条的动荡和质感上加入了盛唐的艺术气息，从而形成了自己独特狂放的草书风格。

社会影响

张旭去世后，大家都很怀念他。如杜甫入蜀后，见张旭的遗墨，万分伤感，写了一首《殿中杨监见示张旭草书图》，诗中曰："斯人已云亡，草圣秘难得。及兹烦见示，满目一凄恻。"李颀在《赠张旭》一诗中说："露顶据胡床，长叫三五声。兴来洒素壁，挥笔如流星。"可见大家对张旭的敬爱之深。常熟人民为了纪念张旭，直到今天，城内东门方塔附近还保留着一条"醉尉街"。旧时，城内还曾建有"草圣祠"，祠内的一副楹联为"书道入神明，落纸云烟，今古竞传八法；酒狂称草圣，满堂风雨，岁时宜奠三杯"，表达了邑人对这位"草书之圣"的深深崇敬。张旭洗笔砚的池塘也曾长期保留，称为"洗砚池"。苏州将兴建唐代张旭草圣祠，位于唐寅墓西侧，全部采用古建筑材料兴建，将草圣祠建成类似浙江绍兴兰亭的建筑，陈列展示张旭书法艺术成就，使其成为国内外文人雅士笔会场所。苏州百姓以书法家张旭引为自豪。"草圣"张旭也是中华民族的骄傲与光荣。

书法艺术是独立的，有它自身的特征和要求。它是通过具有生命力的线条，以及线条与线条之间的各种关系，在时间的过程中以节奏韵律组合起来的和谐而又变化多端的空间整体效果，并以此表达作者的情感和审美观念的。真、草、隶、篆、行都具有这种意义。但在各种书体中，体现书法时间特征最完美的、载情性最直接的却是草书。刘熙载在《艺概》中说："观其人莫如观其草书。"这正因为"书法多于意"而"草书意多于法"的缘故。所以，从草书中更能看出一个人的艺术天分和艺术修养。张旭就是具有草书艺术天分和艺术修养的集大成者。

张旭是草书艺术家的典型代表，他不仅有深厚的书法艺术素养，而且在表现上把自己激荡的感情和书法艺术完美地结合在一起。张旭借狂草来抒发个人情感，其实体现了盛唐时期艺术家们的思想情结和普遍的精神风貌。这是主观意愿和客观实际相结合的产物，使反映情感的书体得以最完美的发展。张旭书法惊涛骇浪般的狂放气势，节奏韵律的和谐顿挫，字间结构的随形结体，线条的轻重枯润等变化，都达到了草书的最高水准，可谓"前无古人、后无来者"，他的出现影响了后来历代几乎所有的大书法家。

剑圣：裴旻

本名：裴旻
所处时代：唐朝
出生地：不详
出生日期：唐开元年间

逝世日期：不详
主要成就：剑舞为唐"三绝"之一
尊称：剑圣

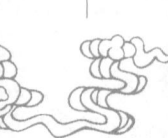

人物生平

裴旻,唐开元年间人,曾镇守北平郡(今河北省卢龙县),先后参与了对奚人、契丹和吐蕃的战事,据记载官至"左金吾大将军",生卒年月不详。

据唐代《独异志》描述,裴旻的剑舞堪称绝学,其表演"掷剑入云,高数十丈,若电光下射,旻引手执鞘承之,剑透空而下,观者数千人,无不惊栗"。又据《历代名画记》载,画家吴道子因见裴旻剑舞"出没神怪",乃作画"挥毫益进"。诗人李白曾从其学剑。文宗称李白的诗、张旭的草书、裴旻的剑舞为"三绝"。世人称他们三人分别为"诗仙""草圣""剑圣"。

逸闻趣事

裴旻性情豪放,留下了许多逸闻趣事。

剑画合一。开元年间,裴旻母亲去世,他想请大画家吴道子在天宫寺作壁画超度亡魂。吴道子说:"我好久没作画了,如果裴将军一定要我画的话,只好先请将军舞一曲,启发一下我画画的灵感。"裴旻当即脱去孝服,持剑起舞,只见他"走马如飞,左旋右抽";突然间,又"掷剑入云,高数十丈"。被抛起数十丈高的剑,竟然能用手持的剑鞘接住,使其直入鞘中,真是剑技绝招。当时,几千名围观者为之震惊,赞叹不已。吴道子也被那猛厉的剑舞气势感动,画思敏捷,若有神助,于是挥毫图壁,飒然风起,很快一幅"为天下之壮观"的壁画绘成了。

谈虎色变。据史书《唐国史补》记载:裴旻作为龙华军使,驻守在北平。北平有很多老虎。裴旻善射,曾经在一天之内射死过31只老虎。然后,他就在山下四处张望,显出自得的样子。有一位老头儿走过来对他说:"你射死的这些都是彪,像虎而不是虎。你要是遇上真虎,也就无能为力了。"裴旻说:"真虎在哪儿呢?"老头儿说:"从这儿往北30里,常常有虎出没。"裴旻催马向北而行,来到一个草木丛生的地方,果然有一只老虎跳出来。这只老虎的个头较小,但是气势凶猛,站在那里一吼,山石震裂。裴旻的马吓得倒退,弓和箭都掉到了地上,他也差一点儿被虎吞食。

引弓射杀。相传,有一次裴旻在深山里行走时,遇到了一只大如车轮的蜘蛛,蜘蛛盘丝所结的网像一匹布。裴旻差点儿被这硕大的蜘蛛网给缠住,他用弓箭射死了这只大蜘蛛,还将蜘蛛网带回家存起来。后来,裴旻的部下受伤时,他就剪方寸蜘蛛网贴上,血立刻止住。

赞美裴旻的诗

裴旻是武将,但他一生却与很多文人来往密切。很多有名气的诗人、书法家都写过赞美他的诗。

唐代著名书法家颜真卿写过一首诗《赠裴将军》：

大君制六合，猛将清九垓。
战马若龙虎，腾凌何壮哉。
将军临八荒，烜赫耀英材。
剑舞若游电，随风萦且回。
登高望天山，白云正崔巍。
入阵破骄虏，威名雄震雷。
一射百马倒，再射万夫开。
匈奴不敢敌，相呼归去来。
功成报天子，可以画麟台。

唐代著名诗人王维也写过一首诗《赠裴将军》：

腰间宝剑七星文，臂上雕弓百战勋。
见说云中擒黠虏，始知天上有将军。

历史贡献

据《朝野佥载》记载，唐文宗曾下诏正式将李白的诗歌、张旭的书法和裴旻的剑术称为"三绝"。可惜，裴旻的剑术我们已无法看到，但从李白的诗、张旭的字这"二绝"推想，裴旻的剑术自然也是妙绝通神。

颜真卿的诗中"一射百马倒，再射万夫开。匈奴不敢敌，相呼归去来"的句子，绝非曲意奉承、胡乱恭维。李白曾向裴旻学过剑，王维也曾赠诗给他。由此看来，裴旻的确名不虚传。

裴旻持剑起舞，妙绝通神

社会影响

据《朝野佥载》记载："裴旻与幽州都督孙佺北征，被奚贼所围。旻马上立走，轮刀雷发，箭若星流，应刀而断。贼不敢取，蓬飞而去。"《新唐书》也说："旻尝与幽州都督孙佺北伐，为奚所围，旻舞刀立马上，矢四集，皆迎刃而断，奚大惊，引去。"有道是，大将军不怕千军，只怕寸铁。任你多勇悍的猛将，强弓硬弩雨点般一阵猛射，也得变成个大刺猬。张郃是三国时的猛将，与张飞大战百合，不也被射死在剑门道上？宋时杨再兴英勇无敌，却因马陷小商河而被射死。而裴旻居然能镇定自若，将一柄长刀舞得风雨不透，敌人的箭雨被他纷纷削掉，落于马前。所以，敌人才吓得胆战心惊，远远逃走。不管是否夸张，如果没有过硬的本事，史书不会写进去，也很难让唐文宗将其剑术称为"三绝"之一。

茶圣：陆羽

本名：陆羽
别名：陆疾、鸿渐、季疵
所处时代：唐朝
出生地：竟陵（今湖北省天门市）
出生日期：公元733年
逝世日期：约公元804年

评价：茶学专家
主要成就：编纂世界上第一部茶专著《茶经》，对世界的茶业发展有卓越贡献
代表作品：《茶经》《陆文学自传》
尊称：茶圣、茶仙、茶神

人物生平

陆羽（733—约804），字鸿渐，复州竟陵（今湖北省天门市）人，唐代著名的茶学专家。陆羽一生嗜茶，并精于茶道。他对茶叶有浓厚的兴趣，长期实地调查研究，熟悉茶树育种、栽培和加工技术，并擅长品茗。他撰写的《茶经》三卷，成为世界上第一部关于茶叶的著作。陆羽对中国和世界茶业发展做出了卓越贡献，被后人誉为"茶圣"。

除了品茗、研究茶道，陆羽还工于诗文，但传世不多。他的一生富有传奇色彩。他是一个弃婴，《唐国史补》《新唐书》和《唐才子传》都对此毫不隐讳。据史书记载，公元733年深秋的一天清晨，竟陵龙盖寺的住持智积禅师路过西郊一座小石桥，忽闻桥下群雁哀鸣之声，走近一看，只见一群大雁正用翅膀护卫着一个被严霜覆盖着的男婴，男婴冻得瑟瑟发抖。智积禅师将其抱回抚养，取名为"陆羽"。后来，这座石桥被人们称为"古雁桥"，附近的街道称"雁叫街"，遗迹至今犹存。

陆羽在寺里不但学习识字，还学会了烹茶事务。尽管如此，陆羽不愿皈依佛法削发为僧。9岁时，智积禅师要他抄经念佛，陆羽不从，公然称："羽将授孔圣之文。"智积禅师闻言，颇为恼怒，就用繁重的"贱务"惩罚他，迫他悔悟回头。陆羽被派去"扫寺地，洁僧厕，践泥圬墙，负瓦施屋，牧牛一百二十蹄"。陆羽并不因此气馁屈服，求知欲望反而更加强烈。他无纸学字，便以竹划牛背为书，偶得张衡《南都赋》，虽并不识其字，却危坐展卷，念念有词。智积禅师知道后，恐其浸染外典，失教日旷，又把他禁闭寺中，令芟剪榛莽，还派年长者管束。

眨眼三年过去，陆羽12岁了。他觉得寺中日月难度，便乘人不备逃出龙盖寺，到了一个戏班子里学演戏。他虽其貌不扬，又有些口吃，但却幽默机智，演丑角很成功。后来，他还编写了三卷笑话书《谑谈》。

俗话说，吉人自有天相，陆羽也不例外。唐天宝五载，竟陵太守李齐物在一次州人聚饮中，看到了陆羽出众的表演，十分欣赏他的才华和抱负，当即赠以诗书，并修书引荐他到隐居于火门山的邹夫子那里学习。天宝十一载（752），礼部郎中崔国辅被贬为竟陵司马。是年，陆羽揖别邹夫子下山。崔与羽相识，两人常一起出游，品茶鉴水，谈诗论文。天宝十五载，陆羽为考察茶事，出游巴山峡川。行前，崔国辅以白驴、乌犎牛及文槐书函相赠。一路之上，他逢山驻马采茶，遇泉下鞍品水，目不暇接，口不暇访，笔不暇录，锦囊满获。

唐肃宗乾元元年（758），陆羽来到升州（今江苏省南京市），寄居栖霞寺，钻研茶事。次年，他旅居丹阳。唐上元元年（760），陆羽从栖霞山麓来到苕溪（今浙江省湖州市吴兴区），隐居山间，阖门著述《茶经》。他起早贪黑、跋山涉水，以茶民为友，与茶叶为伴，用大量的实地考察资料充实《茶经》的写作。这期间，他常身披纱巾短褐，脚着蘑鞋，独行野中，深入农家，采茶觅泉，评茶品水；或诵经吟诗、杖击林木，或手弄流水、迟疑徘徊。每每至日黑兴尽，方号泣而归。

《陆文学自传》是陆羽29岁时为自己写的小传，可信度较高。他在自传中写道："字鸿渐，不知何许人，有仲宣、孟阳之貌陋，相如、子云之口吃。"《新唐书·陆羽传》载，他稍大一些，以《易》自占，得《渐》卦："鸿渐于陆，其羽可用为仪，吉。"其意为鸿雁飞于天上，四方皆是通途，两羽翩翩而动，动作整齐有序，可供效法，为吉兆。按此卦义，定姓为"陆"，取名为"羽"，以"鸿渐"为字。这仿佛预示着：本为凡贱，实为天骄；来自父母，竟如天降。

还有一种版本，说陆羽虽身在庙中，却不愿终日诵经念佛，而是喜欢吟读诗书。陆羽执意下山求学，遭到了禅师的反对。禅师为了给陆羽出难题，同时也是为了更好地教育他，便叫他学习冲茶。在钻研茶艺的过程中，陆羽碰到了一位好心的老婆婆，不仅学会了冲茶技巧，而且学会了不少读书和做人的道理。当陆羽最终将一杯热气腾腾的茗茶端到禅师面前时，禅师终于答应了他下山读书的要求。后来，陆羽撰写了广为流传的《茶经》。

据《茶叶全书》载："陆羽晚年处境甚佳，为唐皇所器重。以后为了寻求生活的玄奥，至七七五年成为一隐士，五年后即出《茶经》一书，八〇四年逝世。"

"茶"字的由来

陆羽之后才有"茶"字，也才有茶学。茶就是"人在草木间"，草木如诗，美人如织。在中国人的观念里，天人合一就是自然之道。茶来自草木，因人而获得独特价值。确切地说，茶是因为陆羽而摆脱自然束缚获得解放，从此，茶文化便一举成为华夏物质文明和精神文明的缩影。

陆羽之前的时代，茶写作"荼"，有着药的属性。华夏族的鼻祖神农氏终生都在寻找对人有用的植物。神农尝完百草而成《神农本草》，里面记载的更多的是植物的功能性质，体现了华夏人对自然的简单认识：哪些草木是苦的，哪些热，哪些凉，哪些能充饥，哪些能医

陆羽之后才有了"茶"字和茶学

病……神农氏"日遇七十二毒，得茶而解之"。很显然，在这里，茶是类似于灵芝草之类的药物而已。《尔雅》中"槚"是茶的一种，特指味道比较苦的茶，是感官滋味层面上的直接体验。在那时候国人的观念里，草木是一体，而不是今日植物学意义上的乔灌木之谓。《诗经》上说"有女如荼"，说的是颜色层面。当时，人日常并不饮茶，除非真的生病。

陆羽自己所列的几个字"蔎""茗""荈"，是对茶的进一步分类，赋予时令上的区别。也就是说，在荼时代，荼只是一种可用的药草而已，不会因为在不同地方与不同季节而改变称呼。而"茶"不一样。《茶经》开篇就把茶作为主体，陆羽用史家为人作传的口吻描述道："茶者，南方之嘉木也。"自此便开始了对茶的全面拟人化定义，以不容置疑的语气对茶作了评判辞，涉及茶的出生地（血统）、形状（容颜）、称谓（姓名）、生长环境（成长教育）、习性（性格、品质）等方面；而茶与人的关系，就像茶自身因为生长环境有所区别一样，需要区别看待。

《茶经》三卷十节，不过7000字，陆羽却秉承着神农衣钵，凡茶都亲历其境、"亲挹而比"、"亲炙啜饮"、"嚼味嗅香"，尽显虔诚姿态。此后，华夏人的喝茶便定格在陆羽的论述里。

陆羽的传说

关于陆羽的传说，主要有以下两种。

传说之一：据传，唐代竟陵积公和尚善于品茶，他不但能鉴别所喝的是什么茶、分辨沏茶用的水，还能准确判断谁是煮茶人。这种品茶本领一传十，十传百，人们把积公和尚看成是"茶仙"下凡。这消息也传到了代宗皇帝耳中。代宗本人嗜好饮茶，也是个品茶行家，所以宫中录用了一些善于品茶的人供职。代宗听到这个传闻后，半信半疑，就下旨召来了积公和尚，决定当面试茶。积公和尚到达宫中，皇帝即命宫中煎茶能手沏一碗上等茶叶，赐予积公品尝。积公谢恩后接茶在手，轻轻喝了一口，就放下茶碗，再也没喝第二口。皇上问："何故？"积公起身摸摸长须笑答："我所饮之茶，都是弟子陆羽亲手所煎。饮惯他煎的茶，再饮别人煎的茶，就感到淡如水了。"皇帝听罢，问："陆羽现在何处？"积公答道："陆羽酷爱自然，遍游海内名山大川，品评天下名茶美泉，现在何处贫僧也难知晓。"于是，朝廷派人四处寻找陆羽，终于在浙江吴兴苕溪的杼山上找到了他，立即把他召进宫去。皇帝见陆羽虽说话结巴、其貌不扬，但出言不凡、知识渊博，有几分欢喜。皇帝命他煎茶献师。陆羽欣然同意，取出自己清明前采制的好茶，用泉水烹煎后先献给皇上。皇帝接过茶碗，轻轻揭开碗盖，一阵清香迎面扑来，精神为之一爽；再看碗中茶叶，淡绿清澈，品尝之后感觉清香醇甜，连连点头称赞好茶。皇帝让陆羽再煎一碗，由宫女送给在御书房的积公和尚品尝。积公端起茶来喝了一口，连叫好茶，一饮而尽，然后放下茶碗，兴冲冲地走出书房大声喊道："鸿渐在哪里？"皇帝吃了一惊："积公怎么知道陆羽来了？"积公哈哈大笑道："我刚才品的茶，只有渐儿才能煎得出来。喝了这茶,当然就知道渐儿来了。"代宗十分佩服积公和尚的品茶之功和陆羽的茶技之精,就留陆羽在宫中供职,培养宫中茶师。但陆羽不羡荣华富贵,不久又回到苕溪,专心撰写《茶经》去了。

传说之二:陆羽随关中难民南下,遍游长江中下游和淮河流域各地,考察搜集了大量第一手茶叶产制资料,并积累了丰富的品泉鉴水的经验,撰下《水品》一篇,可惜今已失传。但同代文人张又新在《煎茶水记》里,曾详细地开列出一张陆羽品评过的江河井泉及雪水等共二十品的水单。如庐山康王谷水帘水第一,无锡惠山寺石泉水第二,蕲州兰溪石下水第三……把扬子江中心的南零水列为第七品。有意思的是,张又新还记下了一个真实的故事:湖州刺史李季卿在扬子江畔遇见了在此考察茶事的陆羽,便相邀同船而行。李季卿闻说附近扬子江中心的南零水煮茶极佳,即令士卒驾小舟前去汲水。不料士卒于半路上将一瓶水泼洒过半,只好偷偷舀了岸边的江水充兑。陆羽舀尝一口,立即指出:"此为近岸江中之水,非南零水。"陆羽不说话,把盆里的水都倒了,倒至一半的时候,突然停了,微笑道:"此乃江中心南零水也。"取水的士卒不得不服,跪在陆羽面前,告诉了实情。随后,陆羽的名气愈发被传得神乎其神。明清时的一些茶艺专家认为,南零水和临岸江水,一清一浊,一轻一重,对"茶圣"陆羽来说是不难分辨的。

陆羽故里

湖北省天门市是陆羽的故乡。至今,天门市还存有不少与陆羽有关的遗迹:市内有一座"古雁桥",传说是当年大雁庇护陆羽的地方;镇北门有一座"三眼井",曾是陆羽煮茶取水之处;井台旁边有一块后人立的石碑"唐处士陆鸿渐小像碑",碑上刻画的是陆羽坐着品茶的情景,颇有韵味;陆羽亭建于清朝,后毁于兵燹,中华人民共和国成立后重建为双层木质结构,呈六角形,精巧典雅,置身其间,品茗饮茶,令人流连陶醉;陆羽纪念馆位于竟陵西湖之滨,包括陆羽故居、纪念陆羽的古迹、陆羽茶事活动等建筑群,游览该馆,可以获得陆羽事迹和传说的许多信息。

清朝人曾写一诗怀念陆羽:"古亭屹立官池边,千秋光辉耀楚天。明月有情西江美,依稀陆子笑九泉。"

历史贡献

陆羽在茶学或茶业方面对我国和世界文化做出了伟大贡献。这一点,不论是国内还是国外,一直是后人对陆羽研究、介绍的主要方面。

陆羽不仅是一位茶专家,还是一位著名诗人、音韵专家、书法家、演员、剧作家、史学家、传记作家、旅游和地理学家。他编著过《江表四姓谱》《南北人物志》《吴兴历官志》和《吴兴刺史记》等史学著作。同时，他还是一位考古或文物鉴赏家。皎然在《兰亭石桥柱赞》序文中称，大历八年（773）春天，卢幼平奉诏祭会稽山，邀陆羽等同往山阴（今浙江省绍兴市），发现古卧石一块，经陆羽鉴定，该石系"晋永和中兰亭废桥柱"。为什么请陆羽鉴定？陆羽为什么懂得这么多知识？皎然说得很清楚："生（陆羽）好古者，与吾同志。"人们称陆羽是地理学家，因其对地理尤其是对山水有研究。独孤及任常州刺史时，无锡县令为整修惠山名胜，"有客竟陵羽，多识名山大川"，还特意请了陆羽当"顾问"。陆羽在流寓浙西期间，曾为湖州、无锡、苏州和杭州编写过《吴兴记》《吴兴图经》《慧山记》《虎丘山记》《灵隐天竺二寺记》《武林山记》等多种地志和山志，说明他对方志学也极有研究。

　　茶是中国的骄傲，是民族的自尊、自信和自豪。世界著名科技史家李约瑟博士将中国茶叶作为中国四大发明之后对人类的又一重大贡献。饮茶思源，陆羽的《茶经》及茶精神是中国文化的一部分，滋养了一代又一代中国人。

社会影响

　　陆羽被尊为"茶圣"是他逝世以后的事情。在他生前，他虽然以嗜茶、精茶和《茶经》一书名播社会，或已有"茶仙"的戏称，但在时人中，他还不是以茶人而是以文人的身份受到推崇的。这是因为，茶叶虽在《茶经》问世以后已形成一门独立的学问，但尚属初创，其影响和地位无法与历史悠久的文学相比。另外，《茶经》一书是陆羽在文坛上崭露头角之后所撰，即陆羽在茶学上的造诣是在他成为著名的文人达士以后才显露的，是第二位的成就。

　　陆羽在生前和去世后，似乎是两个完全不同的形象。如果说他去世后在文学方面的成就"为《茶经》所掩"，成为茶业的一个偶像的话，那么，在生前，他在茶学方面的成就是为文学所掩，他是以"词艺卓异"闻名的。陆羽生前与高僧名士为友，在文坛上是活跃和有地位的。可能受当时社会上某些名士"不名一行，不滞一方"的思想影响，他对文学和对茶叶的态度也一样，喜好但不偏一。所以，反映在学问上，他也不囿于一业，而是涉猎很广，博学多能。

　　陆羽及他所著《茶经》三卷十章七千余字，分别为：卷一，一之源，二之具，三之造；卷二，四之器；卷三，五之煮，六之饮，七之事，八之出，九之略，十之图。《茶经》是唐代和唐以前有关茶叶的科学知识和实践经验的系统总结，是陆羽躬身实践、笃行不倦，取得茶叶生产和制作的第一手资料后又遍稽群书、广采博收茶家采制经验的结晶。《茶经》一问世，即风行天下，为时人学习和珍藏。在《茶经》中，陆羽除全面叙述茶区分布，茶叶的生长、种植、采摘、制造、品鉴外，有许多名茶首先为他所发现，如浙江长城（今长兴县）的顾渚紫笋茶经陆羽评为上品后列为贡茶，义兴郡（今江苏省宜兴市）的阳羡茶则是陆羽直接推举入贡的。《义兴县重修茶舍记》载："御史大夫李栖筠实典是邦，山俗有献佳茗者，会客尝之，野人陆羽以为芬香甘辣,冠于他境,可以荐于上。栖筠从之,始进万两,此其滥觞也。"

陆羽还主张把以上各项内容用图绘成画幅,张陈于座隅,茶人们喝着茶、看着图,品茶之味,明茶之理,神爽目悦,这与端来一瓢一碗几口灌下,那意境自然大不相同。陆羽的《茶经》是古代茶人勤奋读书、刻苦学习、潜心求索、百折不挠精神的结晶。以茶待客、以茶代酒,"清茶一杯也醉人"就是中华民族珍惜劳动成果、勤奋节俭的真实反映。

自从有了茶,人们的生活、文化、贸易都相对延伸开来,可以看出茶对社会的影响如此之深远而又广泛。

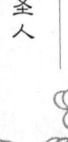

文圣：韩愈

本名：韩愈
别称：昌黎先生、韩吏部、韩昌黎、韩文公、退之
所处时代：唐朝
出生地：河阳（今河南省孟州市）
出生日期：公元768年
逝世日期：公元824年12月25日
评价：文学家、思想家、政治家
代表作品：《论佛骨表》《师说》《进学解》
地位："唐宋八大家"之一
尊称：文圣

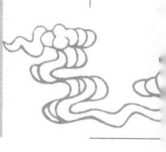

五 魏晋南北朝、隋唐时期

人物生平

韩愈（768—824），字退之，昌黎人，后迁河阳（今河南省孟州市）；唐贞元进士，后调四门博士，迁监察御史，官至吏部侍郎；唐朝文学家、思想家、政治家，唐代古文运动倡导者。宋代苏轼评价他"文起八代之衰"；明人推他为"唐宋八大家"之首，又将他与杜甫并提，有"杜诗韩笔"之美称；与柳宗元并称"韩柳"，有"文章巨公"和"百代文宗"之名；被后人尊称为"文圣"。

韩愈从3岁起就开始识文，每日可记数千言，不到7岁就读完了诸子之著。超凡的天赋和文化素养，使他早早就抱定了远大志向。名字中的"愈"字，正是他少年胸怀的表露。19岁时，他已经是一位才华横溢的青年才俊。这年，恰逢皇科开选，抚养韩愈长大的嫂子郑氏为他打点行装，送他进京去应试。到京城后，他自恃才高，以为入场便可得中，从未把同伴搁在眼里。结果别人考中了，他却名落孙山。

从贞元二年（786）到贞元七年（791），韩愈先后三次参加科举考试，均失败。贞元八年（792），韩愈第四次参加进士考试，终于登进士第。

贞元九年（793），韩愈参加吏部的博学宏词科考试，遭遇失败。同年，韩愈之嫂郑夫人逝世，他返回河阳，为其守丧五个月。贞元十年（794），他再度至长安参加博学宏词科考试，又失败。贞元十一年（795），他第三次参加博学宏词科考试，仍失败。其间，他曾三次给宰相上书，均未得到回复。同年，韩愈离开长安，经潼关回到河阳县，前往东都洛阳。

贞元十七年（801），韩愈被任命为国子监四门博士。贞元十九年（803），韩愈晋升为监察御史。当时，关中地区大旱，韩愈查访后发现，灾民流离失所，四处乞讨，关中饿殍遍地。目睹严重的灾情，韩愈痛心不已。而当时负责京城行政的京兆尹李实却封锁消息，谎称关中粮食丰收、百姓安居乐业。韩愈在愤怒之下上《御史台上论天旱人饥状》疏，反遭李实等谗害，于同年十二月被贬为连州阳山县令。贞元二十年（804）春，韩愈抵达阳山县就职。后历都官员外郎、史馆修撰、中书舍人等职。元和十二年（817），出任宰相裴度的行军司马，参与讨平"淮西之乱"。元和十四年（819），韩愈因谏迎佛骨一事被贬至潮州。适逢大赦，同年十月量移韩愈为袁州（今江西省宜春市）刺史。元和十五年（820）九月，韩愈入朝任国子祭酒，于冬季回到长安。

长庆元年（821）七月，韩愈转任兵部侍郎。当时，镇州（今河北省正定县）发生兵变，新任成德节度使田弘正被杀害。成德都知兵马使王廷凑自称留后，向朝廷索求节钺。长庆二年（822）二月，朝廷赦免王廷凑及成德士兵，命韩愈为宣慰使，前往镇州。韩愈即将出发时，百官都为他的安全担忧。元稹说："韩愈可惜。"穆宗也感到后悔，命韩愈到成德军边境后，先观察形势变化，不要急于入境，以防不测。韩愈说："皇上命我暂停入境，这是出于仁义而关怀我的人身安危；但是，不畏死去执行君命，则是我作为臣下应尽的义务。"于是，他毅然只身前往。

到镇州后，王廷凑手下的将士拔刀开弓迎接韩愈。韩愈到客房后，将士仍手执兵器围在院中。王廷凑对韩愈说："这么放肆无礼，都是这些将士干的，不是我的本意。"韩愈严厉地说："皇上认为你有将帅的才能，所以任命你为节度使，却想不到你竟指挥不动这些士卒！"

韩愈召集军民，说明反逆与归顺的不同后果，情感深挚，言辞真切，王廷凑听了又怕又敬重。

长庆二年（822）九月，韩愈转任吏部侍郎。长庆三年（823）六月，韩愈升任京兆尹兼御史大夫，因不参谒宦官，被御史中丞李绅弹劾。韩愈不服，称此举经穆宗恩准。二人性情都固执不让，你来我往，争辩不止。朝廷便派李绅出任浙西观察使，韩愈也被罢免京兆尹，授职兵部侍郎。等到李绅向穆宗告辞赴镇任职时，流泪陈说，穆宗怜惜他，便追发诏书授李绅为兵部侍郎，韩愈改任吏部侍郎。

长庆四年（824）八月，韩愈因病告假。同年十二月二日（12月25日），韩愈在长安靖安里的家中逝世，终年57岁，获赠礼部尚书，谥号文。宝历元年（825）三月，韩愈葬于河阳。元丰元年（1078），宋神宗追封韩愈为昌黎伯，并准其从祀孔庙。

起名的故事

由于父母早亡，韩愈从小由哥嫂抚养。转眼到了入学的年龄，嫂嫂郑氏一心想给弟弟起个既美又雅的学名。这天，郑氏翻开书来，左挑一个字嫌不好，右拣一个字嫌太俗，挑来拣去过了半个时辰，还没有给弟弟选定一个合意的学名。韩愈站在一旁观看，见嫂嫂为他起名作难便问："嫂嫂，你要给我起个什么名呢？"郑氏道："你大哥名会，二哥名介，会、介都是人字作头，象征他们都要做人群之首。会乃聚集，介乃耿直，其含义都很不错。三弟的学名，也须找个人字作头，含义更要讲究的才好。"韩愈听后，立即说道："嫂嫂，你不必翻字书了，这人字作头的'愈'字最佳了，我就叫韩愈好了。"郑氏一听，忙将字书合上，问弟弟道："愈字有何佳意？"韩愈道："愈，超越也。我长大后一定要做一番大事，前超古人，后无来者，决不当平庸之辈。"嫂嫂听后，拍手叫绝："好！好！你真会起名，好一个'愈'字哟！"

后来，韩愈在京中一连住了几年，连续考了四次，最后才考中第十三名。之后，一连经过三次博学宏词科考试，他也没得到一官半职。由于银钱花尽，他由京都移居洛阳去找友人求助。在洛阳，经友人穿针引线，韩愈与才貌双全的卢氏小姐订了婚。卢小姐的父亲是河南府法曹参军，甚得众望。韩愈就住在他家，准备择定吉日与卢小姐结婚。卢小姐天性活泼，为人坦率。一方面，她敬慕韩郎的才华；另一方面，她又对韩郎那自傲之情有所担忧。她曾多次思忖，要使郎君日后有所作为，就应当规劝他一下。可是，如何规劝他呢？这天晚饭后，花前月下，二人闲聊诗文。畅谈中，韩愈提起这几年仕途失意之事。卢小姐和颜悦色地说道：

"相公不必再为此事叹忧，科场失意乃常有之事。家父对我总是夸你学识渊博、为人诚挚。我想，你将来一定会有作为，只是这科场屡挫必有自己的不足之处，眼下当找出这个缘由才是。"韩愈听后，说道："讲得有理，俗话说自己瞧不见自己脸上黑，请小姐赐教。"卢小姐一听，"嗤"地笑出声来，说道："你真是个聪明人啊！"随即，卢小姐展纸挥笔写道："人求言实，火求心虚；欲成大器，必先退之。"韩愈手捧赠言一阵沉思：此乃小姐肺腑之言啊！自古道骄兵必败，自己身上缺少的正是谦虚，这个"愈"字便是证据。于是，他立即改用卢小姐赠言中的最后两个字"退之"作为自己的字。从此，韩愈卧薪尝胆，隐居苦学，终有成就。

历史贡献

韩愈在历史上的贡献主要是他的政治主张和文学成就。

在政治上，韩愈主张天下统一，反对藩镇割据。唐宪宗时，韩愈曾随同裴度平定淮西藩镇之乱。他和柳宗元政见不合，但并没有影响他们共同携手倡导古文运动。他们反对过分追求形式主义的骈文，提倡散文，强调文章内涵。韩愈为"唐宋八大家"之一，他曾因为谏迎佛骨一事被贬潮州，后因治政突出而迁袁州（今江西省宜春市）任刺史。任职袁州期间，韩愈政绩卓越，培养了当时江西省的第一个状元。现宜春秀江中有一个沙洲，名为状元洲，传说就是当年学子读书之处。宜春城中最高的山头建有状元楼，宜春市区有昌黎路，都是为了纪念韩愈的特别功绩。

韩愈的文学成就斐然。在文学创作理论上，他认为道（即仁义）是目的和内容，文是手段和形式，强调文以载道、文道合一、以道为主；提倡学习先秦两汉古文，并博取屈原、司马迁、司马相如、扬雄诸家作品；主张学古要在继承的基础上创新，坚持"词必己出""陈言务去"；重视作家的道德修养，提出养气论，"气盛则言之短长与声之高下者皆宜"（《答李翊书》）；提出"不平则鸣"的论点，认为作者对现实的不平情绪是深化作品思想的原因。在作品风格方面，他强调"奇"，以奇诡为善。

韩愈的散文作品内容丰富、形式多样，语言鲜明简练、新颖生动，风格雄健奔放、曲折自如，为古文运动树立了典范。其散文作品大致分为以下几类：

一是论说文。分为两类：一类是宣扬道统和儒家思想的，如《原道》《原性》《原人》；另一类或多或少存在着明道倾向，但重在反映现实，作不平之鸣，而且不少文章有一种反流俗、反传统的力量，并在行文中夹杂着强烈的感情倾向，如最有代表性的《师说》《马说》。

二是杂文。与论说文相比，韩愈的杂文更为自由随便，或长或短，或庄或谐，文随事异，各当其用。如《进学解》，通过设问设答的方式，反话正说，全文多用辞赋铺陈的手法排比对偶，行文轻松活泼。韩愈杂文中最可瞩目的是那些嘲讽现实、议论犀利的精悍短文，如《杂说》《获麟解》等，形式活泼，不拘一格，有很高的文学价值。

"一代文宗"韩愈仕途坎坷，坎坷的仕途也成就了他在文学史上的地位

三是传记、抒情散文。韩愈的传记文继承《史记》传统，叙事中刻画人物，议论、抒情妥帖巧妙，表现出状物叙事的杰出才能，如《毛颖传》《柳子厚墓志铭》等。他的抒情散文《祭十二郎文》是祭文中的千古绝唱，具有浓厚的抒情色彩。

四是序文。韩愈的序文大都言简意赅、别出心裁，表现对现实社会的各种感慨，如《张中丞传后叙》《送李愿归盘谷序》《送孟东野序》等。

在诗歌创作方面，韩愈也取得了很大的成就。他针对大历以来诗人"窃占青山白云、春风芳草以为己有"（皎然《诗式》）的浮荡习气、"往往涉于齐梁绮靡婉丽"（高仲武《中兴间气集》）的诗风，自觉地继承和发扬李白、杜甫在诗歌创作上的业绩，力图恢复盛唐气象。因此，他在诗歌创作上勇于创造、大胆革新、另辟蹊径、独树一帜，较广泛地反映了当时的现实，开创了"说理诗派"的诗风，成为中唐时期诗坛上一位影响较大的诗人。当然，也有人认为他的诗存在过分散文化、议论化的倾向。

社会影响

韩愈是我国唐代著名的文学家。他领导了中唐时期的古文运动，在散文方面取得了突出的成就。

游国恩等主编的《中国文学史》中写道："从创作实践来看，韩愈主要是继承李白的自由豪放和杜甫的体格变化、'语不惊人死不休'的艺术传统，独立开拓道路，和白居易着重继承杜甫现实主义精神有所不同。"詹锳先生《唐诗》也是这样说的："在韩愈诗里也有些反映现实的。但这样的诗数量不多，而且往往和个人的不幸交织在一起，认识不够深刻。"张燕瑾《唐诗选析》认为："韩愈的诗歌追求奇险，形成了宏伟奇崛和'以文为诗'的特色。韩愈反映人民疾苦的诗篇，在数量上不及杜甫和白居易。但反映人民疾苦不是评价作家作品的唯一标准。就韩愈而论，他的诗歌既有深切同情人民苦难、揭露统治集团罪恶的篇章，也有不少是反对藩镇割据、维护国家统一的佳什，更有猛烈抨击佛、道二教的危害之作，还有指斥当权者压抑人才、抒发怀才不遇的作品。这些都从不同方面较为深刻地反映了中唐时期社会的重大生活，有强烈的战斗性，应该说也是现实主义的优秀作品。"

韩愈提出了"文以载道"和"文道结合"的文学主张，反对六朝以来的骈偶之风，提倡先秦、两汉的散文，主张"辞必己出""惟陈言之务去"。他的论说文《原道》《师说》以及传奇小说《毛颖传》等都是公认的名篇，对后代散文起了很好的推动作用。

韩愈还是一位热心的教育家。他能逆当时的潮流，积极指导后进学习，他"收召后学""抗颜而为师"（柳宗元《答韦中立论师道书》），特别重视教育和培养年轻作家。他在《答李翊书》一文中说："根之茂者，其实遂……气盛则言之短长与声之高下者皆宜。"所谓"根"或"气"，都是指作家的思想修养、人格修养，强调作家的道德修养和文学修养对搞好创作的重要性。

六 宋元明清时期

词圣：苏轼

本名：苏轼
别称：苏东坡、苏文忠、苏仙、子瞻、和仲
所处时代：北宋
出生地：眉州眉山（今四川省眉山市）
出生日期：公元1037年1月8日
逝世日期：公元1101年8月24日
评价：文学家、画家、书法家

主要成就：诗、词、赋、散文、书法、绘画
代表作品：《赤壁赋》《水调歌头·丙辰中秋》《石钟山记》《饮湖上初晴后雨》《念奴娇·赤壁怀古》
地位："唐宋八大家"之一
尊称：词圣

人物生平

苏轼（1037年1月8日—1101年8月24日），出生于眉州眉山（今四川省眉山市），祖籍河北栾城；字子瞻，又字和仲，号东坡居士，世称苏东坡、苏仙；北宋著名文学家、书法家、画家。其文汪洋恣肆、明白畅达，其诗题材广泛、内容丰富。苏轼父子三人合称"三苏"。因在词方面成就卓著，苏轼被后人尊称为"词圣"。

苏轼是苏洵的次子（苏洵长子夭折）。嘉祐二年（1057），苏轼与弟弟苏辙同登进士。因在立新法中反对王安石，苏轼被贬到黄州。世人说："门下三父子，都是大文豪。"在父子三人中，苏轼的成就是最高的，胜过苏洵和苏辙。清人敬称："一门父子三词客，千古文章四大家。""三词客"指的就是苏氏父子。苏轼亦善书，为"宋四家"之一；工于画，尤擅墨竹、怪石、枯木等。有《东坡七集》《东坡易传》《东坡乐府》等传世。

嘉祐元年（1056），苏轼首次出川赴京，参加朝廷的科举考试。苏洵带着20岁的苏轼、18岁的苏辙，自偏僻的西蜀地区沿江东下，于嘉祐二年（1057）进京应试。当时的主考官是文坛领袖欧阳修，小试官是诗坛宿将梅尧臣。这两人正锐意诗文革新，苏轼那清新洒脱的文风一下子把他们震住了。策论的题目是《刑赏忠厚之至论》，苏轼的《刑赏忠厚之至论》获得主考官欧阳修的赏识，却因欧阳修误认为该文是自己的弟子曾巩所作，为了避嫌，使他只得第二。苏轼在文中写道："皋陶为士，将杀人。皋陶曰杀之三，尧曰宥之三。"欧、梅二公叹赏其文，却不知这几句话的出处。及苏轼谒谢，即以此问轼，苏轼答道："何必知道出处！"欧阳修听后，对苏轼的豪迈、敢于创新极为欣赏，而且预见了苏轼的将来："此人可谓善读书、善用书，他日文章必独步天下。"

在欧阳修的一再称赞下，苏轼一时声名大噪。他每有新作，立刻就会传遍京师。当父子名动京师、正要大展身手时，突然传来苏轼之母病故的噩耗。苏轼、苏辙二兄弟随父回乡奔丧。嘉祐四年十月，苏轼守丧期满回京。嘉祐六年（1061），苏轼应制科考试，即通常所谓的"三年京察"，入第三等，为"百年第一"，授大理评事、签书凤翔府判官。四年后，还朝判登闻鼓院。治平三年（1066），苏洵病逝，苏轼、苏辙兄弟扶柩还乡，守孝三年。三年之后，苏轼还朝，震动朝野的王安石变法开始了。苏轼的许多师友，包括当初赏识他的恩师欧阳修在内，因反对新法与新任宰相王安石政见不合，被迫离京。朝野旧雨凋零，苏轼眼中所见，已不是他20岁时所见的"平和世界"。

熙宁四年（1071），苏轼上书谈论新法的弊病。王安石很愤怒，让御史谢景温在皇帝跟前说苏轼的过失。于是，苏轼请求出京任职。熙宁四年至熙宁七年（1074），苏轼被派往杭州任通判；熙宁七年秋，调往密州（今山东省诸城市）任知州；熙宁十年（1077）四月至元丰二年（1079）三月，在徐州任知州。这期间，他革新除弊、因法便民，颇有政绩。

元丰二年（1079），苏轼43岁，调任湖州知州。上任后，他给皇上写了一封《湖州谢上表》。这本是例行公事，但苏轼是诗人，笔端常带感情，即使官样文章，也忘不了加上点儿个人色彩，他说自己"愚不适时，难以追陪新进"，"老不生事，或能牧养小民"。这些话被新党抓了辫子，说他是"愚弄朝廷，妄自尊大"、"衔怨怀怒"、"指斥乘舆"、"包藏祸心"、讽刺政府、莽撞无礼、对皇帝不忠……如此大罪，可谓死有余辜了。他们从苏轼的大量诗作中挑出他们认为隐含讥讽之意的句子，一时间，朝廷内一片倒苏之声。这年七月二十八日，苏轼上任才三个月，就被御史台的吏卒逮捕，解往京师，受牵连者达数十人。这就是北宋著名的"乌台诗案"（乌台，即御史台，因其上植柏树，终年栖息乌鸦，故称"乌台"）。

"乌台诗案"这一巨大打击成为苏轼一生的转折点。新党中人非要置苏轼于死地不可，变法派的有识之士则劝谏神宗不要杀苏轼。当时，王安石已退居金陵，也上书说："安有盛世而杀才士乎？"在大家的努力下，这场诗案因王安石"一言而决"，苏轼得到从轻发落，贬为黄州（今湖北省黄冈市）团练副使，本州安置，受当地官员监视。苏轼坐牢130天，几次濒临被砍头的境地。幸亏北宋时期在太祖赵匡胤年间既定下不杀士大夫的国策，苏轼才算躲过一劫。

黄州团练副使这个职位相当低微，并无实权。而此时，苏轼已变得心灰意冷。到任后，他心情郁闷，曾多次到黄州城外的赤壁山游览，写下了《赤壁赋》《后赤壁赋》和《念奴娇·赤壁怀古》等千古名作，以此寄托他谪居时的思想感情。公余，他便带领家人开垦城东的一块坡地，种田帮补生计。"东坡居士"的别号，便是他在这时起的。

元丰七年（1084），苏轼离开黄州，奉诏赴汝州就任。由于长途跋涉、旅途劳顿，苏轼的幼儿不幸夭折。汝州路途遥远，且路费已尽，再加上丧子之痛，苏轼便上书朝廷，请求暂时不去汝州，先到常州居住，被批准。当他准备要南返常州时神宗驾崩。常州一带水网交错、风景优美。他在常州居住，既无饥寒之忧，又可享美景之乐，而且远离了京城的政治纷争，能与家人、众多朋友朝夕相处。于是，苏轼选择了常州作为自己的终老之地。

宋哲宗即位，高太后以哲宗年幼为名临朝听政，司马光重新被起用为相，以王安石为首的新党被打压。苏轼复为朝奉郎知登州（今山东省蓬莱市），四个月后以礼部郎中被召还朝。在朝半月升起居舍人，三个月后升中书舍人，不久又升翰林学士知制诰、知礼部贡举。当苏轼看到新兴势力拼命压制王安石集团的人物及尽废新法后，认为其与所谓"王党"不过一丘之貉，再次向皇帝提出谏议。他对旧党执政后暴露的腐败现象进行了抨击。由此，他又引起了保守势力的极力反对，于是又遭诬告陷害。至此，苏轼既不能见容于新党，又不能见谅于旧党，因而再度自求外调。

元祐四年（1089），苏轼任龙图阁学士知杭州。苏轼在杭州时自比唐代的白居易。元祐六年（1091），他又被召回朝。不久，又因为与执政者政见不合，于元祐六年八月，被调往颍州任知州；元祐七年（1092）二月，任扬州知州；元祐八年（1093）九月，任定州知州。

元祐八年，高太后去世，哲宗亲政，新党再度执政。绍圣元年（1094）六月，苏轼被贬为宁远军节度副使，惠州（今广东省惠州市惠阳区）安置。

绍圣四年（1097），年已61岁的苏轼被一叶孤舟送到了海南岛儋州（今海南省儋州市）。

徽宗即位后，苏轼被调廉州安置；后任舒州团练副使，永州安置。元符三年（1100）十一月，苏轼复任朝奉郎、提举成都府玉局观。北归途中，于建中靖国元年七月二十八日（1101年8月24日）卒于常州（今江苏省常州市），享年65岁。次年，遵苏轼留下的遗嘱，其子苏过将父亲的灵柩运至汝州郏城县（今河南省郏县）钩台乡上瑞里安葬。宋高宗即位后，追赠苏轼为太师，谥为"文忠"。

历史贡献

苏轼是继欧阳修之后主持北宋文坛的领袖人物，在当时的作家中间享有巨大的声誉，一时与之交游或接受他指导的人甚多。北宋文学家黄庭坚、秦观、晁补之和张耒都曾得到他的培养、奖掖和荐拔，故称"苏门四学士"。"苏门四学士"和陈师道、李廌六人并称"苏门六君子"。

苏轼在文学上的成就，在文章方面，与欧阳修合称"欧苏"；在词作方面，与辛弃疾合称"苏辛"；在诗歌方面，与黄庭坚并称"苏黄"；在书法方面，开创"尚意"书风，其作《黄州寒食帖》被誉为"天下第三行书"；在绘画方面，擅画枯木竹石，反对程式束缚，重视神似，为后世"文人画"的发展奠定了坚实基础。

苏轼的文学观点与欧阳修一脉相承，但更强调文学的独创性、表现力和艺术价值。他强调"有为而作"，崇尚自然，摆脱束缚，"出新意于法度之中，寄妙理于豪放之外"。他认为作文应达到"如行云流水，初无定质，但常行于所当行，常止于所不可不止。文理自然，姿态横生"（《答谢民师推官书》）的艺术境界。苏轼散文著述宏富，与韩愈、柳宗元和欧阳修三家并称，文章风格平易流畅、豪放自如。

诗词方面。苏轼的诗词现存四千余首，其内容广阔、风格多样，而以豪放为主，笔力纵横、穷极变幻，具有浪漫主义色彩，为宋诗的发展开辟了新的道路。叶燮（字星期）《原诗》说："苏轼之诗，其境界皆开辟古今之所未有，天地万物，嬉笑怒骂，无不鼓舞于笔端。"其诗清新豪健，善用夸张比喻，在艺术表现方面独具风格。少数诗篇也能反映民间疾苦，指责统治者的奢侈骄纵。词开豪放一派，对后代很有影响。《念奴娇·赤壁怀古》《水调歌头·丙辰中秋》传诵甚广。苏轼在我国词史上占有特殊的地位。他将北宋诗文革新运动的精神扩大到词的领域，扫除了晚唐五代以来的传统词风，开创了与婉约派并立的豪放派，扩大了词的题材，丰富了词的意境，冲破了"诗庄词媚"的界限，对词的革新和发展做出了重大贡献。

书法方面。苏轼擅长行书、楷书，与黄庭坚、米芾、蔡襄并称"宋四家"。他曾遍学晋、唐、

在诗、词、文章、书法、绘画等方面均有杰出贡献的苏轼常令后人叹为观止，心美不已

五代名家，得力于王僧虔、李邕、徐浩、颜真卿、杨凝式，而自成一家，自创新意。他用笔丰腴跌宕，有天真烂漫之趣。苏轼自云："我书造意本无法。"又云："自出新意，不践古人。"《黄州寒食帖》是苏轼行书的代表作。这是一首遣兴的诗作，是苏轼被贬黄州第三年于寒食节所发的人生之叹。诗写得苍凉多情，表达了苏轼此时惆怅孤独的心情，受到诸家的称赏赞誉，世人遂将《寒食帖》与东晋王羲之的《兰亭序》、唐代颜真卿的《祭侄稿》合称为"天下三大行书"，或单称《寒食帖》为"天下第三行书"。还有人将"天下三大行书"作对比说：《兰亭序》是雅士超人的风格，《祭侄稿》是至哲贤达的风格，《寒食帖》是学士才子的风格。它们先后媲美，各领风骚，称得上是中国书法史上行书的三块里程碑。

苏轼在绘画方面也很有成就。他喜画墨竹，师文同（即文与可），比文同更加简劲，且具掀舞之势。米芾说他"作墨竹，从地一直起至顶。余问：何不逐节分？曰：竹生时，何尝逐节生"。他还善作枯木怪石。米芾说他"作枯木枝干，虬曲无端；石皴硬，亦怪怪奇奇无端，如其胸中盘郁也"。可见其作画很有奇想远寄。其论书、论画均有卓见，论画影响更为深远。如重视神似，认为"论画以形似，见与儿童邻"，主张画外有情，画要有所寄托，反对形似，反对程式束缚，提倡"诗画本一律，天工与清新"，并明确提出"士人画"的概念等，高度评价了"诗中有画，画中有诗"的艺术造诣。他是中国历史上少有的文学和艺术天才。其绘画作品有《潇湘竹石图》《小鸡啄米图》《枯木怪石图》《偃松图卷》。

社会影响

苏轼在社会上影响深远，为"宋词四大家"之一。"宋词四大家"为苏轼、辛弃疾、柳永、李清照。他还是"唐宋八大家"之一。"唐宋八大家"为韩愈、柳宗元、欧阳修、苏洵、苏轼、苏辙、王安石、曾巩。

苏轼不仅为后人留下了4000多首诗词，而且生前为百姓做了许多实事，留下了许多佳话。

建苏公堤，是影响最大的一件事情。元祐四年（1089），苏轼任龙图阁学士知杭州。由于西湖长期没有疏浚，淤塞过半，"葑合平湖久芜漫，人经丰岁尚凋疏"，湖水逐渐干涸，湖中长满野草，严重影响了农业生产。苏轼来杭州的第二年，即率众疏浚西湖，动用民工20余万，开除葑田，恢复旧观，并在湖水最深处建立三塔（今三潭映月）作为标志。他把挖出的淤泥集中起来，筑成一条纵贯西湖的长堤。堤由六桥相接，以便行人，后人名之曰"苏公堤"，简称"苏堤"。在春天的清晨，苏堤烟柳笼纱、波光树影、鸟鸣莺啼，是著名的西湖十景之一"苏堤春晓"。"东坡处处筑苏堤"，苏轼一生筑过三条长堤。苏轼被贬颍州（今安徽省阜阳市）时，对颍州西湖也进行了疏浚并筑堤。绍圣元年（1094），苏轼被贬为宁远军节度副使，惠州安置。年近六旬的苏轼日夜奔驰，千里迢迢赶赴贬所，受到了岭南百姓的热情欢迎。苏轼把皇帝赏赐的黄金拿出来，捐助疏浚西湖，并修了一条长堤。为此，"父老喜云集，箪壶无空携。三日饮不散，杀尽村西鸡"，人们欢庆不已。如今，这条苏堤在惠州西湖入口处，像一条绿带，横穿湖心，把湖一分为二，右边是平湖，左边是丰湖。

东坡话，源自海南儋州。绍圣四年（1097），年已61岁的苏轼被一叶孤舟送到了徼边荒凉之地海南岛儋州。在宋朝，放逐海南是仅比满门抄斩罪轻一等的处罚。他把儋州当成了自己的第二故乡，"我本儋耳氏，寄生西蜀州"。他在这里办学堂、兴学风，以至许多人不远千里追至儋州，从苏轼学。在宋代开国到苏轼被贬至儋州的100多年里，海南从没有人进士及第，但苏轼北归不久，这里的姜唐佐就举乡贡。为此，苏轼题诗"沧海何曾断地脉，珠崖从此破天荒"。人们一直把苏轼看作儋州文化的开拓者、播种人，对他怀有深深的崇敬之情。在儋州流传至今的东坡村、东坡井、东坡田、东坡路、东坡桥、东坡帽等，都充分表达了人们对他的缅怀之情，连语言都有一种"东坡话"。

东坡肉，是苏轼被谪贬黄州时留下的佳话。元丰三年（1080）二月一日，苏轼被贬谪到黄州。他见黄州市面上猪肉价贱，而人们不大吃它，便亲自烹调猪肉。有一次，他吃得兴起，即兴作了一首打油诗，名曰《食猪肉》，诗中写道："黄州好猪肉，价贱如粪土。富者不肯吃，贫者不解煮。慢着火，少着水，火候足时它自美。每日早来打一碗，饱得自家君莫管。"此诗一传十、十传百，人们开始争相仿制，并把这道菜戏称为"东坡肉"。苏东坡二任杭州知州时，组织民工疏浚西湖，筑堤建桥，使葑草湮没大半的西湖重新恢复昔日美景，杭州的老百姓非常感谢他。过年时，大家就抬猪担酒来给他拜年。苏东坡收到后，便指点家人将肉切成方块，烧得红酥醇香，分送给疏浚西湖的民工们吃。大家吃后无不赞赏称奇。"东坡肉"的美名便传遍了全国。

东坡凉粉，有一段很美好的故事。相传北宋时期，苏东坡任凤翔府（今陕西省凤翔县）签书判官时，于凤翔东湖避暑。炎炎夏日，无清凉爽口之物下肚，他特命人取滨豆（也称作小扁豆）研磨成粉，熬制成糊状，盛入石头器皿中待其冷却后切成条状，配以盐、醋、辣椒等佐料凉拌。因其口感爽、滑，并有清凉解暑之功效，之后流传于凤翔民间。后人为纪念他，称其为"东坡凉粉"并流传至今。

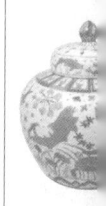

曲圣：关汉卿

本名：关汉卿
别名：关已斋、关一斋、已斋叟
所处时代：元代
出生日期：约金末（1220年前）
逝世日期：元成宗大德年间（1297—1307）
评价：元代著名戏曲作家

主要成就："元曲四大家"之首、元杂剧奠基人
代表作品：《窦娥冤》《救风尘》《拜月亭》《单刀会》等
尊称：曲圣

人物生平

关汉卿，元代杂剧奠基人，杂剧作家，号已斋（一说名一斋）；约生于金末，大都（今北京）人，又有祁州（治今河北省安国市）、解州（今山西省运城市）人诸说，与白朴、马致远、郑光祖并称为"元曲四大家"，名列"四大家"之首，被誉为"曲家圣人"，西方称之为"东方的莎士比亚"。

元末夏庭芝《青楼集》所载邾经序云："我皇元初并海宇，而金之遗民若杜散人、白兰谷、关已斋辈，皆不屑仕进，乃嘲弄风月，流连光景。"杜散人即杜善夫，是由金入元的作家。白兰谷即白朴，金亡时（1234）才8岁。估计关汉卿所处的年代同他们接近，也是由金入元的作家。关汉卿今存大德歌10首。"大德"是元成宗的年号（1297—1307），上距金亡已70年左右。由此可以推断关汉卿约卒于元成宗大德元年（1297）以后。他的生年，估计在1220年左右。南宋灭亡（1279）之后，关汉卿曾到过当时南方戏曲演出中心杭州，写有《一枝花·杭州景》套曲（中有"大元朝新附国，亡宋家旧华夷"句）。他还曾到过扬州，写曲赠朱帘秀，有"十里扬州风物妍，出落着神仙"句。关汉卿写《南吕一枝花》赠给女演员朱帘秀，说明他与此演员关系密切。他曾毫无惭色地自称："我是个普天下的郎君领袖，盖世界浪子班头。"在《南吕一枝花·不伏老》结尾一段，他更狂傲倔强地表示："我是个蒸不烂、煮不熟、捶不扁、炒不爆、响当当一粒铜豌豆。"

《录鬼簿》作者钟嗣成称关汉卿为"前辈已死名公"，说"余生也晚，不得预几席之末"。《录鬼簿》成书于1330年。按此时间推算，关汉卿卒年在1300年左右。

妻子的贡献

元朝统一全国后实行民族分化政策，把全国人民分为四等，汉族被列在第三等汉人和第四等南人中，地位最低；同时，又按职业把全国人民分为十等，知识分子的地位只比乞丐高，称"九儒十丐"。元政府对文人的打击使文人自己也不再去求功名，专心与市井艺术相结合，便有了元杂剧的兴起。被称为"杂剧班头"的关汉卿，其成就的取得离不开他的妻子万贞儿。

作为我国古代戏剧的伟大奠基人、"元曲四大家"之首，关汉卿的作品以《窦娥冤》的成就最高。《窦娥冤》是以年轻寡妇窦娥被流氓欺压并且很冤屈地被地方官处死的故事展开的。按照关汉卿原来的构思，窦娥太可怜了，剧情一路悲悲切切地发展下去，过于凄怆，所以想安插一些"先苦后甜"的情节以喜剧结尾。

万贞儿是关汉卿的第一个读者。在看了《窦娥冤》的初稿后，她说道："自古戏曲都脱不了'先离后合''苦尽甘来'的老套，《窦娥冤》何妨以悲剧结尾，不落前人窠臼，也许更能给人巨大的震撼力。"关汉卿听取了这一意见，因此而赢得清末民初学者王国维的赞词："关汉卿的《窦娥冤》与纪君祥的《赵氏孤儿》列入世界悲剧之中，亦无愧色。"当时，万贞儿告诫丈夫："戏曲力求通俗易懂，不可咬文嚼字而自炫才华，更要运用活的语言，扣紧观众的心弦。"有人谈到关汉卿的戏曲时说："以唐诗喻之，则关汉卿似白乐天；以宋词喻之，则关汉卿似柳耆卿。"但很少有人谈到万贞儿的贡献。

出生地争议及墓地

关于关汉卿的出生地，除山西解州说外，也有祁州、大都等不同说法。

据元代后期戏曲家钟嗣成说，"关汉卿，大都人，太医院尹，号已斋叟"，"太医院尹"别本《录鬼簿》作"太医院户"。查《金史》或《元史》均未见"太医院尹"的官名；"医户"是元代户籍之一，属太医院管辖。因此，关汉卿可能是元代太医院的一名医生。《拜月亭》中，他有一段临床诊病的描写，宛若医生口吻，可以作为佐证。

在今河北省安国市关汉卿故里伍仁村东北500米处，有关氏陵墓。坟墓原长4米、宽3米、高1.5米，东南—西北向。相传，村西北角为关宅遗址，俗称"关家园"，面积九亩九分。另有关家渡、关家桥、普救寺等遗址，现存"蒲水威观"石匾，传为关汉卿手迹。其逸事传闻在故里世代相传，老幼引以为自豪。关汉卿纪念馆设在药王庙（今河北省安国市南关），时任全国政协副主席王任重题写的馆名。1958年，时任全国剧协主席田汉来此视察后，国家拨款将关氏陵墓修成了砖墓。1986年，县政府拨款重修。现陵墓为直径10米、高3米的砖基大墓，四周遍植松柏，墓前树碑，碑阳刻"伟大戏剧家关汉卿之墓"。

历史贡献

关汉卿是中国文学史和戏剧史上一位伟大的作家，他一生创作了许多杂剧和散曲，成就卓越。他的剧作为元杂剧的繁荣与发展打下了坚实的基础。

关汉卿一生创作了60多部杂剧。这些创作从民间传说、历史资料和元代现实生活里汲取了许多素材，真实地反映了元代人民反对封建压迫与民族压迫的斗争。关汉卿从不写作神仙道化与隐居乐道的题材。他严肃的创作态度与批判现实的战斗精神对后世产生了巨大影响。

关剧是中国古典戏曲艺术的一个高峰。关汉卿娴熟地运用元代杂剧的形式，在塑造人物形象、处理戏剧冲突、运用戏曲语言等诸多方面均有杰出的成就。

关汉卿是一位杰出的语言艺术大师。他汲取大量民间生动的语言，熔铸精美的古典诗词，创造出一种生动流畅、本色当行的语言风格。他是元曲中本色派的杰出代表，真正做到了"人习其方言，事肖其本色。境无旁溢，语无外假"（臧晋叔《元曲选·序》）。

关汉卿的《窦娥冤》令后人击节赞叹

关汉卿杂剧塑造的人物个性鲜明、有血有肉，如窦娥等人物形象均栩栩如生。其杂剧题材和形式广泛而多样化，有悲剧、有喜剧，有壮烈的英雄、有恋爱故事，有家庭妇女问题、有官场公案。杂剧题材大多反映现实，生活面非常广阔，真实具体，揭示了社会各方面的矛盾，对不幸者怀有深厚的同情心，思想性与艺术性高度结合。关汉卿杂剧剧本能根据主题而剪裁取舍，情节安排紧凑，布局引人入胜，主线清晰、节奏紧凑，不全采用大团圆结局的惯例。

关汉卿的散曲写男女恋情的作品最多，对妇女心理的刻画细致入微，写离愁别恨则真切动人。关汉卿的散曲风格豪放，曲词泼辣风趣；语言通俗而口语化，生动自然，很能表现曲的本色。他喜用白描手法，善于写景，所用比喻形象生动。

社会影响

关汉卿的如椽大笔是推动元杂剧脱离宋金杂剧的"母体"走向成熟的杠杆，是标志戏曲艺术创作走上高峰的旗帜，并对后来的戏曲创作产生了巨大的影响。关汉卿的作品是一座丰富多彩的艺术宝库。早在100多年前，他的《窦娥冤》等作品已被翻译传播到欧洲。中华人民共和国成立后，对关汉卿的研究工作受到高度重视，他的戏曲全集得到出版。1958年，关汉卿被世界和平理事会提名为"世界文化名人"，北京隆重举行了关汉卿戏剧活动700年纪念大会。目前，国内至少有100种不同的戏剧形式、1500个职业剧团上演过关汉卿的剧本。他的剧作被译为英文、法文、德文、日文等，在世界各地广泛传播，外国人称他为"东方的莎士比亚"。

几百年来，关汉卿在中国戏剧史和世界文化史上的地位，已被大家公认。他的创作遗产已成为中华民族和世界人民共同的精神财富。

律圣：朱载堉

本名：朱载堉
别名：伯勤、句曲山人
所处时代：明朝
出生地：河内县（今河南省沁阳市）
出生日期：公元1536年
逝世日期：公元1611年

评价：律学家、历学家、数学家、艺术家
主要成就：创建十二平均律、制作了世界上第一架定音乐器
代表作品：《瑟谱》《律历融通》《律学新说》《算学新书》《操缦古乐谱》
尊称：律圣

人物生平

朱载堉（1536—1611），字伯勤，号句曲山人，祖籍安徽省凤阳县，生于河南怀庆府河内县（今河南省沁阳市）。朱载堉是明代著名的律学家、历学家、数学家、艺术家、科学家。他越祖规、破旧习，注重实践和实验，一生刻苦求真，呕心沥血，共完成《乐律全书》《律吕正论》《律吕质疑辨惑》《嘉量算经》《律吕精义》《律历融通》《算学新书》《瑟谱》等作品。青年时自号"狂生""山阳酒狂仙客"，又称"端清世子"，被后人尊称为"律圣"。

朱载堉的父亲郑恭王朱厚烷能书善文，精通音律乐谱。朱载堉自幼深受其父影响，喜欢音乐、数学，聪明过人。嘉靖二十四年（1545），年仅10岁的朱载堉就攻读《尚书·盘庚》等史书，并被封为世子，成为郑王的继承人。虽然朱载堉贵为郑藩王子，但他的生活道路并不平坦，这与他父亲朱厚烷的经历有关。朱厚烷是明仁宗朱高炽的第五世孙，袭父封爵，为郑恭王。他生活朴素、为人刚直，得罪过不少人，被冤下狱。朱厚烷被囚禁时，朱载堉刚15岁，他"痛父非罪见系，筑土室宫门外，席藁独处者十九年，厚烷还邸始入宫"。朱厚烷冤案平反次年，朱载堉结束了"席藁独处"的生活，重回宫中。

万历十九年（1591），朱厚烷病逝。朱载堉为世子，本可继承王位，但他上书皇帝，甘愿放弃。有司认为："载堉虽深执让节，然嗣郑王已三世，无中更理，宜以载堉子翊锡嗣。"即使如此，朱载堉也不答应。他"累疏恳辞"，执意让爵。从他父亲卒年起，直到万历三十四年（1606），经15年七疏之后，神宗皇帝才允准，"以祐橒之孙载玺嗣，而令载堉及翊锡以世子世孙禄终其身，子孙仍封东垣王"。让爵之后，他自称道人，迁居。

万历三十九年（1611）四月初六，朱载堉病逝，终年76岁，葬九峰山，谥号"端清"。

历史贡献

朱载堉多才多艺，勤奋一生，为后人留下了宝贵的精神、艺术财富。他在历史上的成就及贡献主要表现在文艺和科学两大方面。

一、文艺成就

音律方面。朱载堉对文艺的最大贡献是创建了"十二平均律"。此理论被广泛应用在世界各国的键盘乐器上，包括钢琴，故朱载堉被誉为"钢琴理论的鼻祖"。朱载堉用横跨81档的特大算盘，进行开平方、开立方的计算，提出了"异径管说"，并以此为据，设计并制造出弦准和律管。朱载堉的"十二平均律"使这十二个键的每相邻两键音律的增幅或减幅相等。音乐领域遗留了一千多年的一道学术难题，经朱载堉几十年的潜心研究，终于以"十二平均律"之说解决了。或许音乐上的这种专业词汇让人费解，那么量化一下：世界上已知的十有八九

朱载堉七次上疏让爵，创建"十二平均律"，人称"律圣"

的乐器定音，都是在"十二平均律"的基础上完成的，它被西方普遍认为是"标准调音""标准的西方音律"。

中国著名的律学专家黄翔鹏先生说："十二平均律不是一个单项的科研成果，而是涉及古代计量科学、数学、物理学中的音乐声学，纵贯中国乐律学史，旁及天文历算并密切相关于音乐艺术实践的、博大精深的成果。""十二平均律"是音乐学和音乐物理学的一大革命，也是世界科学史上的一大发明。

乐器方面。朱载堉不仅是音律方面的专家，而且还是乐器制造家。他不满足于因循旧说，敢于向历代相传的律制理论提出疑问另立新说，以实事求是的态度进行研究，精心发明制作出世界上第一架定音乐器——弦准，把"十二平均律"的理论推广到音乐实践中。朱载堉还制作了36支铜制律管，每管表示一律。在他的著作中，对每律的选材、制作方法、吹奏要求都有详细的说明，数据极其精密。比利时布鲁塞尔乐器博物馆馆长马容经过一二十年的研究，复制了其中的两支律管，他说："这样伟大的发明，只有聪明的中国人才能做到。"

舞蹈方面。朱载堉在舞蹈方面的贡献也是很大的。流传至今的山王庄"高抬火轿"，其历史可追溯至唐宋时期。自古以来，当地居民就有踩高跷、抬花轿闹新春的习俗。这种习俗在明代得到了脱胎换骨的发展。当时，郑王世子朱载堉七疏辞爵后隐居在丹水河畔的九峰山下著书立说，万善古镇是他经常游历的地方。他十分同情被称为"下九流"的轿夫和唢呐手等民间艺人，便竭力想为他们争取地位。他大胆地把踩高跷和抬花轿这两种民间表演艺术结合在一起，精心设计出了踩着高跷抬花轿的表演形式。

朱载堉大胆改革这种舞蹈形式的初衷，就是要让人们以仰视的角度高看轿夫，用艺术的表现手段提高轿夫在世人眼中的形象和地位。随后，朱载堉又不断地对其进行改进，将白天表演改为夜间表演，将花轿改为火轿，把原来的布轿改为纱轿；又在轿的周围插上蜡烛，在轿顶镶嵌上能喷射彩色火焰的龙头，寓意火旺、财旺，象征着一年里百姓的生活红红火火。

除了对表演形式不断改进外，朱载堉还从内容上对"高抬火轿"不断地进行丰富。他把自己创作的民间舞蹈广泛地运用其中，伴奏用的乐器也是他改进后的管子和唢呐，打击乐器用的是《金鼓经》中的鼓谱。他还把他自己编的"醒世词""情理词"等谱成曲调，让艺人们在表演中演唱。2008年，国务院批准将"高抬火轿"列入第一批国家级非物质文化遗产扩展项目名录。

舞学方面。朱载堉不仅注重对舞蹈的改进创新，而且注重舞蹈的学习和传承。他首创了"舞学"，为舞学制定了大纲，通过绘制的大量舞谱和舞图，奠定了舞学的理论基础。他的"天下太平"字舞谱，为今天的团体操开了先河。朱载堉还提出了较为系统的音乐教学体系，他提出的集体教唱、乐器伴唱、识谱学唱，在我们今天的音乐教学中仍被广泛应用。

二、科学成就

数学方面。朱载堉首创利用珠算进行开平方，研究出了数列等式，在世界上最早解答了已知等比数列的首项、末项和项数如何求解其他各项的方法，解决了不同进位制的小数换算，其中某些演算方法一直沿用到今天。台湾学者陈万鼐先生说："开方的方法既非朱载堉所发明，精于打算盘也无所谓学术价值，但他开方开到有效数字达二十五位数，恐怕自古以来的数学家，也只有他是唯一最精确而有耐心的人。"

计量学方面。朱载堉对累黍定尺、古代货币与度量衡的关系等都有极其细密的调查和实物实验，特别是对历代度量衡制变迁的研究一直影响到今天。他提出了一系列管口校正的计算方法和计算公式，还精确地测定了水银密度。

天文历法方面。朱载堉在天文历法方面开拓了新的领域。他认为当时的历法计算出的每年的长度不是十分精确，经过仔细观测和计算后，求出了计算回归年长度值的公式。1986年，专家们用现代高科技的测量手段对朱载堉1554年和1581年这两年的计算结果进行了验证，结果发现朱载堉计算的1554年的长度值与今天计算的仅差17秒钟，1581年的长度值与今天的计算仅差21秒钟。这不能不令世人震惊，就连欧美的专家学者都啧啧称奇。朱载堉是中国历史上第一个精确地计算出北京地理位置（北纬39°56′，东经116°20′）的人。

社会影响

朱载堉在文艺、科学方面的成就影响至今，与他对其研究成果著书立说有极大的关系。

据《明史·艺文志》载，朱载堉一生共著有《乐律全书》四十卷、《嘉量算经》三卷、《律历融通》四卷、《音义》一卷、《万年历》一卷、《万年历备考》二卷、《历学新说》二卷等，内容涉及音乐、天文、历法、数学、舞蹈、文学等。戴念祖先生在其《朱载堉——明代的科学和艺术巨星》一书中说，《明史》记载有误，《律历融通》《音义》等书均包含在《乐律全书》之中。在他多达百万字的著述中，尤以《乐律全书》最为著名。

后人对朱载堉的评价是：一个可以与李时珍、宋应星、徐光启、徐霞客齐名的重量级科学家，同时也是一位大百科全书式的学者。

　　至今，欧洲人仍在赞叹并实践朱载堉的发明；而在朱载堉的故乡中国，他的创造却湮没无闻。在沉睡了400多年之后，尽管朱载堉被重新认识、研究，但他仍然躺在学者的书房里。翻开任何一本历史教科书，无论是小学的还是中学的，很容易看到李时珍、宋应星、徐光启、徐霞客的成就，却难以发现朱载堉的名字。正如英国著名学者李约瑟博士所说："这真是不可思议的讽刺。"

　　李约瑟博士说："匀律音阶的音程可以取为二的十二次方根（即十二平均律），比欧洲人提前了数十年。这一发现彻底解决了困扰人们千年的难题，是音乐史上的重大事件。现代乐器的制造都是用'十二平均律'来定音的。'十二平均律'理论被传教士带到了西方，产生了深远的影响，王子朱载堉也随之享誉欧洲。"李约瑟博士还这样点评："朱载堉是'世界上第一个平均律数字的创建人'，其'著作曾经得到很高的评价'。"李约瑟称朱载堉为"中国文艺复兴式的圣人"。1997年，江泽民访美期间，在哈佛大学演讲时，曾经盛赞中国历史上对人类有杰出贡献的三位科学家，其中就有朱载堉。

　　德国物理学家赫尔姆霍茨说："在中国人中，据说有一个王子叫载堉的，他在旧派音乐家的反对中，倡导七声音阶。把八度分成十二个半音以及变调的方法，也是这个有天才和技巧的国家发明的。"

棋圣：黄龙士

本名：黄虬
别称：黄霞，字月天，号龙士
所处时代：清朝初期
出生地：江苏泰州姜堰
出生日期：公元1651年

逝世日期：不详
主要作品：《弈括》《黄龙士全图》
主要成就：对围棋发展有重大贡献
尊称：棋圣

人物生平

黄龙士（1651—？），名虬，又名霞，字月天，号龙士，以号行，江苏泰州姜堰人，生于顺治年间。黄龙士是清代围棋国手，与范西屏、施襄夏并称清代"三大棋圣"；康熙中期为围棋霸主，其棋风不拘一格，留下十局名局"血泪篇"，著《弈括》。"血泪篇"为黄龙士授徐星友三子的十局棋局，为古代让子棋的名局。时人将他推为"棋圣"。

黄龙士自幼聪明，才气过人，一遍成诵，百日不忘，尤其对于围棋，更是天资过人，少年时他就以围棋水平高超称雄梓里、饮誉江淮。从康熙三年（1664）起，黄龙士随父走南闯北。经过二上京城棋坛烽火的磨砺，黄龙士的棋艺日臻上乘。16岁时，他弈遍京师，所向披靡，战绩辉煌，被誉为"常胜将军"。18岁时，他在京与驰骋棋坛50余年、久负盛名的国手盛大有对弈，七战七捷，大获全胜。战胜盛大有，标志着黄龙士登上了清初棋坛的巅峰，奠定了黄龙士"棋圣"的地位。吕书舱说他下棋如"淮阴用兵，战无不胜"。在清初"群贤蔚起，竞长争雄"的状况中，黄龙士鹤立鸡群，"一切俯视之"，夺得霸主地位。此时，前辈大家周东侯的棋力也在黄龙士之下，其他棋手见了他更是退避三舍，不敢与之较量。

康熙二十年（1681），黄龙士接到浙江钱塘人徐星友的信札，表示自己愿意师从黄龙士学习棋艺。徐星友40岁开始学棋，又大黄龙士七八岁，学艺勤奋，矢志不移，曾3年足不出户，连楼都未下过。黄龙士为之感动，为造就新人，他倾力相携，鼎力相助，采取了种种育人新法。当徐星友达到让三子的水平时，黄龙士只让两子。当徐星友具备让两子抗衡的能力时，黄龙士反过来让徐星友三子下十局，以激发艺不如师的徐星友发挥全部潜能和棋艺技巧，创新棋路及布局，终于把徐星友"逼"为国手。这开创棋坛历史先河的十局，成为空前绝后的不朽之作，史称"血泪篇"。也正是这十局棋之后，徐星友棋艺突飞猛进，一跃成为与黄龙士齐名的围棋高手。

清朝初期，黄龙士授三子与徐星友大战十局，留下了空前绝后的"血泪篇"

黄龙士与徐星友同享盛名，誉满全国。康熙皇帝将他俩召为内廷供奉，五品职衔。黄龙士为人诚朴，耿直不阿。徐星友则为人机敏，善于交际，结交了不少内廷太监。一天，康熙命两人对弈，胜者重赏。徐星友通过内廷得知，皇上将奖授胜者为知府。黄龙士无意为官，他要著书立说为后学者指路。于是，他劝徐星友胜棋受赐。第二天，两人对弈激战，配合默契，演绎了一场"欺君大战"。徐星友获胜后，即被康熙委任为浙江钱塘知府，黄龙士则回故乡一心一意撰写棋书。

康熙二十九年（1690），黄龙士至不惑之年。他带着融进自己全部心血、博弈一生的《黄龙士全图》和《弈括》两篇著作与徐星友在钱塘江畔重聚。棋友、挚友、师徒相逢，相互问候之后，仍离不开开局落子，黄龙士一谈到围棋仍是壮心不已。一天，徐星友的三位棋友一时高兴，要求黄龙士演绎"一对三"对弈大戏。黄龙士一向以"弈圣"自负，争强好胜，誓不言败，当即许诺要"大杀三方"。这三人全是浙江一流名手，黄龙士在三人间来回穿梭走动，全神贯注，全力以赴，使尽了浑身解数，终于将三人"赶尽杀绝"，将三盘棋赢了下来。遗憾的是，由于操劳过度，心血耗尽，当夜，黄龙士气息奄奄，微弱的呼吸随着烛火的跳跃而起伏。当徐星友将书桌棋枰上的黑白两粒棋子送到黄龙士眼前，放到他手中时，黄龙士才面带微笑，飘向了生生不息的天地之中。

历史贡献

围棋起源很早，到清初至乾隆中期，中国围棋艺术已发展到前所未有的鼎盛时期，名手辈出，各领风骚。到了黄龙士时代，对局实践和围棋发展上的最大贡献，莫过于他转变了围棋的风格。在他之前，棋风局面狭窄凝重。黄龙士使棋风大变。在其之后，局面开阔，轻灵多变，思路深远。

黄龙士的棋著有《弈括》和《黄龙士全图》。此外，邓元鏸还将黄龙士的70盘对局辑成《黄龙士先生棋谱》一书，黄龙士对局中的精华大都收在其中。特别值得提及的是黄龙士为《黄龙士全图》写的《自序》。这是黄龙士自己丰富经验的宝贵总结，较全面地论证了围棋的战略战术，见解独到精辟、发人深省。如他谈到布局和全盘战略时说："辟疆启宇，廓焉无外，傍险作都、扼要作塞，此起手之概。"谈到攻守和战术原则时说："壤址相借，锋刃连接。战则单师独前，无坚不陷；守则一夫当关，七雄自废。此边腹攻守之大势。"谈到形势判断时说："地均则得势者强，力竞则用智者胜。著鞭羡祖生之先，入关耻沛公之后。此图失之要。"谈到策略时说："实实虚虚之同，正正奇奇之妙，此惟审于弃取之宜，明于彼此缓急之情。"这些都是黄龙士从对局实战中总结出来的真知灼见，也显示出黄龙士自己的棋风。

社会影响

"血泪篇"为黄龙士之代表作,黑方是徐星友。双方在对局里殚精竭虑、苦心运筹,为中国古棋谱中不可多得的佳作,与后来的范西屏、施定庵的"当湖十局"并称为中国古谱的最高峰。"血泪篇"后,经此磨砺的徐星友在黄龙士去世后的几十年间为中国第一国手。对黄龙士的棋风特色,后人评价甚多。徐星友这样概括黄龙士的棋:"寄纤秾于淡泊之中,寓神俊于形骸之外,所谓形人而我无形,庶几空诸所有,故能无所不有也","一气清通,生枝生叶,不事别求,其枯滞无聊境界,使敌不得不受。脱然高蹈,不染一尘,臻上乘灵妙之境"。总的来说,黄龙士对局时考虑全面、判断准确、力争主动、变化多端,不以攻杀为主要取胜手段。

黄龙士具有独特棋才,着子看似平淡无奇,但寓意极深,对手不易察觉。若对手敢于用强,他即随机应变、出奇制胜。邓元镳推崇说:"龙士用思尤密,深入奥窍。当危急存亡之际,群已束手智穷,能于潜移默运之间,益见巧心妙用,空灵变化,出死入生。"又说:"龙士如天仙化人,绝无尘想。"黄龙士之弈,上掩过周,下启施范,为有清一代弈家之正宗。吴清源大宗师评价黄龙士棋力有十三段。日本棋界也钦佩他的高超棋艺。

除《弈括》《黄龙士全图》外,黄龙士还著有《自拟谱十局》《四大盘弈谱》等,均成为中华民族传统文化的珍贵财富。

"国运兴,棋运兴。"至今,在黄龙士的故乡姜堰市,还流传着许多有关他的脍炙人口的故事。人们没有忘记这位围棋国手,在姜堰市中心的步行街上,黄龙士在竹林旁落子下棋的铜雕耸立街头,表达了人们对黄龙士锲而不舍、矢志进取精神的赞许和褒扬。

后记

编著《中华圣人》一书的念头，是我担任撰稿兼导演拍摄50集大型电视系列片《中国之最在河南》期间萌发的，也有将其出版后拍成电视系列片之宏愿。

今天看来，大凡圣人，均已成为当地响当当的金字招牌，可有的圣人一生不停奔波，经历的地域的名称随着历史的演变也在不断变更。这就导致有些原本很清晰的脉络、事件出现一些歧义和纷争。圣人是民族的、国家的、人类的，学习与传承他们在险恶环境中不畏艰难、励精图治为人类做出卓越贡献的百折不挠的创新精神，远比仅考究他是哪里人、故里在哪里、生卒年月是何时更为重要。此书的出版，不希望引发一轮狭隘的争议，或窥一斑而失全豹，偏离了出书的初衷。

由于本人水平有限，在编著中难免会捉襟见肘，或出现遗漏的地方，不妥之处敬请您指正。书中选用一些共性史料，其目的是尽力保证史证统一，如有异议，尚乞赐教。

最后，我要感谢为出版这部书给我许多建议，或收集资料，或潜心绘画的同人们，为避免挂一漏万不再一一具名。在此，一并表示感谢。